Das Rechnungswesen 3
Wie der Fisch im Wasser

Jürg Leimgruber
Urs Prochinig

Das Rechnungswesen

3

Wie der Fisch im Wasser

VERLAG:SKV

Dr. Jürg Leimgruber und Dr. Urs Prochinig schlossen ihre Studien an der Universität Zürich mit dem Doktorat ab. Sie verfügen über Abschlüsse als MBA (Master of Business Administration) und MASSHE (Master of Advanced Studies in Secondary and Higher Education). Nebst ihrer wissenschaftlichen Tätigkeit arbeiten sie als Unternehmensberater und als Dozenten in der Erwachsenenbildung. Sie sind Mitglieder verschiedener eidg. Prüfungsgremien.

5. Auflage 2013

ISBN 978-3-286-33245-4

© Verlag SKV AG, Zürich
www.verlagskv.ch

Alle Rechte vorbehalten.
Ohne Genehmigung des Verlages ist es nicht gestattet, das Buch oder Teile daraus in irgendeiner Form zu reproduzieren.

Gestaltung: Peter Heim
Umschlag: Brandl & Schärer AG

Klimaneutral gedruckt auf FSC-Papier

Vorwort

Wie der Fisch im Wasser ist der dritte Teil eines mehrbändigen Werkes, das den Lernenden nach abgeschlossenem Studium befähigt, das Rechnungswesen in der Praxis richtig einzusetzen.

Der dritte Band befasst sich mit Problemkreisen aus dem buchhalterischen Alltag von Unternehmungen:

▷ Der **Theorieteil** umfasst in übersichtlicher, grafisch einleuchtender Weise die wichtigsten Theoriegrundlagen. Er ist deshalb sehr gut für das Selbststudium geeignet.

▷ Der **Aufgabenteil** enthält zu jedem Kapitel eine Einführungsaufgabe, die in ihrem Aufbau dem Theorieteil entspricht. Die Aufgabenstellungen sind vielfältig und gestalten mit den angebotenen Lösungshilfen das Lernen und Aufgabenlösen attraktiv.

▷ Es ist ein separater ausführlicher **Lösungsband** erhältlich.

▷ Lehrpersonen können beim Verlag SKV über Internet **www.verlagskv.ch** gratis **Folienvorlagen** für die meisten Aufgabenhilfen herunterladen. Beim Verlag kann ausserdem eine CD mit leeren und ausgefüllten Lösungsfolien erworben werden.

▷ Mit der speziell entwickelten Software **EasyAccounting** wird die buchhalterische Praxis gebührend berücksichtigt. Das Programm kann beim Verlag gratis über **www.verlagskv.ch** unter «Das Rechnungswesen, Band 3 – Wie der Fisch im Wasser» heruntergeladen werden. Es ist so überschaubar aufgebaut, dass eine Anwendung ohne spezielle Einführung möglich ist.

Die Buchreihe berücksichtigt die für die neue kaufmännische Lehre formulierten Leistungsziele.

Wir danken allen, die uns mit Rat und Tat bei der Entwicklung dieses modernen Lehrmittels unterstützt haben. Besonderer Dank gebührt Herrn Peter Heim für die hervorragende grafische Gestaltung und Frau Theres Schwaiger für die umsichtige Durchsicht des Manuskripts. Aufbauende Kritik nehmen wir sehr gerne entgegen.

Hoffentlich fühlen Sie sich nach dem Studium dieser Lehrbuchreihe so frei und wohl wie der Fisch im Wasser!

Zürich und Rafz, Dezember 2010

Jürg Leimgruber
Urs Prochinig

Vorwort zur 5. Auflage

Die ersten Auflagen fanden bei der Leserschaft eine gute Aufnahme. Ausser der Berücksichtigung der Korrigenda der vierten Auflagen wurde in der aktuellen 5. Auflage nichts geändert. Eine gleichzeitige Verwendung der 4. und 5. Auflage nebeneinander ist problemlos.

Auf der Website des Verlags (**www.verlagskv.ch**) wird unter der Rubrik «Downloads» ein periodisch nachgeführtes **Korrigendum** veröffentlicht, das auf allfällige Änderungen von gesetzlichen Vorschriften sowie Druckfehler hinweist.

Wir danken für Ihre Anregungen und wünschen viel Erfolg.

Forch und Rafz, Januar 2013

Die Autoren

Inhaltsverzeichnis

	Theorie	Aufgaben
Ausgewählte Themen		
30 Einleitung	10	
31 Wareneinkauf und Warenverkauf	11	79
32 Offenposten-Buchhaltung	28	108
33 Mehrwertsteuer	33	118
34 Kalkulation im Handel	41	146
35 Nutzschwelle	47	163
36 Mehrstufige Erfolgsrechnung	52	176
37 Lohnabrechnung	56	181
38 Wertschriften	60	196
39 Immobilien	73	212
Anhang		
Anhang 1 Fallbeispiel		223
Anhang 2 Fachwörterverzeichnis (Glossar)		235
Anhang 3 Kontenrahmen KMU		242

Software EasyAccounting
Unter www.verlagskv.ch/easyaccounting bieten wir gratis die Software EasyAccounting als Download an mit Angaben zu Installation, Systemvoraussetzungen und Datenmigration.

**Inhaltsangaben
zu den Bänden 1, 2 und 4**

In den anderen Bänden dieser «tierischen» Reihe werden die folgenden Themen behandelt:

1 Wie der Hase läuft

Das System der doppelten Buchhaltung

10 Einleitung

11 Vermögen, Fremd- und Eigenkapital

12 Die Bilanz

13 Veränderungen der Bilanz durch Geschäftsfälle

14 Das Konto

15 Journal und Hauptbuch

16 Die Erfolgsrechnung

17 Doppelter Erfolgsnachweis

Ausgewählte Themen

18 Fremde Währungen

19 Zinsrechnen

2 Gut gebrüllt, Löwe

Der Jahresabschluss

20 Einleitung

21 Einzelunternehmung

22 Kollektivgesellschaft

23 Aktiengesellschaft

24 Gesellschaft mit beschränkter Haftung

25 Abschreibungen

26 Debitorenverluste, Delkredere

27 Transitorische Konten und Rückstellungen

28 Analyse des Jahresabschlusses

4 Das beste Pferd im Stall

Geldflussrechnung

40 Einleitung

41 Geldflussrechnung

Bewertung und stille Reserven

42 Bewertung

43 Stille Reserven

Kostenrechnung

44 Finanz- und Betriebsbuchhaltung

45 Divisionskalkulation

46 Zuschlagskalkulation

47 Deckungsbeitragsrechnung

Bilanz- und Erfolgsanalyse

48 Bilanz- und Erfolgsanalyse

Wie der Fisch im Wasser

Theorie

30

Ausgewählte Themen

Einleitung

In diesem Lehrmittel werden einzelne Problemkreise aus dem buchhalterischen Alltag von Unternehmungen behandelt. Insbesondere wird auf folgende Themen eingegangen:

▷ Wie werden Einkäufe und Verkäufe von Waren in Handelsbetrieben erfasst?
▷ Wie funktioniert die Offenposten-Buchhaltung?
▷ Wie wird die Mehrwertsteuer verbucht und abgerechnet?
▷ Welche Probleme ergeben sich bei der Kalkulation von Kosten und Preisen für einzelne Produkte und Leistungen?
▷ Bei welchem Umsatz erreicht eine Unternehmung die Gewinnschwelle?
▷ Wie kann der Jahreserfolg mehrstufig analysiert werden?
▷ Wie wird die Lohnabrechnung unter Berücksichtigung der wichtigsten Sozialversicherungsbeiträge erstellt und verbucht?
▷ Wie werden der Wertschriftenverkehr erfasst und die Rendite ermittelt?
▷ Wie lässt sich eine Immobilienbuchhaltung führen?

31

Wareneinkauf und Warenverkauf

Eine Handelsunternehmung kauft von verschiedenen Produzenten oder von anderen Handelsbetrieben Waren meist in grösseren Mengen ein, bildet damit ein Sortiment und bietet dieses ihren Kunden in kleineren Mengen zum Kauf an.

Der Handelsbetrieb stellt im Gegensatz zum Fabrikationsbetrieb keine neuen Produkte her, sondern erfüllt eine Vermittlerfunktion zwischen Produzenten und Verbrauchern; er gehört als Dienstleistungsbetrieb zum tertiären Wirtschaftssektor.

Kleinere und mittlere Unternehmen erfassen den Warenverkehr in der Regel nach folgendem Schema:

Einkauf	Lagerung	Verkauf
Warenaufwand	**Warenvorrat (Aktivkonto)**	**Warenertrag**
Da die Einkäufe meist zum sofortigen Verbrauch bestimmt sind, werden sie nicht aktiviert, sondern als Aufwand gebucht.[1]	Das Warenvorratskonto ist ein **ruhendes Konto**: Es wird unter dem Jahr nicht verändert, sondern erst beim Abschluss dem neuen Warenvorrat gemäss Inventar angepasst.	Die Warenverkäufe werden im Konto Warenertrag erfasst.
Wareneinkäufe werden zu **Einstandspreisen** erfasst.[2]	Die Anfangs- und Schlussbestände im Warenvorrat werden zu **Einstandspreisen** erfasst.	Die Verbuchung erfolgt zu **Verkaufspreisen.**

---

[1] Nicht aktivieren bedeutet, dass die Einkäufe nicht als Aktiven in Form einer Warenvorratszunahme verbucht werden.

[2] Unter **Einstandspreis** versteht man den Einkaufspreis für eine Ware samt Bezugskosten. Er wird wie folgt ermittelt:

```
  Bruttoeinkaufspreis
./. Preisminderungen (Rabatt, Skonto)
= Nettoeinkaufspreis
+ Bezugskosten (z.B. Transportkosten, Zoll)
= Einstandspreis
```

Der **Einstandswert** ergibt sich durch die Multiplikation des Einstandspreises mit der Menge.

Wareneinkauf und Warenverkauf

Die Verbuchung von Wareneinkauf und Warenverkauf

Die Verbuchung der Wareneinkäufe und Warenverkäufe kann grundsätzlich wie folgt dargestellt werden:[1]

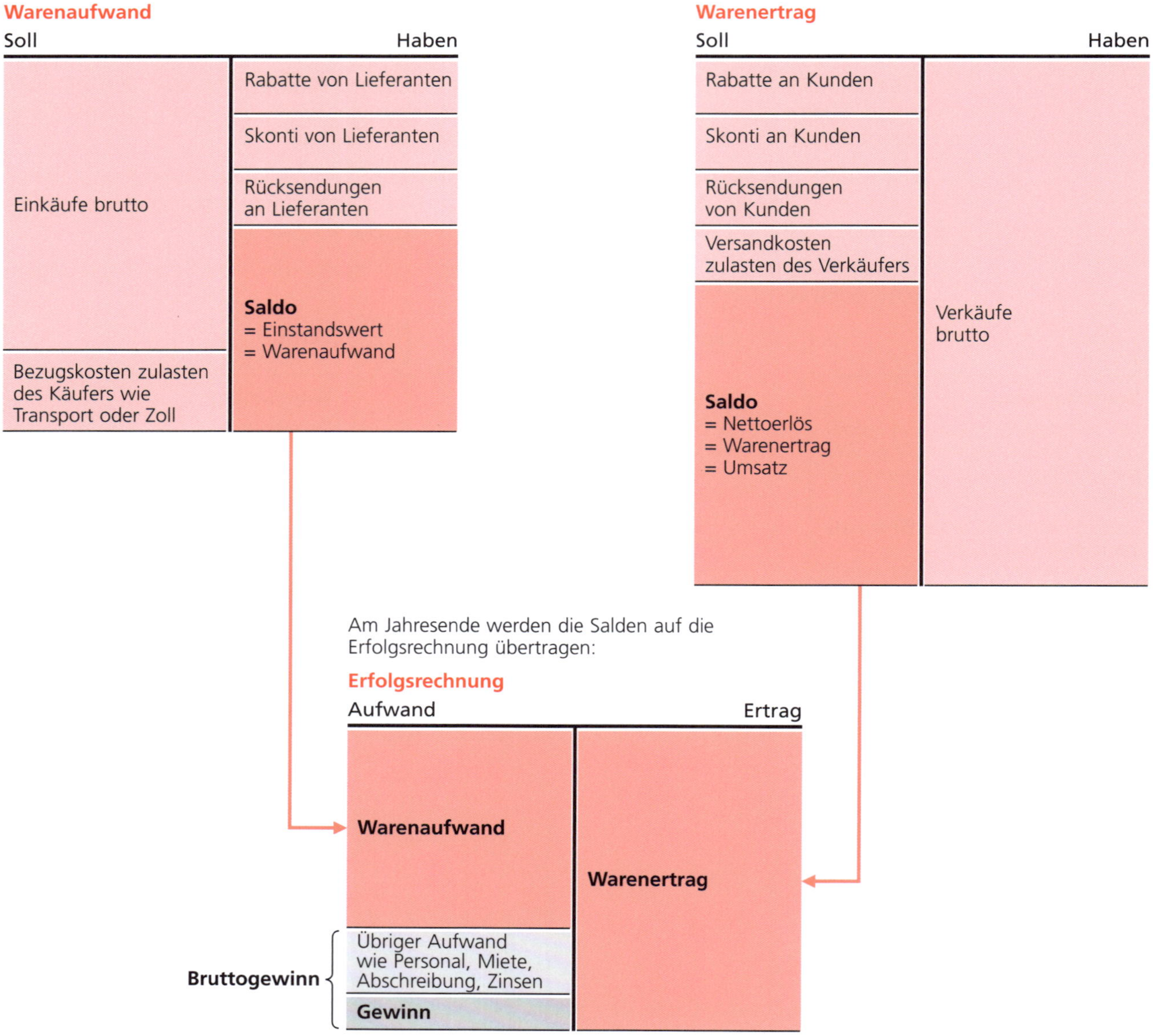

Warenaufwand

Soll	Haben
Einkäufe brutto	Rabatte von Lieferanten
	Skonti von Lieferanten
	Rücksendungen an Lieferanten
	Saldo = Einstandswert = Warenaufwand
Bezugskosten zulasten des Käufers wie Transport oder Zoll	

Warenertrag

Soll	Haben
Rabatte an Kunden	Verkäufe brutto
Skonti an Kunden	
Rücksendungen von Kunden	
Versandkosten zulasten des Verkäufers	
Saldo = Nettoerlös = Warenertrag = Umsatz	

Am Jahresende werden die Salden auf die Erfolgsrechnung übertragen:

Erfolgsrechnung

Aufwand	Ertrag
Warenaufwand	**Warenertrag**
Übriger Aufwand wie Personal, Miete, Abschreibung, Zinsen	
Gewinn	

Bruttogewinn { Übriger Aufwand wie Personal, Miete, Abschreibung, Zinsen; Gewinn }

---

[1] Bei der Verbuchung des Warenaufwands wird in diesem Abschnitt davon ausgegangen, dass die eingekauften Waren in der gleichen Periode wieder verkauft werden können, sodass sich der Warenvorrat nicht ändert. Die Veränderung des Warenvorrats wird im nächsten Abschnitt besprochen.

Wareneinkauf und Warenverkauf 31

Beispiel 1 **Warenaufwand und Warenertrag**

Der Handelsbetrieb A. Schmidlin kauft das Trendgetränk BLUE DOG von einer Getränkefabrik und verkauft es an schweizerische Diskotheken.

Der Warenverkehr für den Monat Januar 20_1 wird wie folgt erfasst:

Datum	Geschäftsfall	Buchung	Warenaufwand		Warenertrag	
05. 01.	Getränkeeinkauf auf Kredit 1000 Dosen zu Fr. 2.–/Dose	Warenaufwand / Kreditoren 2000	2 000			
08. 01.	Gutschrift des Lieferanten für beschädigte Dosen 200 Dosen zu Fr. 2.–/Dose	Kreditoren / Warenaufwand 400		400		
09. 01.	Transportrechnung Fr. 100.– des Spediteurs zulasten des Käufers	Warenaufwand / Kreditoren 100	100			
10. 01.	Barverkauf an Kunden 800 Dosen zu Fr. 3.–/Dose	Kasse / Warenertrag 2400				2 400
12. 01.	Getränkeeinkauf auf Kredit 5000 Dosen zu Fr. 2.–/Dose	Warenaufwand / Kreditoren 10000	10 000			
16. 01.	Gutschrift des Lieferanten für nachträglich gewährten Rabatt von 10% auf der Rechnung vom 12. 01.	Kreditoren / Warenaufwand 1000		1 000		
19. 01.	Kreditverkauf an Kunden 5000 Dosen zu Fr. 3.–/Dose	Debitoren / Warenertrag 15000				15 000
27. 01.	Bankzahlung an den Lieferanten für die Rechnung vom 05. 01. abzüglich Gutschrift vom 08. 10.	Kreditoren / Bank 1600				
28. 01.	Der Kunde bezahlt die Rechnung vom 19. 01.: ▷ Skontoabzug 2% Fr. 300.– ▷ Bankgutschrift Fr. 14 700.–	Warenertrag / Debitoren 300 Bank / Debitoren 14 700			300	
31. 01.	Übertrag Saldo Warenaufwand auf Erfolgsrechnung (ER)	ER / Warenaufwand 10 700		**10 700**		
31. 01.	Übertrag Saldo Warenertrag auf Erfolgsrechnung (ER)	Warenertrag / ER 17 100			**17 100**	
			12 100	12 100	17 400	17 400

Rabatte und Skonti werden auf der nächsten Doppelseite erläutert.

Wareneinkauf und Warenverkauf

Rabatte werden vor allem gewährt als:

▷ Mengenrabatt bei Bezug von grossen Mengen
▷ Mängelrabatt bei mangelhafter Lieferung
▷ Wiederverkaufsrabatt bei Lieferungen an Händler
▷ Sonderrabatt zur Absatzförderung bei besonderen Gelegenheiten (z. B. Geschäftseröffnung, Firmenjubiläum, Liquidationen, Dorffest, Frühlingsbeginn, Januarloch)

Die Rabatte werden auf den Rechnungen ausgewiesen, und sowohl bei Wareneinkäufen als auch bei Warenverkäufen wird nach Möglichkeit immer der Nettobetrag nach Abzug des Rabatts verbucht, sodass die in Beispiel 1 gezeigte Rabattbuchung eher selten ist und nur bei nachträglich gewährten Rabatten vorkommt.

Der *Skonto* ist eine Belohnung für vorzeitige Bezahlung. Er wird in der Rechnung als Zahlungsbedingung erwähnt, aber er ist noch nicht abgezogen, weil der Schuldner ein Wahlrecht hat: Er kann die Rechnung vorzeitig unter Abzug von Skonto bezahlen, oder er kann die Rechnung später netto begleichen.

Das folgende Beispiel einer Lieferantenrechnung verdeutlicht den Unterschied zwischen Rabatt und Skonto:

Beispiel 2 **Lieferantenrechnung mit Rabatt und Skonto**

Schreibzeugfabrik AG

Bergstrasse 27
5000 Aarau

Aarau, 3. April 20_1

Office Center GmbH
Limmatstrasse 310
8005 Zürich

Rechnung Nr. 2338

10 000 Schreibblöcke A4 kariert

Bruttopreis (Listenpreis)	Fr. –.50/Stück	Fr. 5 000.–
./. 20% Mengenrabatt		Fr. 1 000.–
Nettopreis (Rechnungsbetrag)		Fr. 4 000.–

Zahlungsbedingungen:
▷ 10 Tage 2% Skonto
▷ 30 Tage netto

Wareneinkauf und Warenverkauf — 31

Die Buchungssätze für den Krediteinkauf und die Bezahlung der 10 000 Schreibblöcke in Beispiel 2 sind verschieden, je nachdem, ob der Käufer früher oder später bezahlt:

	Mit Skontoabzug (bei Zahlung innert 10 Tagen)		Ohne Skontoabzug (bei Zahlung innert 11 bis 30 Tagen)	
Krediteinkauf	Warenaufwand / Kreditoren	4 000	Warenaufwand / Kreditoren	4 000
Zahlung	Kreditoren / Warenaufwand Kreditoren / Bank	80 3 920	Kreditoren / Bank	4 000

Der Käufer erhält im obigen Beispiel vom Lieferanten grundsätzlich einen Kredit für 30 Tage. Wenn er die Schuld schon nach 10 Tagen begleicht (also 20 Tage früher), kann er einen Skonto von 2% abziehen.

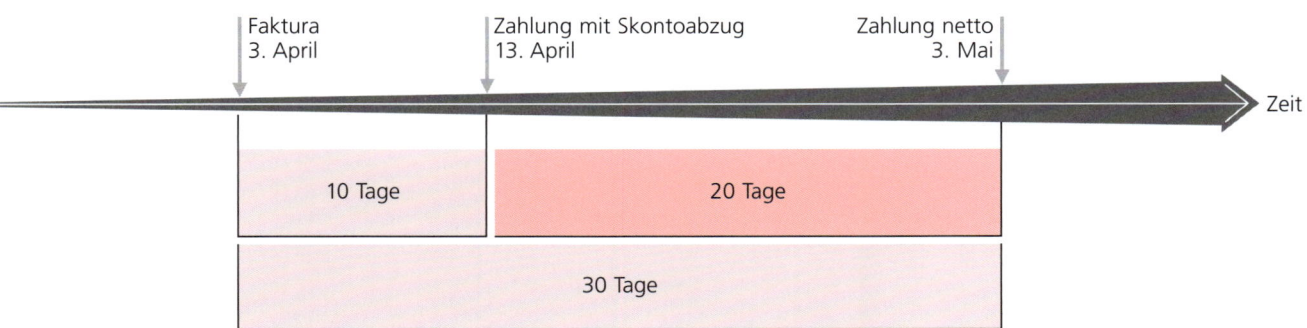

Damit wird klar, dass der Skonto den Charakter eines Zinses hat, und es stellt sich die Frage, welcher **Zinsfuss** dieser Skontogewährung zugrunde liegt. Da sich die Zinsfüsse normalerweise auf ein Jahr beziehen, muss der Skonto auf ein ganzes Jahr umgerechnet werden:

Zinsfuss (Skonto) für 20 Tage	2%	$\dfrac{2\% \cdot 360 \text{ Tage}}{20 \text{ Tage}} = 36\%$ p.a.
Zinsfuss für 360 Tage (Jahreszinsfuss)	**36%**	

Für den Kunden lohnt es sich meist, den Skonto abzuziehen, weil der zugrunde liegende Jahreszinsfuss in der Regel hoch ist.

Auf der anderen Seite bietet ein Lieferant den Skonto aus folgenden Gründen an:

▷ Der Lieferant braucht dringend Geld und kann dies nicht anderweitig beschaffen, weil seine Bonität zu gering ist.
▷ Der Lieferant versucht mit der Skontogewährung, das Delkredere-Risiko (Risiko, dass der Kunde nicht zahlt) zu vermindern.
▷ Die Gewährung von Skonto kann branchenüblich sein (z. B. Baubranche).

Wegen des hohen Zinsfusses ist der Skonto heutzutage nicht mehr verbreitet.

Wareneinkauf und Warenverkauf

Bestandesänderungen im Warenvorrat

Obwohl sich die Vorräte in einem Handelsbetrieb laufend verändern, werden die Bestandesänderungen in der Buchhaltung erst am Ende jeder Rechnungsperiode (meist Ende Jahr) erfasst. **Das Warenvorratskonto wird damit zum ruhenden Konto.** Dies bedeutet:

▷ Nach der Eröffnung des Kontos Warenvorrat werden unter dem Jahr keine Buchungen mehr auf diesem Konto vorgenommen (das Konto ruht).

▷ Am Jahresende ist das Konto Warenvorrat durch eine Korrekturbuchung anzupassen. Dabei gelten folgende Regeln:

1. Am Jahresende wird der neue Bestand aufgrund des Wareninventars[1] ermittelt und im Konto Warenvorrat als Schlussbestand (Saldo) eingetragen.
2. Die Bestandesänderung wird im Konto Warenvorrat als Differenz zwischen dem Anfangs- und dem Schlussbestand ermittelt.
3. Die Bestandesänderung wird als Korrekturbuchung im Konto Warenvorrat und als Gegenkonto im Warenaufwand erfasst.

---

[1] Bei der Inventur werden Ende Jahr alle Waren gezählt, gemessen oder gewogen. Durch Multiplikation der Lagermengen mit den entsprechenden Einstandspreisen ergibt sich der Wert des Warenvorrats. Das detaillierte Verzeichnis aller Waren mit Mengen und Einstandspreisen heisst Wareninventar.

Wareneinkauf und Warenverkauf — **31**

Bei den Bestandesänderungen sind drei Fälle zu unterscheiden:

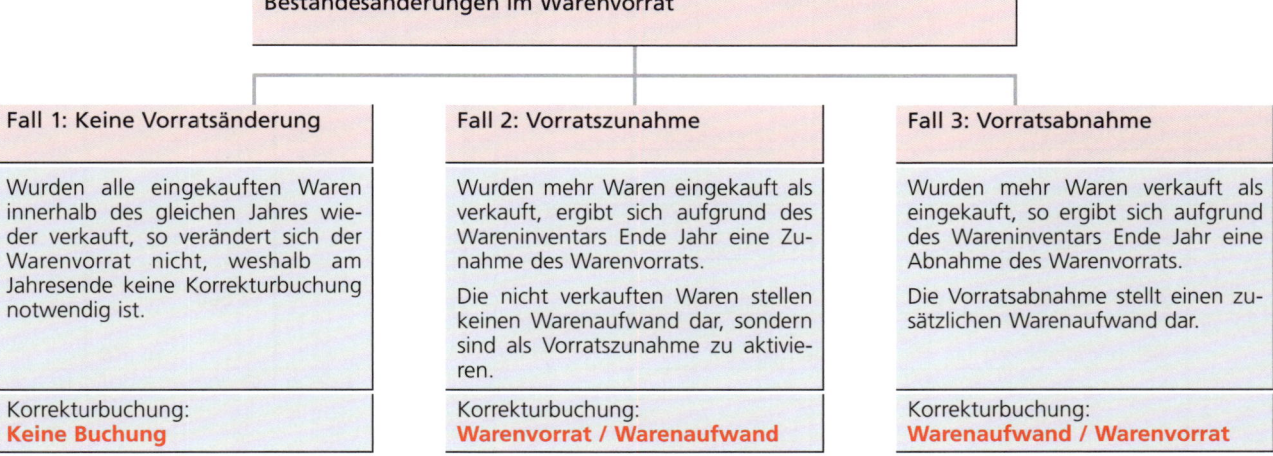

In Beispiel 3 werden diese drei Fälle mit summarischen Zahlen erläutert.

Beispiel 3 — **Bestandesänderungen**

A. Schmidlin kauft das Trendgetränk BLUE DOG von einer Getränkefabrik für Fr. 2.–/Dose ein und verkauft es an schweizerische Diskotheken für Fr. 3.–/Dose.

Einstandspreis je Dose	Fr. 2.–
+ Bruttogewinnzuschlag je Dose[1]	Fr. 1.–
= Verkaufspreis je Dose	Fr. 3.–

Die Einkäufe und Verkäufe werden zur Vereinfachung gegen bar abgewickelt.

---

[1] Der Bruttogewinn dient dem Händler zur Deckung der allgemeinen Aufwände wie Personal, Miete, Abschreibungen oder Zinsen sowie zur Erzielung eines Reingewinns.

Wareneinkauf und Warenverkauf 31

Fall 1: Keine Vorratsveränderung

Datum	Geschäftsfall	Buchung	Warenvorrat		Warenaufwand		Warenertrag	
01. 01.	Anfangsbestand Warenvorrat 2 000 Dosen	Warenvorrat / Bilanz	4 000					
Diverse	Wareneinkäufe 6 000 Dosen	Warenaufwand / Kasse			12 000			
Diverse	Warenverkäufe 6 000 Dosen	Kasse / Warenertrag						18 000
31. 12.	Schlussbestand Warenvorrat 2 000 Dosen	Bilanz / Warenvorrat		4 000				
31. 12.	Saldo Warenaufwand	ER / Warenaufwand				12 000		
31. 12.	Saldo Warenertrag	Warenertrag / ER					18 000	
			4 000	4 000	12 000	12 000	18 000	18 000

Fall 2: Vorratszunahme

Datum	Geschäftsfall	Buchung	Warenvorrat		Warenaufwand		Warenertrag	
01. 01.	Anfangsbestand Warenvorrat 2 000 Dosen	Warenvorrat / Bilanz	4 000					
Diverse	Wareneinkäufe 6 000 Dosen	Warenaufwand / Kasse			12 000			
Diverse	Warenverkäufe 5 000 Dosen	Kasse / Warenertrag						15 000
31. 12.	**Korrekturbuchung** Vorratszunahme 1 000 Dosen	**Warenvorrat / Warenaufwand**	**2 000**			**2 000**		
31. 12.	Schlussbestand Warenvorrat 3 000 Dosen	Bilanz / Warenvorrat		6 000				
31. 12.	Saldo Warenaufwand	ER / Warenaufwand				10 000		
31. 12.	Saldo Warenertrag	Warenertrag / ER					15 000	
			6 000	6 000	12 000	12 000	15 000	15 000

Fall 3: Vorratsabnahme

Datum	Geschäftsfall	Buchung	Warenvorrat		Warenaufwand		Warenertrag	
01. 01.	Anfangsbestand Warenvorrat 2 000 Dosen	Warenvorrat / Bilanz	4 000					
Diverse	Wareneinkäufe 6 000 Dosen	Warenaufwand / Kasse			12 000			
Diverse	Warenverkäufe 7 000 Dosen	Kasse / Warenertrag						21 000
31. 12.	**Korrekturbuchung** Vorratsabnahme 1 000 Dosen	**Warenaufwand / Warenvorrat**		**2 000**	**2 000**			
31. 12.	Schlussbestand Warenvorrat 1 000 Dosen	Bilanz / Warenvorrat		2 000				
31. 12.	Saldo Warenaufwand	ER / Warenaufwand				14 000		
31. 12.	Saldo Warenertrag	Warenertrag / ER					21 000	
			4 000	4 000	14 000	14 000	21 000	21 000

Wareneinkauf und Warenverkauf

Grafisch können die Konten Warenvorrat und Warenaufwand mit den Zahlen von Beispiel 3 wie folgt dargestellt werden (die Grössenverhältnisse sind nicht massstäblich):

Fall 1: Keine Vorratsveränderung

Warenvorrat

| Anfangsbestand 4 000 | **Saldo** 4 000 = Schlussbestand |

Warenaufwand

| Einstandswert der eingekauften Waren 12 000 | **Saldo** 12 000 = Warenaufwand = Einstandswert der verkauften Waren |

Fall 2: Vorratszunahme

Warenvorrat

| Anfangsbestand 4 000 | **Saldo** 6 000 = Schlussbestand |
| Vorratszunahme 2 000 (Korrekturbuchung) | |

Warenaufwand

| | Vorratszunahme 2 000 (Korrekturbuchung) |
| Einstandswert der eingekauften Waren 12 000 | **Saldo** 10 000 = Warenaufwand = Einstandswert der verkauften Waren |

Fall 3: Vorratsabnahme

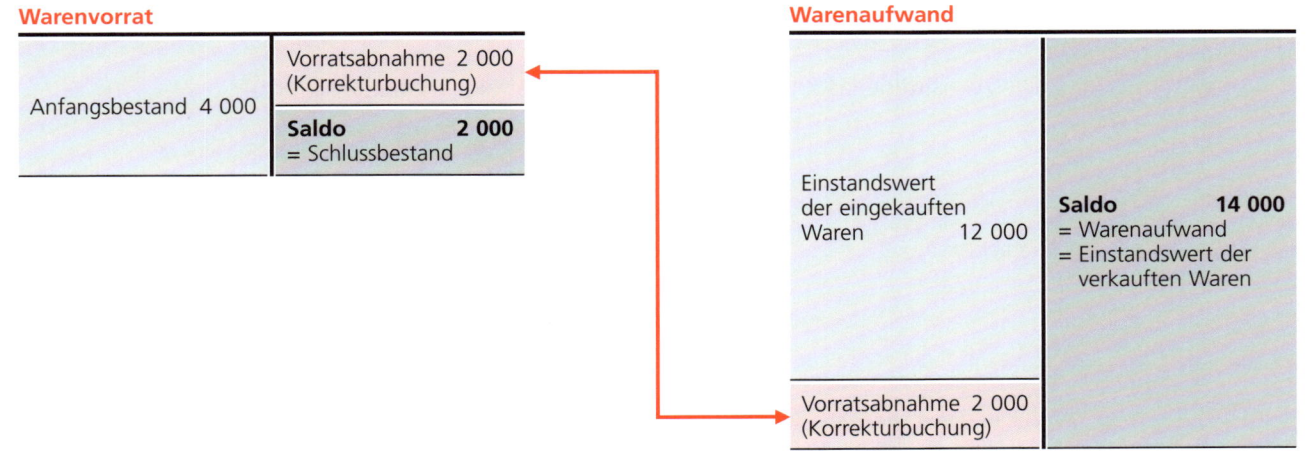

Warenvorrat

| Anfangsbestand 4 000 | Vorratsabnahme 2 000 (Korrekturbuchung) |
| | **Saldo** 2 000 = Schlussbestand |

Warenaufwand

| Einstandswert der eingekauften Waren 12 000 | **Saldo** 14 000 = Warenaufwand = Einstandswert der verkauften Waren |
| Vorratsabnahme 2 000 (Korrekturbuchung) | |

Wareneinkauf und Warenverkauf

Bruttogewinn und zweistufige Erfolgsrechnung

Die Salden aller Aufwands- und Ertragskonten werden beim Abschluss auf die Erfolgsrechnung übertragen. Als Ergebnis ergibt sich ein Gewinn oder Verlust. (Die Zahlen nehmen keinen Bezug zu früheren Beispielen.)

Erfolgsrechnung 20_1 (in Fr. 1000.–)

Aufwand		Ertrag	
Warenaufwand	300	Warenertrag	500
Personalaufwand	100		
Raumaufwand	30		
Abschreibungen	10		
Übriger Aufwand	40		
Gewinn	**20**		
	500		500

Für eine vertiefte Analyse des Ergebnisses ist es für einen Handelsbetrieb sinnvoll, die Erfolgsrechnung in zwei Stufen zu unterteilen und als Zwischenergebnis den Bruttogewinn auszuweisen:

Beispiel 4   **Zweistufige Erfolgsrechnung**

Mit den obigen Zahlen lässt sich der Erfolg zweistufig nachweisen:

Erfolgsrechnung 20_1 (in Fr. 1000.–)

Aufwand		Ertrag		
Warenaufwand	300	Warenertrag	500	
Bruttogewinn	**200**			1. Stufe = Bruttogewinn
	500		500	
Personalaufwand (Gemeinaufwand)	100	Bruttogewinn	200	
Raumaufwand	30			
Abschreibungen	10			2. Stufe = Reingewinn
Übriger Aufwand	40			
Reingewinn①	**20**			
	200		200	

Die zweistufige Erfolgsrechnung lässt sich wie folgt charakterisieren:

---

① Zur besseren Unterscheidung gegenüber dem Bruttogewinn wird der Gewinn oft auch als **Reingewinn** (im Sinne von Nettogewinn) bezeichnet.

Wareneinkauf und Warenverkauf **31**

1. Stufe Aus der Gegenüberstellung von Warenertrag und Warenaufwand ergibt sich auf der ersten Stufe der **Bruttogewinn.** Er dient zur Deckung des Gemeinaufwands und ist eine zentrale Grösse bei der Beurteilung der Kosten- und Preispolitik einer Handelsunternehmung.

2. Stufe Der Bruttogewinn steht als Ergebnis der ersten Stufe im Soll. Als Ausgangsgrösse für die zweite Stufe wird er im Haben vorgetragen.

Die zweite Stufe zeigt, ob der Bruttogewinn ausreicht, um die Gemeinaufwände zu decken und darüber hinaus einen angemessenen **Reingewinn** zu erzielen.

Unter **Gemeinaufwand** werden jene Aufwände zusammengefasst, die ohne unmittelbaren Zusammenhang mit einem konkreten Warengeschäft gemeinsam für alle Waren entstehen, zum Beispiel der Personalaufwand, Raumaufwand, Verwaltungsaufwand, Zinsaufwand oder Abschreibungsaufwand.

Kontoform und Berichtsform der zweistufigen Erfolgsrechnung

Auf der linken Seite wurde die zweistufige Erfolgsrechnung im Sinne der doppelten Buchhaltung in Form eines Kontos dargestellt (= Kontoform). Allerdings werden in der Praxis zweistufige Erfolgsrechnungen der Einfachheit halber meist in Form eines staffelförmigen Berichts ausgewiesen (= Berichtsform):

Erfolgsrechnung (in Fr. 1000.–)

	Warenertrag	500
./.	Warenaufwand	– 300
=	**Bruttogewinn**	**200**
./.	Personalaufwand	– 100
./.	Raumaufwand	– 30
./.	Abschreibungen	– 10
./.	Übriger Aufwand	– 40
=	**Reingewinn**	**20**

- Warenertrag, Warenaufwand, Bruttogewinn: **1. Stufe = Bruttogewinn**
- Personalaufwand, Raumaufwand, Abschreibungen, Übriger Aufwand: Gemeinaufwand; **2. Stufe = Reingewinn**

Exkurs

Laufende Lagerführung

Bisher wurde der **Warenvorrat als ruhendes Konto** geführt. Diese bei KMUs sehr verbreitete Buchungsmethode zeichnet sich durch folgende Merkmale aus:

▷ Die Wareneinkäufe werden als Warenaufwand erfasst, da sie zum anschliessenden Weiterverkauf bestimmt sind.
▷ Unter dem Jahr erfolgen auf dem Warenvorrat keine Buchungen. Ende Jahr wird der Schlussbestand des Warenvorrats durch Inventur festgestellt.
▷ Die Bestandesänderung im Warenvorrat führt zu einer Korrekturbuchung.

In grösseren Betrieben kommt oft eine zweite Verbuchungsmethode für den Warenverkehr zum Einsatz, die **laufende (permanente) Lagerführung:**

▷ Die Wareneinkäufe werden als Zunahme des Warenvorrats verbucht.
▷ Die Warenverkäufe bewirken nebst dem Warenertrag auch eine Abnahme des Warenvorrats, die als Warenaufwand erfasst wird.
▷ Weil der Warenvorrat durch die Verbuchung von Wareneingängen und Warenausgängen laufend nachgeführt wird, ist der aktuelle Lagerbestand jederzeit auf dem Warenvorratskonto sichtbar.

Die Unterschiede zwischen den beiden Systemen werden anhand von Beispiel 5 erläutert.

Wareneinkauf und Warenverkauf — 31

Beispiel 5 **Methoden zur Führung der Warenkonten**

D. Fluder kauft einen Artikel zum Einstandspreis von Fr. 5.–/Stück und verkauft ihn zum Verkaufspreis von Fr. 8.–/Stück weiter.

Lösung 1 Warenvorrat als ruhendes Konto
Verbuchung der Wareneinkäufe als Warenaufwand

Datum	Geschäftsfall	Buchung	Warenvorrat		Warenaufwand		Warenertrag	
01. 01.	Anfangsbestand 100 Stück	Warenvorrat / Bilanz	500					
15. 01.	Krediteinkauf 1000 Stück	Warenaufwand / Kreditoren			5 000			
23. 01.	Kreditverkauf 800 Stück	Debitoren / Warenertrag						6 400
31. 01.	Korrekturbuchung Vorratszunahme 200 Stück	Warenvorrat / Warenaufwand	1 000			1 000		
31. 01.	Warenvorrat gemäss Inventar 300 Stück	Bilanz / Warenvorrat		**1 500**				
	Saldo Warenaufwand	ER / Warenaufwand				**4 000**		
	Saldo Warenertrag	Warenertrag / ER					**6 400**	
			1 500	1 500	5 000	5 000	6 400	6 400

Lösung 2 Laufende Lagerführung
Verbuchung der Wareneinkäufe als Warenvorratszunahme

Datum	Geschäftsfall	Buchung	Warenvorrat		Warenaufwand		Warenertrag	
01. 01.	Anfangsbestand 100 Stück	Warenvorrat / Bilanz	500					
15. 01.	Krediteinkauf 1000 Stück	Warenvorrat / Kreditoren	5 000					
23. 01.	Kreditverkauf 800 Stück	Debitoren / Warenertrag						6 400
	Verbrauch (= Abnahme des Warenvorrats) 800 Stück	Warenaufwand / Warenvorrat		4 000	4 000			
31. 01.	Schlussbestand 300 Stück	Bilanz / Warenvorrat		**1 500**				
	Saldo Warenaufwand	ER / Warenaufwand				**4 000**		
	Saldo Warenertrag	Warenertrag / ER					**6 400**	
			5 500	5 500	4 000	4 000	6 400	6 400

Wareneinkauf und Warenverkauf — 31

Die beiden Methoden zur Verbuchung des Warenverkehrs lassen sich wie folgt charakterisieren:

Buchungsmethoden

Warenvorrat als ruhendes Konto

Die **Einkäufe** werden gesamthaft (in einem Betrag für den gesamten Einkauf) als **Warenaufwand** verbucht, was buchhalterisch dann richtig ist, wenn angenommen werden kann, dass die eingekauften Artikel in der gleichen Geschäftsperiode wieder veräussert werden.

Das Warenvorratskonto ist ein **ruhenden Konto**, weshalb der aktuelle Lagerbestand nicht aus der Buchhaltung ersichtlich ist.

Die Verkäufe werden nicht einzeln gebucht, sondern z.B. am Ende eines Tages anhand des Kassastreifens mit einer Buchung gesamthaft erfasst. Dabei muss der Warenaufwand nicht mehr gebucht werden, da dies ja schon beim Einkauf geschah:
▷ Kasse / Warenertrag (Verkaufswert gesamthaft)

Am Jahresende muss der Warenvorrat mithilfe der Inventur ermittelt werden. Zu- oder Abnahmen des Warenvorrats gegenüber dem Anfangsbestand müssen mittels **Korrekturbuchung** erfasst werden:
▷ Vorratszunahme: Warenvorrat/Warenaufwand
▷ Vorratsabnahme: Warenaufwand/Warenvorrat

Der Vorteil dieses Systems ist:
▷ Die Anzahl Buchungen und damit der Arbeitsaufwand ist gering.

Laufende Lagerführung (Warenvorrat laufend nachgeführt)

Die **Einkäufe** werden einzeln (artikelweise) als Zunahme des **Warenvorrats** verbucht.

Das Warenvorratskonto verändert sich nach jedem Einkauf um den entsprechenden Einstandswert, und der aktuelle (Soll-)Warenbestand[1] ist jederzeit aus der Buchhaltung ersichtlich.

Die Verkäufe führen für jeden einzelnen Artikel zu zwei Buchungen:
▷ Flüssige Mittel / Warenertrag (Verkaufspreis)
▷ Warenaufwand / Warenvorrat (Einstandspreis)

Das Konto Warenvorrat zeigt laufend den aktuellen Bestand, weshalb am Jahresende keine Korrekturbuchung nötig ist.

Die Vorteile dieses Systems sind:
▷ Das Konto Warenvorrat zeigt jederzeit den aktuellen Soll-Bestand. Dieser wird während des Jahres von Zeit zu Zeit durch physisches Zählen (Inventur) mit dem effektiven Bestand verglichen. Allfällige Differenzen werden sofort analysiert und verbucht.
▷ Da für jeden Artikel alle Ein- und Verkäufe einzeln erfasst wurden, sind umfangreiche Analysen bezüglich Umsätzen und Margen möglich.

---

[1] Das ist der Bestand, der gemäss Buchhaltung im Lager effektiv vorhanden sein sollte.

Wareneinkauf und Warenverkauf **31**

Anmerkungen zur laufenden Lagerführung

Wareneinkauf

Trifft eine Lieferung beim Händler ein, muss diese unverzüglich geprüft werden (so genannte **Wareneingangskontrolle):**

▷ Entspricht die gelieferte Ware der bestellten Ware?
▷ Ist die gelieferte Menge gleich gross wie die auf dem Lieferschein vermerkte Menge?
▷ Stimmt die Qualität?

Anschliessend sind für jeden Artikel folgende Daten im EDV-System zu erfassen:

▷ Artikel-Nr.
▷ Menge
▷ Einstandspreis

Um den zeit- und kostenintensiven Kontroll- und Erfassungsprozess zu vereinfachen, werden heute Bestellungen oft elektronisch ausgelöst und dem Lieferanten via Internet übermittelt. Der Lieferant sendet seine Lieferdaten wiederum elektronisch an den Besteller zurück. Anschliessend muss die Eingangskontrolle zwar vom Händler trotzdem durchgeführt werden, aber die Erfassung der Daten für die gelieferte Ware erfolgt wiederum automatisch. Der Fachausdruck für solche Internet-Lösungen heisst **b2b (business-to-business).**

Warenverkauf

In gut organisierten Handelsbetrieben werden auch die Verkäufe elektronisch erfasst, zum Beispiel an der Ladenkasse durch einen **Scanner,** der den **Strichcode** auf dem Artikel abtastet. Im EDV-System sind für den gescannten Artikel die Verkaufs- und Einstandspreise hinterlegt, sodass die beiden Buchungen automatisch ausgeführt werden können:

▷ Für die Ermittlung des Warenertrages wird die verkaufte Menge mit dem Verkaufspreis multipliziert. Buchungssatz: Kasse / Warenertrag.
▷ Für die Ermittlung des Warenaufwandes wird die verkaufte Menge mit dem Einstandspreis multipliziert. Buchungssatz: Warenaufwand / Warenvorrat.

Wareneinkauf und Warenverkauf

Schwankungen der Einstandspreise

In den Schulbeispielen dieses Lehrbuchs wird der Einstandspreis nicht verändert, um den Rechenaufwand in Grenzen zu halten. In der Praxis ist es allerdings so, dass die Einstandspreise im Verlaufe der Zeit tendenziell eher steigen (z.B. infolge Erhöhung der Material- oder Personalkosten beim Lieferanten) und in einigen Fällen auch fallen (z.B. infolge technologischer Entwicklung im IT-Bereich oder wegen günstiger Wechselkursveränderungen).

In der Warenbuchhaltung können Einstandspreisschwankungen auf verschiedene Weise berücksichtigt werden:

▷ Am einfachsten ist es, wenn das EDV-System nach jeder Lieferung den neuen **durchschnittlichen Einstandspreis** berechnet und die Verkäufe dann zu diesem Durchschnittswert als Warenaufwand erfasst werden.

Beispiel: Bisher liegen von einem Artikel 100 Stück zum Einstandspreis von Fr. 5.–/Stück an Lager. Neu dazu kommt ein Einkauf von 400 Stück zu Fr. 6.–/Stück. Der neue durchschnittliche Einstandspreis beträgt Fr. 5.80/Stück.[1] Ein Verkauf von 100 Stück würde demnach zu einem Warenaufwand von Fr. 580.– führen (100 Stück • Fr. 5.80/Stück).

▷ Es ist auch möglich, die Warenausgänge (Verkäufe) in der gleichen Reihenfolge wie die Wareneingänge (Einkäufe) zu bearbeiten. Die zuerst gelieferten Stücke werden rechnerisch auch zuerst wieder verkauft. Diese Methode heisst fifo (first in – first out). Mit den Zahlen von vorher ergäbe sich nach der **Fifo-Methode** ein Warenaufwand von Fr. 500.– (100 Stück • Fr. 5.–/Stück).

Inventurdifferenzen

Ein weiteres Problem stellen in der Praxis die Inventurdifferenzen dar. Das sind Abweichungen zwischen den Beständen, die durch konkretes Zählen im Lager ermittelt wurden (so genannte Inventur), und den Beständen laut Buchhaltung. Mögliche Ursachen für solche Unterschiede sind:

▷ Fehlerhafte Buchungen
▷ Diebstahl
▷ Schwund[2]

Die Inventurbuchungen sind meistens negativ, d.h., die Inventur ergibt eine kleinere Menge, als die Buchhaltung aufweist (so genanntes **Inventarmanko**). Sie müssen deshalb vom Lagerbestand abgebucht werden:

Buchungssatz: Warenaufwand / Warenvorrat.

---

[1] 100 Stück • Fr. 5.–   = Fr.   500.–
    400 Stück • Fr. 6.–   = Fr. 2 400.–
    500 Stück   Fr. 2 900.–

Durchschnittspreis = Fr. 2 900.– : 500 Stück = Fr. 5.80

[2] Unter Schwund versteht man das bei längerer Lagerung durch natürliche Einflüsse bewirkte allmähliche Abnehmen des Gewichtes oder des Volumens von Vorräten, z.B. bei Backwaren, Früchten, Käse oder Flüssigkeiten.

31

32

Offenposten-Buchhaltung

In kleineren Unternehmungen werden für den Kreditverkehr mit Kunden und Lieferanten häufig keine persönlichen Debitoren- und Kreditoren-Einzelkonten geführt. Man behilft sich mit dem **System der Offenposten-Buchhaltung,** das auf folgenden Regeln beruht:

Anstelle von Debitoren- und Kreditoren-Einzelkonten werden sowohl für die Kunden wie auch für die Lieferanten je zwei Ordner geführt:

Offenposten-Buchhaltung

Ordner für offene und bezahlte Rechnungen

Offene Kundenrechnungen

Offene Lieferantenrechnungen

Bezahlte Kundenrechnungen

Bezahlte Lieferantenrechnungen

In diesen Ordnern werden alle unbezahlten (offenen) Rechnungen abgelegt.

Die Ein- und Ausgangsfakturen werden nicht verbucht, sondern nur im Ordner abgelegt.

Gutschriften für Rücknahmen bzw. Rücksendungen, Rabatte und Skonti werden mit den Rechnungen zusammengeheftet bzw. auf den Rechnungen in Abzug gebracht.

Bei der Zahlung wird die Rechnung aus dem Ordner genommen, … → … als bezahlt gekennzeichnet und in den Ordnern für bezahlte Rechnungen abgelegt.

Bei der Zahlung wird der Verkauf bzw. der Einkauf wie ein Bargeschäft verbucht:
▷ Wareneinkauf: Warenaufwand/Liquide Mittel
▷ Warenverkauf: Liquide Mittel/Warenertrag

Die Debitoren und Kreditoren sind ruhende Konten, d.h., während des Jahres wird auf diesen Konten nicht gebucht.

Am Jahresende werden im Rahmen der Inventur die offenen Rechnungen zusammengezählt, was die Debitoren- und Kreditorenbestände in der Schlussbilanz ergibt.

Die Bestandesänderungen an offenen Rechnungen gegenüber dem Jahresanfang sind wie folgt zu verbuchen:

Bestandesänderungen	Debitoren	Kreditoren
Bestandeszunahme	**Debitoren/Warenertrag**	**Warenaufwand/Kreditoren**
Bestandesabnahme	**Warenertrag/Debitoren**	**Kreditoren/Warenaufwand**

32 Offenposten-Buchhaltung

Beispiel 1 Vergleich zwischen Führung des Debitorenkontos und Offenposten-Buchhaltung

			Mit Führung des Debitorenkontos		
Nr.	Geschäftsfall	Buchung		Debitoren	Warenertrag
1	Anfangsbestand Debitoren (8 000)	Debitoren	/ Bilanz	8 000	
2	Bankzahlungen von Kunden (6 000)	Bank	/ Debitoren	6 000	
3a	Warenverkauf auf Kredit (3 000)	Debitoren	/ Warenertrag	3 000	3 000
b	Rücknahme mangelhafter Ware (700)	Warenertrag	/ Debitoren	700	700
c	Nachträglich gewährter Rabatt (300)	Warenertrag	/ Debitoren	300	300
d	Skonto 2% auf Rechnungsbetrag (40)	Warenertrag	/ Debitoren	40	40
e	Bankzahlung Restbetrag (1 960)	Bank	/ Debitoren	1 960	
4	Warenverkäufe auf Kredit (10 000)	Debitoren	/ Warenertrag	10 000	10 000
5	Bankzahlungen von Kunden (7 000)	Bank	/ Debitoren	7 000	
6	Abnahme des Debitorenbestandes gegenüber Anfangsbestand (3 000)	keine Buchung			
7a	Schlussbestand auf Bilanz	Bilanz	/ Debitoren	**5 000**	
b	Saldo auf Erfolgsrechnung	Warenertrag	/ ER		**11 960**
				21 000 21 000	13 000 13 000

Beispiel 2 Vergleich zwischen Führung eines Kreditorenkontos und Offenposten-Buchhaltung

			Mit Führung des Kreditorenkontos		
Nr.	Geschäftsfall	Buchung		Kreditoren	Warenaufwand
1	Anfangsbestand Kreditoren (6 000)	Bilanz	/ Kreditoren	6 000	
2	Bankzahlungen an Kreditoren (5 000)	Kreditoren	/ Bank	5 000	
3a	Wareneinkauf auf Kredit (4 000)	Warenaufwand	/ Kreditoren	4 000	4 000
b	Rückgabe mangelhafter Waren (600)	Kreditoren	/ Warenaufwand	600	600
c	Nachträglich erhaltener Rabatt (400)	Kreditoren	/ Warenaufwand	400	400
d	Skonto 2% auf Rechnungsbetrag (60)	Kreditoren	/ Warenaufwand	60	60
e	Bankzahlung Restbetrag (2 940)	Kreditoren	/ Bank	2 940	
4	Wareneinkäufe auf Kredit (9 000)	Warenaufwand	/ Kreditoren	9 000	9 000
5	Bankzahlungen an Kreditoren (8 000)	Kreditoren	/ Bank	8 000	
6	Abnahme des Kreditorenbestandes gegenüber Anfangsbestand (4 000)	keine Buchung			
7a	Schlussbestand auf Bilanz	Kreditoren	/ Bilanz	**2 000**	
b	Saldo auf Erfolgsrechnung	ER	/ Warenaufwand		**11 940**
				19 000 19 000	13 000 13 000

Offenposten-Buchhaltung 32

Nr.	Geschäftsfall	Mit Offenposten-Buchhaltung Buchung	Debitoren		Warenertrag	
	Anfangsbestand Debitoren (8 000)	Debitoren / Bilanz	8 000			
	Bankzahlungen von Kunden (6 000)	Bank / Warenertrag				6 000
a	Warenverkauf auf Kredit (3 000)	keine Buchung				
b	Rücknahme mangelhafter Ware (700)	keine Buchung				
c	Nachträglich gewährter Rabatt (300)	keine Buchung				
d	Skonto 2% auf Rechnungsbetrag (40)	keine Buchung				
e	Bankzahlung Restbetrag (1 960)	Bank / Warenertrag				1 960
	Warenverkäufe auf Kredit (10 000)	keine Buchung				
	Bankzahlungen von Kunden (7 000)	Bank / Warenertrag				7 000
	Abnahme des Debitorenbestandes gegenüber Anfangsbestand (3 000)	Warenertrag / Debitoren		3 000	3 000	
a	Schlussbestand auf Bilanz	Bilanz / Debitoren①		**5 000**		
b	Saldo auf Erfolgsrechnung	Warenertrag / ER			**11 960**	
			8 000	8 000	14 960	14 960

Nr.	Geschäftsfall	Mit Offenposten-Buchhaltung Buchung	Kreditoren		Warenaufwand	
	Anfangsbestand Kreditoren (6 000)	Bilanz / Kreditoren		6 000		
	Bankzahlungen an Kreditoren (5 000)	Warenaufwand / Bank			5 000	
a	Wareneinkauf auf Kredit (4 000)	keine Buchung				
b	Rückgabe mangelhafter Waren (600)	keine Buchung				
c	Nachträglich erhaltener Rabatt (400)	keine Buchung				
d	Skonto 2% auf Rechnungsbetrag (60)	keine Buchung				
e	Bankzahlung Restbetrag (2 940)	Warenaufwand / Bank			2 940	
	Wareneinkäufe auf Kredit (9 000)	keine Buchung				
	Bankzahlungen an Kreditoren (8 000)	Warenaufwand / Bank			8 000	
	Abnahme des Kreditorenbestandes gegenüber Anfangsbestand (4 000)	Kreditoren / Warenaufwand	4 000			4 000
a	Schlussbestand auf Bilanz	Kreditoren / Bilanz①	**2 000**			
b	Saldo auf Erfolgsrechnung	ER / Warenaufwand				**11 940**
			6 000	6 000	15 940	15 940

① Dieser Bestand muss am Jahresende durch Addition der offenen Rechnungen im entsprechenden Ordner ermittelt werden (Debitoren- bzw. Kreditoren-Inventar oder OP-Listen genannt).

Mehrwertsteuer

Die Mehrwertsteuer (MWST) ist eine **indirekte Bundessteuer.** Sie ist mit über einem Drittel der Gesamteinnahmen die wichtigste Geldquelle des Bundes.

Der Name Mehrwertsteuer rührt daher, dass der von einer Unternehmung geschaffene Mehrwert besteuert wird. Bei einer Kleiderfabrik beispielsweise besteht dieser Mehrwert hauptsächlich aus der Wertdifferenz zwischen den eingekauften Stoffen und den verkauften Kleidern. Die Steuer wird jeweils auf dem Nettobetrag der Wertschöpfung erhoben; die auf den vorangehenden Stufen bezahlte MWST kann als Vorsteuer in Abzug gebracht werden.

Die Abrechnung mit der Eidgenössischen Steuerverwaltung erfolgt in der Regel vierteljährlich.

Steuerpflichtig ist gemäss Bundesgesetz über die Mehrwertsteuer Art. 10

> … wer unabhängig von Rechtsform, Zweck und Gewinnabsicht ein Unternehmen betreibt … und unter eigenem Namen nach aussen auftritt.

Von der Steuerpflicht befreit sind:

▷ Unternehmen mit einem Jahresumsatz von weniger als 100 000 Franken.
▷ Nicht gewinnstrebige, ehrenamtlich geführte Sportvereine und gemeinnützige Institutionen mit einem Jahresumsatz von weniger als 150 000 Franken.

Besteuert werden folgende durch Steuerpflichtige getätigte **Umsätze,** sofern sie nicht ausdrücklich von der Steuer ausgenommen sind:

▷ die im Inland erbrachten Lieferungen von Gegenständen
▷ die im Inland erbrachten Dienstleistungen
▷ die Einfuhr von Gegenständen[1]
▷ der Bezug von Dienstleistungen von Unternehmen mit Sitz im Ausland[2]

---

[1] Die MWST bei der Einfuhr von Gegenständen wird durch die Eidgenössische Zollverwaltung erhoben.
[2] Beispiele für Einfuhren von Dienstleistungen sind: Bezug von Computerprogrammen eines ausländischen Anbieters übers Internet, Werbung für eine schweizerische Unternehmung in einer ausländischen Zeitung oder die Vermögensverwaltung durch eine ausländische Bank.

Mehrwertsteuer 33

Zur Anwendung gelangen folgende **Steuersätze:**

Steuersätze

Normalsatz 8,0%

Grundsätzlich werden alle Umsätze zum Normalsatz von 8% besteuert. Zusammengefasst sind dies:

▷ Gegenstände wie Waren, Rohstoffe, Fahrzeuge, Maschinen, Mobiliar
▷ Energie wie Elektrizität, Gas, Heizöl, Treibstoffe
▷ Dienstleistungen von Reisebüros, Taxiunternehmen, Coiffeuren, Ingenieuren, Rechtsanwälten, Architekten, Werbebüros, Transportunternehmungen, Restaurants und Hotels [2]
▷ Gegenstände zum Eigenverbrauch

Reduzierter Satz 2,5%

Der reduzierte Satz von 2,5% kommt für Güter und Dienstleistungen des täglichen Bedarfs zur Anwendung:

▷ Nahrungsmittel
▷ Alkoholfreie Getränke
▷ Futtermittel
▷ Medikamente
▷ Zeitungen, Bücher
▷ Pflanzen, Sämereien
▷ Wasser in Leitungen
▷ Radio- und Fernsehgebühren
▷ Gegenstände zum Eigenverbrauch

Von der Steuer ausgenommene oder steuerbefreite Umsätze mit 0%

Von der Steuer **ausgenommen** sind folgende Umsätze:[1]

▷ Ärzte, Zahnärzte, Heilbehandlungen
▷ Schulen
▷ Kirche, soziale Institutionen
▷ Kino, Theater, Konzerte
▷ Lotterien
▷ Sportanlässe
▷ Geld- und Kapitalverkehr
▷ Versicherungen
▷ Wohnungs- und Geschäftsmieten
▷ Liegenschaftskäufe
▷ Im eigenen Betrieb gewonnene Erzeugnisse der Landwirtschaft

Der Export von Gütern und Dienstleistungen ist grundsätzlich von der MWST **befreit**.[3]

---

[1] Durch die Steuersatzreduktion bzw. das Ausnehmen bestimmter Umsätze von der Steuer soll die Deckung der Grundbedürfnisse für sozial schlechter gestellte Bevölkerungsschichten erleichtert werden. Auf den von der Steuer ausgenommenen Umsätzen ist **ein Abzug der Vorsteuer nicht möglich.**

Für verschiedene von der Steuer ausgenommene Umsätze kann die freiwillige Versteuerung beantragt werden. Ein häufiges Beispiel sind Sportanlässe, sofern die auf Eintritten oder Startgeldern geschuldeten Umsatzsteuern tiefer sind als die Vorsteuerabzüge.

[2] Für Beherbergungsleistungen (Übernachtung und Frühstück) gilt ein Sondersatz von 3,8%.

[3] Die Steuerbefreiung der Exporte soll die internationale Konkurrenzfähigkeit der Schweiz fördern, was im Hinblick auf die Arbeitsplatzsicherung im Inland von Bedeutung ist. Diese Steuerbefreiung entspricht auch den internationalen Gepflogenheiten, wonach Exporte nur im Bestimmungsland besteuert werden. **Ein Vorsteuerabzug ist möglich.**

Mehrwertsteuer

33

Wie funktioniert die Mehrwertsteuer?

Stoffhändler

Der Stoffhändler importiert Stoffe im Wert von Fr. 6 000.– und verkauft diese weiter an eine Kleiderfabrik für Fr. 10 000.–.

Verkaufswert der Stoffe	10 000.–
+ Mehrwertsteuer 8,0%	800.–
= Rechnung	10 800.–

MWST-Abrechnung

Umsatzsteuer[1]	800.–
./. Vorsteuer[2]	480.–
Abzuliefernde MWST	320.–

Kleiderfabrik

Die Kleiderfabrik verarbeitet die Stoffe zu Kleidern und verkauft diese an eine Boutique für Fr. 30 000.–.

Verkaufswert der Kleider	30 000.–
+ Mehrwertsteuer 8,0%	2 400.–
= Rechnung	32 400.–

MWST-Abrechnung

Umsatzsteuer	2 400.–
./. Vorsteuer	800.–
Abzuliefernde MWST	1 600.–

Boutique

Die Boutique verkauft die Kleider an die Kundinnen für Fr. 70 000.–.

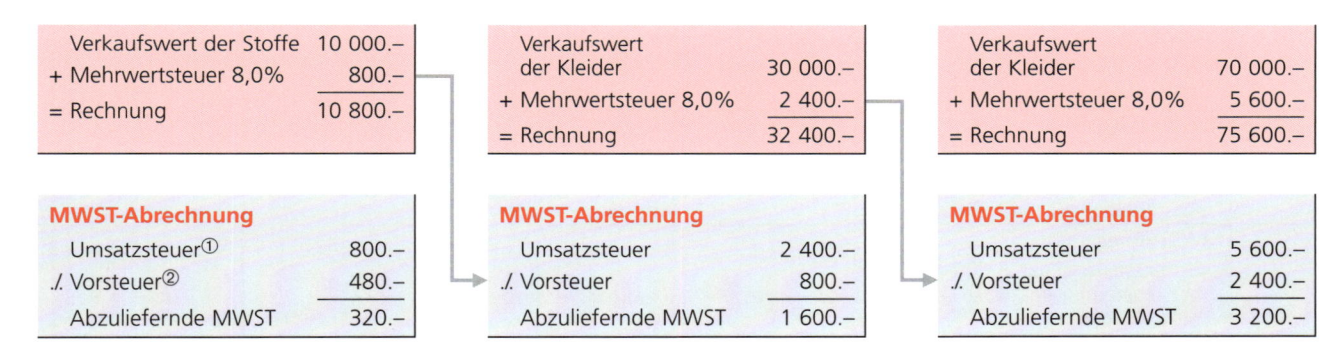

Verkaufswert der Kleider	70 000.–
+ Mehrwertsteuer 8,0%	5 600.–
= Rechnung	75 600.–

MWST-Abrechnung

Umsatzsteuer	5 600.–
./. Vorsteuer	2 400.–
Abzuliefernde MWST	3 200.–

Am Beispiel der Kleiderfabrik wird das Wesen der MWST gut veranschaulicht:

Verkaufswert der Kleider an die Kleiderboutique	30 000.–	
./. Einkaufswert der Stoffe (= Vorleistung)	10 000.–	
Geschaffener Mehrwert	20 000.–	100,0%
Mehrwertsteuer	**1 600.–**	**8,0%**

Auf den nächsten zwei Seiten wird die Verbuchung der Mehrwertsteuer nach der Netto- und der Bruttomethode am Beispiel der Kleiderboutique dargestellt. Die Einkäufe erfolgen auf Kredit; die Verkäufe werden bar abgewickelt.

---

[1] Unter **Umsatzsteuer** versteht man die auf dem Umsatz geschuldete Mehrwertsteuer.

[2] Unter **Vorsteuer** versteht man die auf empfangenen Lieferungen und Leistungen bezahlte Mehrwertsteuer. Sie kann von der geschuldeten Umsatzsteuer in Abzug gebracht werden. Den abzugsfähigen Betrag nennt man auch Vorsteuerabzug. Er beträgt hier 8,0% von Fr. 6 000.– und wird am Zoll erhoben.

Die Abrechnung der Vorsteuer ist in diesem Beispiel vereinfacht dargestellt. In der Praxis könnten auch die auf der Beschaffung von Maschinen, Mobiliar und Zutaten wie Faden und Knöpfen bezahlten Vorsteuern in Abzug gebracht werden (siehe Beispiel nächste Seite).

33 Mehrwertsteuer

Beispiel 1 — Verbuchung der MWST nach der Nettomethode

Datum	Geschäftsverkehr			Buchung Soll	Buchung Haben	Betrag	Debitor Vorsteuer[1]	Kreditor Umsatzsteuer
4. 1.	Kauf Ladeneinrichtung							
	Kaufpreis		10 000.–	Mobiliar	Kreditoren	10 000.–		
	+ MWST 8,0%		800.–	Debitor Vorsteuer	Kreditoren	800.–	800	
	Rechnung		10 800.–					
5. 1.	Kleidereinkauf							
	Kaufpreis		30 000.–	Warenaufwand	Kreditoren	30 000.–		
	+ MWST 8,0%		2 400.–	Debitor Vorsteuer	Kreditoren	2 400.–	2 400	
	Rechnung		32 400.–					
Div.	Kleiderverkäufe							
	Verkaufspreis		70 000.–	Kasse	Warenertrag	70 000.–		
	+ MWST 8,0%		5 600.–	Kasse	Kreditor Umsatzsteuer	5 600.–		5 600
	Kassabeleg		75 600.–					
20. 2.	Energierechnungen							
	Nettobetrag		1 500.–	Energieaufwand	Kreditoren	1 500.–		
	+ MWST 8,0%		120.–	Debitor Vorsteuer	Kreditoren	120.–	120	
	Rechnung		1 620.–					
10. 3.	Kleidereinkauf							
	Kaufpreis		20 000.–	Warenaufwand	Kreditoren	20 000.–		
	+ MWST 8,0%		1 600.–	Debitor Vorsteuer	Kreditoren	1 600.–	1 600	
	Rechnung		21 600.–					
Div.	Kleiderverkäufe							
	Verkaufspreis		40 000.–	Kasse	Warenertrag	40 000.–		
	+ MWST 8,0%		3 200.–	Kasse	Kreditor Umsatzsteuer	3 200.–		3 200
	Kassabeleg		43 200.–					
31. 3.	MWST-Abrechnung							
	Umsatzsteuerschuld		8 800.–	Kreditor Umsatzsteuer	Debitor Vorsteuer	4 920.–	4 920	4 920
	./. Vorsteuerguthaben		4 920.–					
	abzuliefernde MWST		3 880.–					
5. 4.	Postüberweisung der MWST netto		3 880.–	Kreditor Umsatzsteuer	Post	3 880.–		3 880
							4 920 / 4 920	8 800 / 8 800

Von der Eidgenössischen Steuerverwaltung wird die Nettomethode empfohlen. Für kleinere Unternehmungen ist aber oft die auf der nächsten Seite dargestellte Bruttomethode attraktiver, da die MWST nicht bei jedem steuerpflichtigen Ein- und Verkauf einzeln gebucht werden muss.

---

[1] Für die Vorsteuerverbuchung werden von der Steuerverwaltung zwei getrennte Konten verlangt:
  ▷ Debitor Vorsteuer für Material- und Dienstleistungsaufwand
  ▷ Debitor Vorsteuer für Investitionen und übriger Betriebsaufwand
Aus methodischen Gründen wird hier ein einziges Konto verwendet.

Mehrwertsteuer 33

Beispiel 2 — Verbuchung der MWST nach der Bruttomethode

	Geschäftsverkehr			Buchung Soll	Buchung Haben	Betrag	Debitor Vorsteuer		Kreditor Umsatzsteuer	
4. 1.	Kauf Ladeneinrichtung									
	Kaufpreis	10 000.–								
	+ MWST 8,0%	800.–								
	Rechnung	10 800.–		Mobiliar	Kreditoren	10 800.–				
5. 1.	Kleidereinkauf									
	Kaufpreis	30 000.–								
	+ MWST 8,0%	2 400.–								
	Rechnung	32 400.–		Warenaufwand	Kreditoren	32 400.–				
Div.	Kleiderverkäufe									
	Verkaufspreis	70 000.–								
	+ MWST 8,0%	5 600.–								
	Kassabeleg	75 600.–		Kasse	Warenertrag	75 600.–				
20. 2.	Energierechnungen									
	Nettobetrag	1 500.–								
	+ MWST 8,0%	120.–								
	Rechnung	1 620.–		Energieaufwand	Kreditoren	1 620.–				
10. 3.	Kleidereinkauf									
	Kaufpreis	20 000.–								
	+ MWST 8,0%	1 600.–								
	Rechnung	21 600.–		Warenaufwand	Kreditoren	21 600.–				
Div.	Kleiderverkäufe									
	Verkaufspreis	40 000.–								
	+ MWST 8,0%	3 200.–								
	Kassabeleg	43 200.–		Kasse	Warenertrag	43 040.–				
31. 3.	Umsatzsteuer 1. Quartal①			Warenertrag	Kreditor Umsatz-steuer	8 800.–			8 800	
	Vorsteuer 1. Quartal②									
	Vorsteuer auf Mobiliar			Debitor Vorsteuer	Mobiliar	800.–	800			
	Vorsteuer auf Energie			Debitor Vorsteuer	Energieaufwand	120.–	120			
	Vorsteuer auf Kleidereinkauf			Debitor Vorsteuer	Warenaufwand	4 000.–	4 000			
31. 3.	MWST-Abrechnung									
	Umsatzsteuerschuld	8 800.–								
	./. Vorsteuerguthaben	4 920.–		Kreditor Umsatz-steuer	Debitor Vorsteuer	4 920.–		4 920	4 920	
	abzuliefernde MWST	3 880.–								
5. 4.	Postüberweisung der MWST netto	3 880.–		Kreditor Umsatz-steuer	Post	3 880.–			3 880	
							4 920	4 920	8 800	8 800

① Abrechnung Umsatzsteuern

		108,0%	8,0%
Div.	Kleiderverkäufe	75 600	5 600
Div.	Kleiderverkäufe	43 200	3 200
31. 3.	Umsatzsteuerschuld		8 800

② Abrechnung Vorsteuern

		108,0%		8,0%
4. 1.	Kauf Ladeneinrichtung	10 800		800
20. 2.	Energieaufwand	1 620		120
5. 1.	Kleidereinkauf	32 400	2 400	
10. 3.	Kleidereinkauf	21 600	1 600	4 000
31. 3.	Vorsteuerguthaben			4 920

MWST-Abrechnung mit Saldosteuersätzen

Zur Vereinfachung von Buchhaltung und Administration kann auf Antrag des Steuerpflichtigen die MWST-Abrechnung mittels **Saldosteuersätzen** gewählt werden. Diese Abrechnungsart hat den Vorteil, dass die auf dem Umsatz anrechenbare Vorsteuer nicht ermittelt und verbucht werden muss und lediglich der Umsatz mittels eines branchenabhängigen Saldosteuersatzes besteuert wird[1]. Die Steuerabrechnung mit der MWST-Verwaltung erfolgt zudem nur halbjährlich.

Voraussetzungen für die Abrechnung mittels Saldosteuersatz sind:

▷ Der steuerbare Jahresumsatz (inklusive MWST) darf nicht mehr als Fr. 5 020 000.– betragen.

▷ Die nach dem massgebenden Saldosteuersatz zu bezahlenden Steuern dürfen pro Jahr Fr. 109 000.– nicht übersteigen.

▷ Der Steuerpflichtige hat diese Abrechnungsmethode während einer Steuerperiode beizubehalten; ein Wechsel von der effektiven zur Abrechnung mit Saldosteuersatz ist frühestens nach drei Jahren möglich.

---

[1] Branchenbezogene Saldosteuersätze sind z.B.

▷ Bäckerei	0,6%
▷ Drogerie	1,3%
▷ Möbelgeschäft	2,1%
▷ Reisebüro	2,1%
▷ Optiker	3,7%
▷ Maler/Tapezierer	5,2%
▷ Treuhänder	6,1%
▷ Temporärfirma	6,7%

Mehrwertsteuer | **33**

Beispiel 3 — **Verbuchung der MWST nach der Saldomethode**

Ein Architekt erzielt einen Halbjahresumsatz von Fr. 200 000.– ohne Mehrwertsteuer. Gegenüber den Kunden rechnet er die MWST mit 8,0% ab, gegenüber der Steuerverwaltung hingegen nur zum bewilligten Saldosteuersatz von 6,1%, da er auf den Vorsteuerabzug verzichtet.

Datum	Geschäftsverkehr	Buchung			Betrag	Kreditor Umsatzsteuer		Honorarertrag	
			Soll	Haben					
Div.	Honorarrechnungen								
	Nettopreis	200 000.–							
	+ MWST 8,0% ①	16 000.–							
	Rechnungen	216 000.–	Debitoren	Honorarertrag	216 000.–				216 000
10. 6.	Mobiliarkauf								
	Kaufpreis	10 000.–							
	+ MWST 8,0%	800.–							
	Rechnung	10 800.–	Mobiliar	Kreditoren	10 800.–				
20. 6.	Energierechnungen								
	Nettobetrag	1 500.–							
	+ MWST 8,0%	120.–							
	Rechnung	1 620.–	Energieaufwand	Kreditoren	1 620.–				
30. 6.	MWST-Abrechnung								
	MWST 6,1% vom Honorarumsatz von 216 000.– ②		Honorarertrag	Kreditor Umsatzsteuer	13 176.–	13 176		13 176	
2. 7.	Postüberweisung der geschuldeten MWST		Kreditor Umsatzsteuer	Post	13 176.–		13 176		
	Saldo		Honorarertrag	Erfolgsrechnung				**202 824**	
						13 176	13 176	216 000	216 000

① In seinen Rechnungen an die Kunden macht der Architekt keinen Hinweis auf den Saldosteuersatz, sondern verrechnet ausschliesslich 8,0% MWST.

② Die Ermittlung der Vorsteuer entfällt. Im Gegensatz zur normalen MWST-Abrechnung ist der an die Kunden verrechnete Umsatz hier 100%.

Mehrwertsteuer 33

Die Steuerpflichtigen rechnen mit der Eidgenössischen Steuerverwaltung in der Regel nach vereinbartem Entgelt ab. Die Abrechnung erfolgt grundsätzlich vierteljährlich, bei der Anwendung von Saldosteuersätzen halbjährlich. Der geschuldete Betrag muss innert 60 Tagen bezahlt werden.

Abrechnungsart

Nach vereinbartem Entgelt (Rechnungen)

Die Umsatzsteuer wird aufgrund der Rechnungen an die Kunden abgerechnet, die Vorsteuer aufgrund der Rechnungen der Lieferanten.

Diese Abrechnungsart entspricht dem Normalfall.

Für die Eidgenössische Steuerverwaltung ist von Vorteil, dass sie rascher zu ihrem Geld kommt, weil die Rechnungsstellung an die Kunden zeitlich vor der Zahlung erfolgt.

Vorteilhaft für den Steuerpflichtigen ist, dass er die Vorsteuer bereits bei Erhalt der Lieferantenrechnung geltend machen kann (und nicht erst bei deren Bezahlung).

Nachteilig ist, dass bei Rabatt- und Skontoabzug, bei Rücksendungen und bei Debitorenverlusten die Zahlung niedriger ist als der Rechnungsbetrag und deshalb der steuerbare Umsatz nachträglich korrigiert werden muss.

Nach vereinnahmtem Entgelt (Zahlungen)

Die Umsatzsteuer wird aufgrund der eingegangenen Zahlungen der Kunden abgerechnet, die Vorsteuer aufgrund der an die Lieferanten geleisteten Zahlungen.

Diese Abrechnungsart ist nur mit einer speziellen Bewilligung der Eidgenössischen Steuerverwaltung möglich. Sie ist vor allem für Geschäfte mit grossem Barverkehr geeignet.

34

Kalkulation im Handel

Unter Kalkulation[1] wird im Rechnungswesen die Ermittlung der Kosten für eine bestimmte Leistungseinheit (Stück, Kilogramm, Meter, Liter usw.) verstanden. Im Handel hat die Kalkulation zwei Ziele:

▷ Bestimmung des Einstandspreises, der Selbstkosten und des Nettoerlöses[2]
▷ Ermittlung der Zuschlagssätze zur Preisfindung bei neuen Warenangeboten, für die kein Marktpreis besteht.

Von Einzelkalkulation spricht man, wenn die Berechnungen sich auf einen einzelnen Artikel beziehen, von Gesamtkalkulation, wenn die Kalkulation eine ganze Abteilung oder einen ganzen Betrieb umfasst.

Kalkulation	
Gesamtkalkulation	**Einzelkalkulation**
▷ Die Gesamtkalkulation erfasst die gesamten Kosten für alle Artikel oder Leistungen einer Abteilung bzw. eines Betriebes. ▷ Aus der Gesamtkalkulation werden die Zuschlagssätze für die Einzelkalkulation abgeleitet.	▷ Die Einzelkalkulation erfasst nur die Kosten für einen bestimmten Artikel oder eine bestimmte Leistung. ▷ In der Einzelkalkulation werden die Zuschlagssätze aus der Gesamtkalkulation zur Bestimmung der Selbstkosten und des Nettoerlöses für das einzelne Verkaufsobjekt angewandt.

---

[1] Früher wurden die Preise mithilfe von Kalkkügelchen (Calculi) berechnet. Diese Berechnungsart hat der heutigen Preisfindung mittels Kalkulation den Namen gegeben.

[2] In der Kalkulation wird meistens von Kosten und Erlösen gesprochen, statt von Aufwand und Ertrag, um den unternehmungsinternen Charakter solcher Rechnungen zum Ausdruck zu bringen.

Kalkulation im Handel

34

Beispiel 1 — Gesamtkalkulation und Berechnung der Zuschlagssätze

Ausgangslage bildet die Erfolgsrechnung eines Optikergeschäfts:

Erfolgsrechnung für 20_1

Nettoerlös[1]		420 000
./. Warenaufwand		− 200 000
= Bruttogewinn		**220 000**
./. Gemeinaufwand		
▷ Personalaufwand	− 150 000	
▷ Raumaufwand	− 30 000	
▷ Übriger Aufwand	− 20 000	− 200 000
= Reingewinn		**20 000**

Die Zusammenhänge zwischen den verschiedenen Grössen der Erfolgsrechnung lassen sich grafisch wie folgt veranschaulichen:

Bruttogewinn Fr. 220 000.–	Gemeinkosten Fr. 200 000.–	Reingewinn Fr. 20 000.–	Nettoerlös Fr. 420 000.–
Einstandswert (Warenkosten) Fr. 200 000.–	Einstandswert (Warenkosten) Fr. 200 000.–	Selbstkosten Fr. 400 000.–	

---

[1] Anstatt Nettoerlös werden synonym oft auch folgende Begriffe verwendet: Umsatz, Verkaufsumsatz, Verkaufserlös, Warenertrag.

Kalkulation im Handel **34**

Im Rahmen der **Gesamtkalkulation** werden für die wichtigsten Grössen die prozentualen Zusammenhänge ermittelt. Diese Prozentsätze werden **Zuschlagssätze** genannt.

Berechnung der Zuschlagssätze aus der Gesamtkalkulation

Gesamtkalkulation			Gemeinkosten-Zuschlag	Reingewinn-Zuschlag	Bruttogewinn-Zuschlag[1]	Formeln für die Zuschlagssätze
Einstandswert		200 000	100%		100%	
+ Gemeinkosten		200 000	100%			$\dfrac{\text{Gemeinkosten} \cdot 100\%}{\text{Einstandswert}}$
= Selbstkosten		400 000	200%	100%	110%	$\dfrac{\text{Bruttogewinn} \cdot 100\%}{\text{Einstandswert}}$
+ Reingewinn		20 000		5%		$\dfrac{\text{Reingewinn} \cdot 100\%}{\text{Selbstkosten}}$
= Nettoerlös		420 000		105%	210%	

---

[1] Der Bruttogewinn wird in der Praxis vor allem in der Bilanz- und Erfolgsanalyse auf den Nettoerlös bezogen (statt wie hier auf den Einstandswert). Dieser prozentuale Bezug wird **Bruttogewinnmarge** genannt:

Bruttogewinnmarge Bruttogewinn in Prozenten des Nettoerlöses	$\dfrac{\text{Bruttogewinn} \cdot 100\%}{\text{Nettoerlös}}$	$\dfrac{220\,000 \cdot 100\%}{420\,000}$	52,4%

Kalkulation im Handel

34

Beispiel 2   **Einzelkalkulation vom Einstand zum Bruttoverkaufspreis**

In der Einzelkalkulation werden die aus der Gesamtkalkulation gewonnenen Zuschlagssätze für ein einzelnes Produkt angewandt.

Zu welchem Preis soll ein Feldstecher zum Einstandspreis von Fr. 300.– im Laden angeboten werden, wenn den Kunden ein Rabatt von 10% und ein Skonto von 2% gewährt wird? Die Mehrwertsteuer von 8% ist im Preis einzurechnen.

Einzelkalkulation

	Einstandspreis ①	Fr.	300.–	100%	
+	Gemeinkosten	Fr.	300.–	100%	
=	Selbstkosten	Fr.	600.–	200% → 100%
+	Reingewinn	Fr.	30.–		5%
=	Nettoerlös ②	Fr.	630.–	98% ← 105%
+	Skonto	Fr.	12.85	2%	
=	Rechnungsbetrag	Fr.	642.85	100% → 90%
+	Spezialrabatt	Fr.	71.45		10%
=	Bruttoverkaufspreis ohne MWST	Fr.	714.30		100%
+	MWST ③	Fr.	57.15		8,0%
=	Bruttoverkaufspreis mit MWST	Fr.	771.45		108,0%

---

① Mit dem **Bruttogewinnzuschlag** ist es möglich, vom Einstandspreis direkt auf den Nettoerlös zu schliessen:

	Einstandspreis	300.–	100%
+	Bruttogewinn	330.–	110%
=	Nettoerlös	630.–	210%

② In anderen Lehrmitteln werden für Nettoerlös oder Zahlung auch die Begriffe Nettobarverkauf oder Nettoverkaufspreis verwendet.

③ Falls der Kunde den Rabatt oder den Skonto beansprucht, vermindert sich die abzuliefernde Mehrwertsteuer um den entsprechenden Prozentsatz.

Kalkulation im Handel 34

Grafisch lässt sich die Einzelkalkulation treppenartig darstellen:

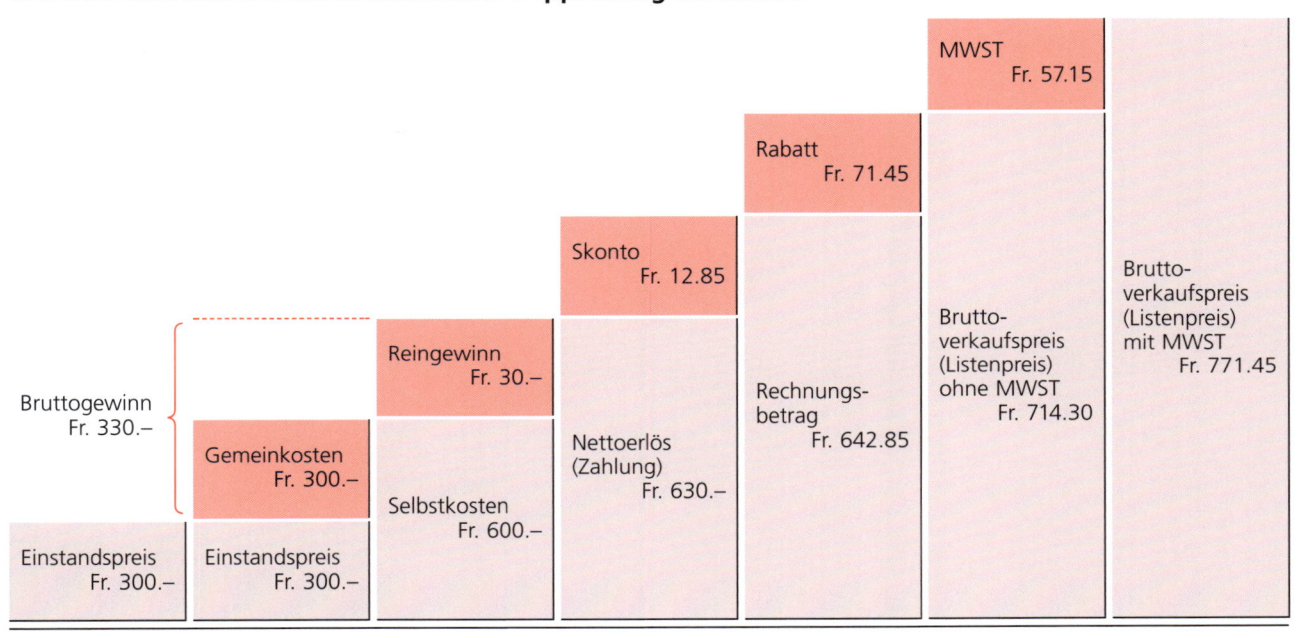

							MWST Fr. 57.15	
						Rabatt Fr. 71.45		
					Skonto Fr. 12.85			
			Reingewinn Fr. 30.–					
Bruttogewinn Fr. 330.–		Gemeinkosten Fr. 300.–			Nettoerlös (Zahlung) Fr. 630.–	Rechnungsbetrag Fr. 642.85	Bruttoverkaufspreis (Listenpreis) ohne MWST Fr. 714.30	Bruttoverkaufspreis (Listenpreis) mit MWST Fr. 771.45
				Selbstkosten Fr. 600.–				
Einstandspreis Fr. 300.–		Einstandspreis Fr. 300.–						

Wird vom kleinen zum grossen Wert, d.h. vom Einstand zum Bruttoverkaufspreis gerechnet, spricht man von **aufbauender Kalkulation.** Wird umgekehrt vom grossen zum kleinen Wert gerechnet, spricht man von **abbauender Kalkulation.**

34

35

Nutzschwelle

Untersucht man, inwiefern die Höhe der Kosten vom Umsatz[1] abhängt, kann man zwischen fixen und variablen Kosten unterscheiden.

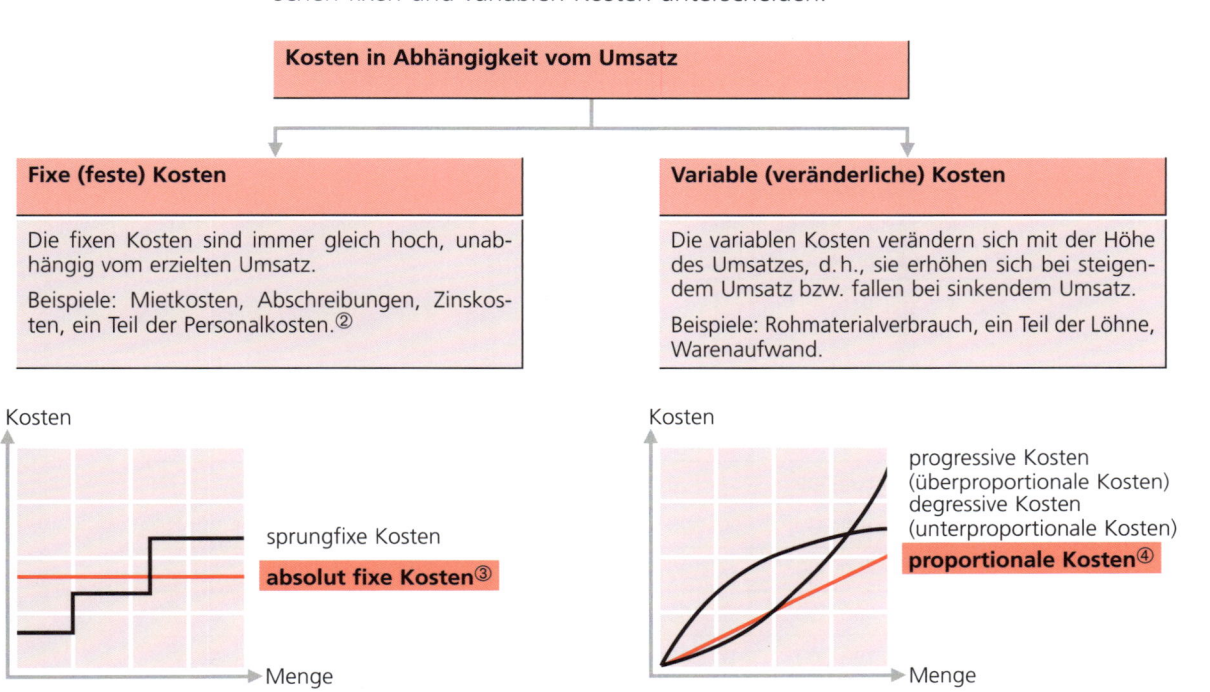

Kosten in Abhängigkeit vom Umsatz

Fixe (feste) Kosten

Die fixen Kosten sind immer gleich hoch, unabhängig vom erzielten Umsatz.

Beispiele: Mietkosten, Abschreibungen, Zinskosten, ein Teil der Personalkosten.[2]

Variable (veränderliche) Kosten

Die variablen Kosten verändern sich mit der Höhe des Umsatzes, d. h., sie erhöhen sich bei steigendem Umsatz bzw. fallen bei sinkendem Umsatz.

Beispiele: Rohmaterialverbrauch, ein Teil der Löhne, Warenaufwand.

Kosten

sprungfixe Kosten
absolut fixe Kosten[3]

Menge

Kosten

progressive Kosten
(überproportionale Kosten)
degressive Kosten
(unterproportionale Kosten)
proportionale Kosten[4]

Menge

---

[1] Die Betriebsleistung wird im Handelsbetrieb mit dem Umsatz, d. h. mit der verkauften Menge bzw. deren Wert, gemessen. Im Industriebetrieb wird dazu meist die Produktionsmenge (auch Beschäftigung oder Produktionshöhe genannt) herangezogen.

[2] Fixkosten und Gemeinkosten sind nicht dasselbe: Bei der Unterscheidung zwischen Einzel- und Gemeinkosten geht es um die Frage der Zurechenbarkeit der Kosten auf die Produkte und Leistungen (und nicht um die Abhängigkeit der Kosten vom Umsatz). Da die Gemeinkosten in den meisten Fällen eher fix sind (vgl. Fussnote 3), werden in Schulbeispielen Gemeinkosten und Fixkosten einander oft gleichgesetzt.

[3] Der Einfachheit halber wird in Schulbeispielen in der Regel angenommen, die fixen Kosten seien absolut fix. Selbstverständlich sind diese Kosten nur innerhalb gewisser Umsatzbandbreiten fix. Überschreitet der Umsatz eine bestimmte Höhe, müssen zum Beispiel zusätzliche Mitarbeiter eingestellt oder zusätzliche Fabrikations- und Büroräumlichkeiten gemietet werden; das hat Kostensprünge zur Folge. Man spricht dann von sprungfixen Kosten.

[4] Der Einfachheit halber wird in Schulbeispielen in der Regel angenommen, die Kostenveränderung erfolge proportional zur Umsatzschwankung. In der Praxis gibt es auch degressive Kosten (z. B. Mengenrabatte beim Einkauf von Waren oder Material) und progressive Kosten (z. B. Schichtzuschläge bei Überzeitarbeit).

Nutzschwelle 35

Break-even-Analyse

Die Aufspaltung der gesamten Kosten in einen fixen und einen variablen Teil wird **Kostenauflösung** genannt. Diese bildet den Ausgangspunkt für viele betriebliche Problemstellungen.

Eine wichtige Fragestellung lautet: Bei welchem Umsatz erreicht eine Unternehmung die **Nutzschwelle (break-even-point)**[1], d. h. den Punkt, bei dem weder Gewinn noch Verlust erzielt wird?

Beispiel

Ermittlung der Nutzschwelle (break-even-point)

Barbara Müller importiert ein chinesisches Heilmittel für Fr. 3.– je Stück und verkauft dieses in der Schweiz für Fr. 5.– je Stück. Dabei entstehen Fixkosten (vor allem für Personal und Miete) von Fr. 100 000.–.

Verkaufspreis (Nettoerlös)	Fr. 5.–
./. Variable Kosten (Einstandspreis)	Fr. 3.–
= Deckungsbeitrag[2] (Bruttogewinn)	Fr. 2.–

Lösung 1 Tabelle

Menge (Stück)	Fixe Kosten	Variable Kosten	Totalkosten[3]	Nettoerlös (= Umsatz)	Erfolg	Deckungsbeitrag
0	100 000	0	100 000	0	– 100 000	0
10 000	100 000	30 000	130 000	50 000	– 80 000	20 000
20 000	100 000	60 000	160 000	100 000	– 60 000	40 000
30 000	100 000	90 000	190 000	150 000	– 40 000	60 000
40 000	100 000	120 000	220 000	200 000	– 20 000	80 000
50 000	**100 000**	**150 000**	**250 000**	**250 000**	**0**	**100 000**
60 000	100 000	180 000	280 000	300 000	20 000	120 000
70 000	100 000	210 000	310 000	350 000	40 000	140 000
80 000	100 000	240 000	340 000	400 000	60 000	160 000

Aus der Tabelle geht hervor, dass die Nutzschwelle bei einem **mengenmässigen** Umsatz von 50 000 Stück und einem **wertmässigen** Umsatz von Fr. 250 000.– erreicht wird.

---

[1] **Break-even-point** wird auf Deutsch mit Nutzschwelle übersetzt. Bei diesem Umsatz entsteht für die Unternehmung weder Verlust noch Gewinn. Bei geringerem Umsatz wird ein Verlust erzielt, bei höherem Umsatz ein Gewinn. An diesem Punkt durchbricht (to break = durchbrechen) die Erfolgskurve gerade den Nullpunkt.

[2] Die Differenz zwischen dem Nettoerlös und den variablen Kosten wird **Deckungsbeitrag** genannt. In diesem Beispiel deckt jedes verkaufte Stück zwei Franken der Fixkosten von insgesamt Fr. 100 000.–. Nach 50 000 verkauften Stücken sind alle Fixkosten gedeckt, sodass die Nutzschwelle erreicht ist. Der Deckungsbeitrag entspricht bei diesem einfachen Handelsbetrieb dem Bruttogewinn. In komplizierteren Fällen sind ausser dem Einstandspreis noch weitere variable Kosten denkbar (z. B. die nicht fix besoldeten, stundenweise angestellten Mitarbeiter in der Filiale eines Grossverteilers).

[3] Auch Selbstkosten genannt.

Nutzschwelle 35

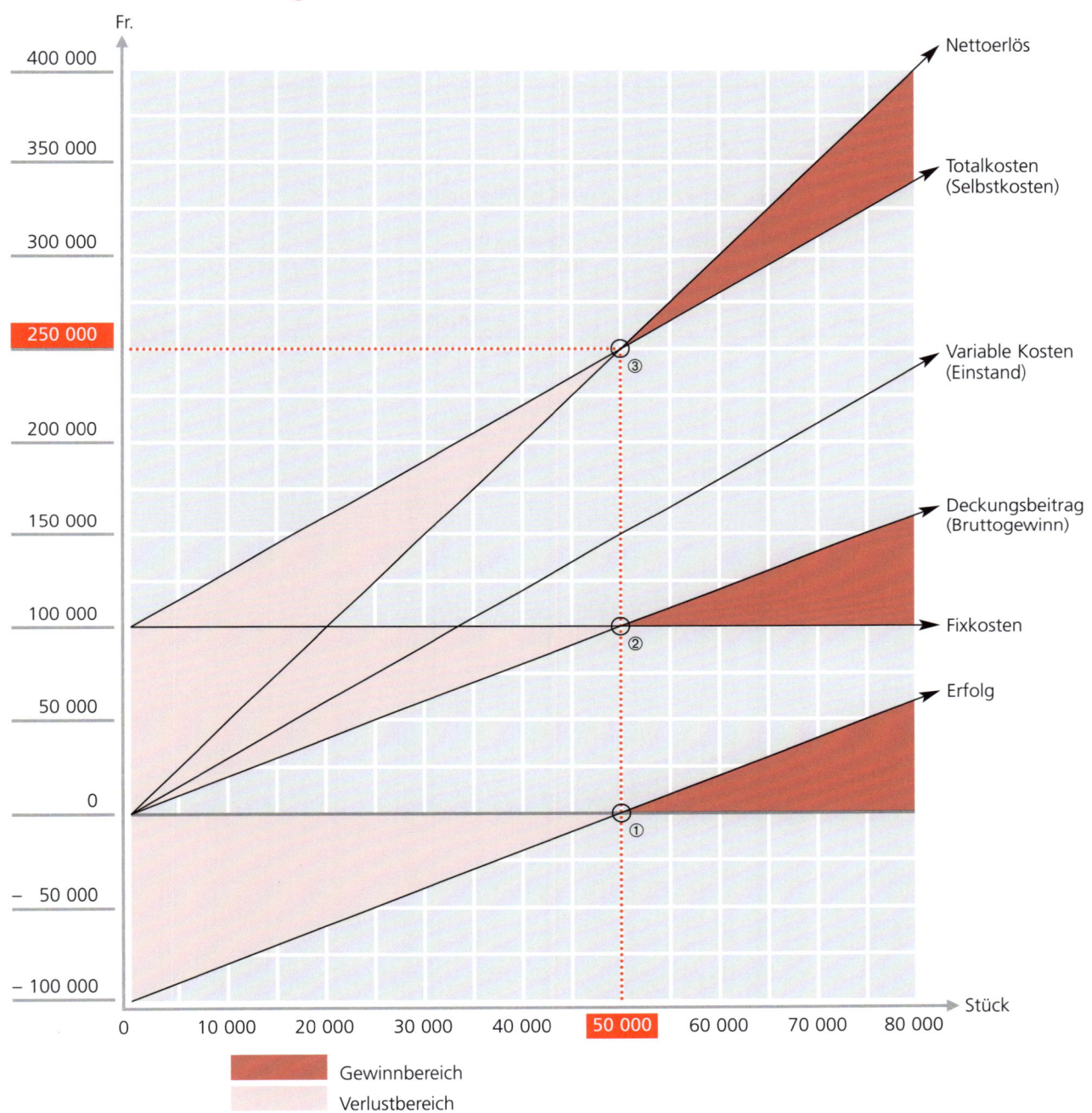

Lösung 2 Grafik

Gewinnbereich
Verlustbereich

Die tabellarische und die grafische Lösung zeigen, dass bei Erreichen der Nutzschwelle folgende drei Bedingungen erfüllt sind:

① Erfolg = Fr. 0.–
② Deckungsbeitrag = Fixkosten
③ Nettoerlös = Totalkosten

Nutzschwelle

Lösung 3 Rechnerische Lösung (kaufmännisch)

$$\text{Nutzschwelle} = \frac{\text{Fixkosten}}{\text{Deckungsbeitrag je Stück}} = \frac{\text{Fr. } 100\,000.-}{\text{Fr. } 2.-} = \mathbf{50\,000 \text{ Stück}}$$

Lösung 4 Rechnerische Lösung (mathematisch)

Mit x wird die gesuchte Stückzahl bezeichnet.

Nettoerlös − variable Kosten − Fixkosten = 0
⇔ 5x   − 3x   − 100 000   = 0
⇔ 2x   = 100 000
⇔ x   = **50 000 Stück**

35

36

Mehrstufige Erfolgsrechnung

Für die Analyse des Jahresergebnisses ist eine mehrstufige Gliederung unerlässlich.

Beispiel 1 zeigt, dass nur der mehrstufige Erfolgsausweis eine differenzierte Analyse der unternehmerischen Tätigkeit ermöglicht:

▷ Mit **Betrieb** bezeichnet man die Haupttätigkeit der Unternehmung; das ist in dieser Unternehmung der Handel mit Waren. In der einstufigen Erfolgsrechnung wird nicht sichtbar, dass der Betrieb verlustbringend ist.

▷ Der Unternehmungsgewinn kommt nur dank dem positiven Einfluss von **neutralem** Ertrag zustande. Neutral bedeutet: nicht zum betrieblichen Kernbereich gehörend. Hier zum Beispiel der Ertrag und der Aufwand eines nicht betriebsnotwendigen Wohnblocks sowie ein Gewinn bei der Veräusserung von Anlagevermögen.①

Beispiel 1   Einstufige und dreistufige Erfolgsrechnung

Einstufige Erfolgsrechnung

	Warenertrag	100
+	Liegenschaftenertrag	15
+	Veräusserungsgewinn	9
./.	Warenaufwand	− 60
./.	Personalaufwand	− 25
./.	Mietaufwand	− 7
./.	Übriger Gemeinaufwand	− 16
./.	Liegenschaftenaufwand	− 6
=	**Gewinn**	**10**

Dreistufige Erfolgsrechnung

	Warenertrag		100
./.	Warenaufwand		− 60
=	**Bruttogewinn**		**40**
./.	Personalaufwand		− 25
./.	Mietaufwand	Gemeinaufwand	− 7
./.	Übriger Gemeinaufwand		− 16
=	**Betriebsverlust**		**− 8**
+	Liegenschaftenertrag	Neutraler Aufwand und Ertrag	15
./.	Liegenschaftenaufwand		− 6
+	Veräusserungsgewinn		9
=	**Unternehmungsgewinn**		**10**

Je nach Branche und Informationsbedürfnissen ist eine andere Anzahl Stufen zweckmässig. Erfolgsrechnungen von Handelsbetrieben sind in der Praxis oft dreistufig:

1. Stufe: Bruttogewinn

Der Bruttogewinn ergibt sich aus der Gegenüberstellung von Warenertrag und Warenaufwand.

Der Bruttogewinn dient zur Deckung des Gemeinaufwands und ist eine zentrale Grösse bei der Beurteilung der Kosten- und Preispolitik einer Handelsunternehmung.

2. Stufe: Betriebserfolg

Vom Bruttogewinn wird der Gemeinaufwand abgezogen und als Ergebnis der Betriebserfolg ausgewiesen.

Sämtliche Aufwände und Erträge der beiden ersten Stufen sind betrieblicher Natur, d.h., sie stehen im Zusammenhang mit dem eigentlichen Betriebszweck (hier der Handel mit Waren).

3. Stufe: Unternehmungserfolg

In der dritten Stufe werden zusätzlich die neutralen Aufwände und Erträge berücksichtigt und als Resultat der Unternehmungserfolg (Gesamterfolg der Unternehmung) ermittelt.

Neutrale Aufwände sind entweder betriebsfremd oder ausserordentlich (siehe nächste Seite).

---

① Wenn Anlagevermögen zu einem über dem Buchwert liegenden Verkaufspreis veräussert wird, entsteht ein so genannter Veräusserungsgewinn.

Mehrstufige Erfolgsrechnung 36

Die mehrstufige Gliederung von Beispiel 1 erfüllt auch die obligationenrechtlichen Anforderungen, die schematisch wie folgt dargestellt werden können:

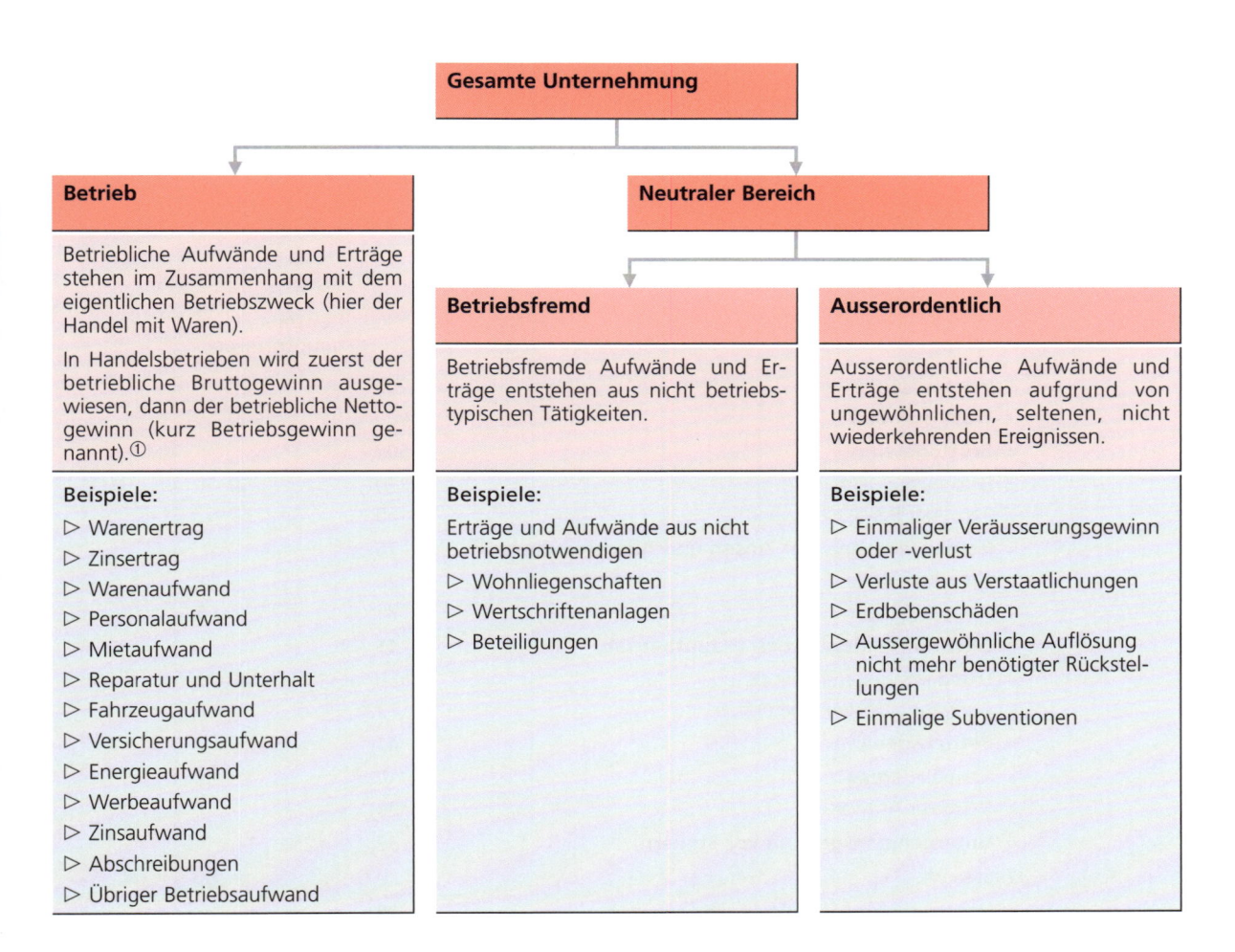

Gesamte Unternehmung

- **Betrieb**
  - Betriebliche Aufwände und Erträge stehen im Zusammenhang mit dem eigentlichen Betriebszweck (hier der Handel mit Waren).
  - In Handelsbetrieben wird zuerst der betriebliche Bruttogewinn ausgewiesen, dann der betriebliche Nettogewinn (kurz Betriebsgewinn genannt).①
  - Beispiele:
    - ▷ Warenertrag
    - ▷ Zinsertrag
    - ▷ Warenaufwand
    - ▷ Personalaufwand
    - ▷ Mietaufwand
    - ▷ Reparatur und Unterhalt
    - ▷ Fahrzeugaufwand
    - ▷ Versicherungsaufwand
    - ▷ Energieaufwand
    - ▷ Werbeaufwand
    - ▷ Zinsaufwand
    - ▷ Abschreibungen
    - ▷ Übriger Betriebsaufwand

- **Neutraler Bereich**
  - **Betriebsfremd**
    - Betriebsfremde Aufwände und Erträge entstehen aus nicht betriebstypischen Tätigkeiten.
    - Beispiele: Erträge und Aufwände aus nicht betriebsnotwendigen
      - ▷ Wohnliegenschaften
      - ▷ Wertschriftenanlagen
      - ▷ Beteiligungen
  - **Ausserordentlich**
    - Ausserordentliche Aufwände und Erträge entstehen aufgrund von ungewöhnlichen, seltenen, nicht wiederkehrenden Ereignissen.
    - Beispiele:
      - ▷ Einmaliger Veräusserungsgewinn oder -verlust
      - ▷ Verluste aus Verstaatlichungen
      - ▷ Erdbebenschäden
      - ▷ Aussergewöhnliche Auflösung nicht mehr benötigter Rückstellungen
      - ▷ Einmalige Subventionen

---

① Gemäss Obligationenrecht wird der Betrieb nicht weiter unterteilt. Hingegen scheidet der Kontenrahmen KMU in der Kontenklasse 7 noch **Nebenbetriebe** separat aus (vgl. Anhang 3 dieses Buchs):
  - ▷ In der Praxis wird häufig die **Betriebsliegenschaft** als Nebenbetrieb betrachtet (im Sinne eines Profit Centers). Um die Aufwände und Erträge der Betriebsliegenschaft separat zu erfassen, werden die Konten Liegenschaftsaufwand (Immobilienaufwand) und Liegenschaftsertrag (Immobilienertrag) geführt.
  - ▷ Die ertragsbringende Anlage von überschüssiger Liquidität des Betriebs in Form von **Wertpapieren** kann auch als Nebenbetrieb mit den Konten Wertschriftenaufwand und Wertschriftenertrag erfasst werden.
  - ▷ Ebenfalls als Nebenbetrieb betrachtet werden können betriebsnotwendige **Beteiligungen** an anderen Unternehmen mit den Konten Beteiligungsaufwand und Beteiligungsertrag.

Mehrstufige Erfolgsrechnung **36**

Der **Kontenrahmen KMU** berücksichtigt die Anforderungen an eine differenzierte Analyse des Jahresergebnisses durch die Nummerngebung für die verschiedenen Kontenklassen bzw. Kontenhauptgruppen. Der Vorschlag für eine neunstufige Erfolgsrechnung ist in Anhang 3 abgebildet, wobei in der Praxis kaum alle neun Stufen dargestellt werden, sondern je nach Branche, Unternehmensgrösse und Adressat die geeignete Anzahl Zwischenergebnisse zu bestimmen ist.

Das folgende Beispiel zeigt für einen Handelsbetrieb eine mögliche Stufung der Erfolgsrechnung auf der Basis des Kontenrahmens KMU. In der hintersten Spalte werden die vorgesehenen Kontenhauptgruppen genannt.

Beispiel 2 — Mehrstufige Erfolgsrechnung auf der Basis des Kontenrahmens KMU

Erfolgsrechnung

		Kontenhauptgruppen
Warenertrag	900	30–39
./. Warenaufwand	– 400	40–49
= Bruttogewinn	**500**	
./. Personalaufwand	– 270	50–59
./. Sonstiger Betriebsaufwand	– 160	60–67
= Betriebsergebnis vor Zinsen und Abschreibungen[1]	**70**	
./. Zinsaufwand	– 20	68
./. Abschreibungen	– 35	69
= Gewinn Handelsbetrieb (Hauptbetrieb)	**15**	
+ Ertrag aus Nebenbetrieben	+ 50	70–79
./. Aufwand aus Nebenbetrieben	– 23	
= Betriebsgewinn	**42**	
+ Neutraler Ertrag	17	80–88
./. Neutraler Aufwand	– 22	
= Unternehmensgewinn vor Steuern	**37**	
./. Steuern	– 9	89
= Unternehmensgewinn (nach Steuern)	**28**	

[1] In Geschäftsberichten von börsenkotierten Unternehmungen und in der Wirtschaftspresse wird diese Grösse oft **EBITD** genannt. Diese Abkürzung bedeutet: Earnings (Ergebnis, Erfolg) before (vor) Interest (Zinsen), Tax (Steuern) and Depreciation (Abschreibung).

Häufig wird auch **EBIT** als Zwischenergebnis verwendet. Bei dieser Grösse sind die Abschreibungen schon als Aufwand berücksichtigt.

36

37

Lohnabrechnung

«Jeder Arbeiter
ist seines Lohnes wert.»
(Lukas 10.7)

Dieses alte Zitat hat heute genauso Gültigkeit wie vor 2000 Jahren. Aber – was früher oft durch Naturalien oder bar auf die Hand abgegolten wurde – erfordert heute aufwändige Abrechnungen. Nicht nur der Arbeitende will seinen Lohn, auch die verschiedenen Sozialversicherungen beanspruchen namhafte Arbeitnehmer- und Arbeitgeberbeiträge.

Beispiel 1

Remo Ferrari ist Bankprokurist und verdient monatlich Fr. 12 000.– brutto. Er hat ein schulpflichtiges Kind. Seine Lohnabrechnung sieht wie folgt aus:

Bruttolohn					12 000.–	
Kinderzulagen					300.–	12 300.–
	Abzüge					
	AHV, IV, EO	5,15%	von	12 000.–	618.–	
	ALV①	1,1%	von	10 500.–	115.50	
		0,5%	von	1 500.–	7.50	
	PK	7,0%	von	9 970.–	697.90	
	NBU	0,8%	von	12 000.–	96.–	1 534.90
Nettolohn						10 765.10

Neben den in der Lohnabrechnung enthaltenen Beiträgen des Arbeitnehmers zahlt der Arbeitgeber ebenfalls Beiträge an die Sozialversicherungen:

Sozialversicherungsbeiträge des Arbeitgebers				
AHV, IV, EO	5,15%	von	12 000.–	618.–
VK	0,309%	von	12 000.–	37.10
ALV①	1,1%	von	10 500.–	115.50
	0,5%	von	1 500.–	7.50
PK	10,0%	von	9 970.–	997.–
BU	0,2%	von	12 000.–	24.–
FAK	1,5%	von	12 000.–	180.–
Total				1 979.10

① Zur gestaffelten Berechnung der ALV-Beiträge siehe Fussnote ③ auf Seite 58.

Lohnabrechnung 37

Beispiel 2 — Verbuchung des Gehaltes von Remo Ferrari, Bankprokurist. (Die Beiträge sind auf ganze Franken gerundet.)

	Betrag	Lohnaufwand	Sozialaufwand	Kreditoren AHV, IV, EO, ALV, PK, UV, FAK
Bruttolohn	12 000			
Kinderzulagen	300	300		300
Arbeitnehmerbeiträge				
AHV-Beitrag 5,15% von 12 000	618	618		618
ALV-Beitrag 1,1% von 10 500 = 116 + 0,5% von 1 500 = 8	124	124		124
Pensionskassenbeitrag 7% von 9 970	698	698		698
NBU-Beitrag 0,8% von 12 000	96	96		96
Nettolohn	10 764	10 764		
Arbeitgeberbeiträge				
AHV-Beitrag 5,15% von 12 000	618		618	618
Verwaltungskosten 3% von 1 236	37		37	37
ALV-Beitrag 1,1% von 10 500 = 116 + 0,5% von 1 500 = 8	124		124	124
Pensionskassenbeitrag 10% von 9 970	997		997	997
BU-Beitrag 0,2% von 12 000	24		24	24
FAK-Beitrag 1,5% von 12 000	180		180	180
Salden		**12 000**	**1 980**	**3 216**
		12 300 12 300	1 980 1 980	3 516 3 516

Die Erläuterungen zu den Sozialversicherungen sind auf der nächsten Seite dargestellt.

Lohnabrechnung 37

Überblick über die Sozialversicherungen

Bezeichnung der Sozialversicherung	Ab-kürzung	Zweck	Beiträge in % des Bruttolohnes		
			Arbeit-nehmer	Arbeit-geber	Total
Alters- und Hinterlassenenversicherung[1]	AHV	Schutz gegen die wirtschaftlichen Folgen von Alter und Tod in Form von Alters-, Witwen- und Waisenrenten.	4,2%	4,2%	8,4%
Invalidenversicherung[1]	IV	Schutz gegen die Folgen von Erwerbsunfähigkeit durch körperlichen oder geistigen Gesundheitsschaden	0,7%	0,7%	1,4%
Erwerbsersatzordnung[1]	EO	Anspruch von Dienstpflichtigen auf Erwerbsausfallentschädigung während des Militär- oder Zivilschutzdienstes und von erwerbstätigen Frauen während 14 Wochen nach der Niederkunft.	0,25%	0,25%	0,5%
Verwaltungskostenbeitrag[2]	VK	Verwaltungskostenbeitrag der Arbeitgeber auf den gesamten AHV/IV/EO-Abgaben an die Ausgleichskassen.	–	0,309%	0,309%
Arbeitslosenversicherung und Insolvenzentschädigung[3]	ALV	Absicherung gegen Arbeitslosigkeit und Zahlungsunfähigkeit des Arbeitgebers.	1,1%	1,1%	2,2%
Berufsunfallversicherung[4]	BU	Versicherungsschutz gegen Folgen von Unfällen während der Arbeitszeit und auf dem Arbeitsweg.	–	0,1–1%	0,1–1%
Nichtberufsunfallversicherung	NBU	Versicherungsschutz gegen Folgen von Unfällen während der Freizeit.	0,5–1%	–	0,5–1%
Pensionskasse[5]	PK	Berufliche Vorsorge (2. Säule, BVG) als Ergänzung zur staatlichen Vorsorge. Umfasst Alters-, Witwen- und Waisen- sowie Invalidenrente.	5–7% vom Bruttolohn minus	5–10% Koordinationsabzug	10–17%
Familienausgleichskasse[6]	FAK	Sozialer Ausgleich durch Auszahlung von Kinder- und Ausbildungszulagen bis zum vollendeten 25. Altersjahr an Arbeitnehmer.	–	je nach Kanton 1,5–3%	1,5–3%

---

[1] Für Selbstständigerwerbende gelten leicht reduzierte Sätze bis maximal: AHV 7,8%, IV 1,4%, EO 0,5% = total 9,7%.

[2] Der Arbeitgeber zahlt zusätzlich einen Verwaltungskostenbeitrag von 3% der AHV/IV/EO-Beiträge an die AHV-Ausgleichskasse, das sind 0,309% des Bruttolohnes. Bei grösseren Beitragssummen gelten reduzierte Sätze.

[3] Versichert wird nur bis zu einem bestimmten Bruttolohn (im Jahr 2011 bis Fr. 126 000.– jährlich, bzw. Fr. 10 500.– monatlich). Je nach Lage auf dem Arbeitsmarkt, d.h. je nach Höhe der Arbeitslosigkeit, schwankt dieser Prozentsatz. Die ALV-Beiträge werden ebenfalls über die AHV-Ausgleichskasse abgerechnet. Für Löhne bis Fr. 126 000.– beträgt der Beitragssatz 2,2%. Für höhere Löhne ab Fr. 126 000.– bis Fr. 315 000.– wird ein Solidaritätsbeitrag von 1% erhoben. Alle Beiträge werden hälftig von Arbeitgeber- und Arbeitnehmerseite bezahlt.

[4] Die Unfallversicherung UV umfasst die Berufsunfall- und die Nichtberufsunfallversicherung. Die Prämienhöhe ist bei der BU vom Unfallrisiko der entsprechenden Berufsgattung abhängig. Die BU-Versicherung ist bis zu einem Einkommen von Fr. 126 000.– (im Jahr 2011) obligatorisch, nachher freiwillig.

Lohnabrechnung 37

Zusammenfassende Darstellung zur Lohnabrechnung

Arbeitnehmer			Arbeitgeber		
Die Arbeitnehmerbeiträge werden direkt vom Lohn abgezogen Buchung: Lohnaufwand/ Kreditoren	AHV, IV, EO	5,15%	AHV, IV, EO	5,15%	Die Arbeitgeberbeiträge werden als Sozialaufwand verbucht. Buchung: Sozialaufwand/ Kreditoren
	ALV	1,1%	ALV	1,1%	
	NBU	0,5–1%	BU	0,1–1%	
	PK	5–7%	PK	5–10%	
			FAK	1,5–3%	
Die Nettolohnauszahlung erfolgt über die liquiden Mittel Buchung: Lohnaufwand/ Flüssige Mittel Die Gutschrift der Kinderzulagen erfolgt über die FAK Buchung: Kreditoren/ Lohnaufwand	Nettolohn	85–90%			

⑤ Die Versicherungsbeiträge für die berufliche Vorsorge sind von den Leistungen der meist privaten Pensionskassen abhängig. Der Arbeitgeber muss mindestens die Hälfte der Gesamtkosten tragen. Viele Arbeitgeber übernehmen mehr als den obligatorischen Prämienanteil. Versichert wird in der Regel der um den Koordinationsabzug verminderte Jahreslohn. Der Koordinationsabzug beträgt Fr. 24 360.–; das sind ⅞ der maximalen Altersrente von Fr. 27 840.– (Stand 2011).

⑥ Bei Betrieben, die an die Familienausgleichskasse (FAK) angeschlossen sind, zahlt der Arbeitgeber für die Entrichtung von Kinder- und Ausbildungszulagen einen zusätzlichen Beitrag, der sich kantonal unterscheidet. Ebenso unterscheiden sich die von den Kantonen ausbezahlten Kinder- und Ausbildungszulagen, sie bewegen sich zwischen Fr. 200.– und Fr. 375.– pro Kind/Monat. Die Abrechnungen erfolgen über die kantonalen AHV-Ausgleichskassen.

38

Wertschriften

Unter Wertschriften fasst man im Rechnungswesen die zur **Kapitalanlage** geeigneten Wertpapiere wie Aktien, Partizipationsscheine (PS), Obligationen oder Pfandbriefe zusammen.[1] Regelmässig an der Börse gehandelte Wertpapiere werden auch als Effekten bezeichnet.

Mit dem Kauf von Wertschriften **bezwecken** Unternehmungen:

▷ überschüssige Liquidität ertragsbringend anzulegen[2]

▷ oder sich am Kapital einer anderen Unternehmung zu beteiligen, um einen massgeblichen Einfluss auf sie auszuüben und an ihrem wirtschaftlichen Erfolg teilzuhaben.

Die beiden wichtigsten Arten von Wertschriften sind Aktien und Obligationen, die sich stark voneinander unterscheiden:

▷ Mit dem Kauf von **Aktien** wird man Teilhaber einer anderen Unternehmung und partizipiert an deren wirtschaftlichen Entwicklung. Deshalb erbringen die Aktien in guten Jahren hohe Dividenden und Kursgewinne. Bei schlechtem Geschäftsgang wird keine Dividende ausgeschüttet, und es entstehen rasch grosse Kursverluste.

▷ **Obligationen** stellen als Gläubigerpapier eine Forderung dar. Sie werden vom Schuldner in der Regel fest verzinst und am Ende der Laufzeit zurückbezahlt. Obligationen unterliegen geringen Kursschwankungen.

---

[1] In diesem Kapitel werden die Wertschriften nur im Sinne von Kapitalanlagen besprochen. Wertpapiere sind für die Unternehmung auch Instrumente der **Kapitalbeschaffung,** die auf der Passivseite zu bilanzieren sind:
   ▷ Aktien dienen den Aktiengesellschaften zur Beschaffung von **Eigenkapital.**
   ▷ Obligationen werden von (grossen) Unternehmen und der öffentlichen Hand zur Beschaffung von **Fremdkapital** ausgegeben.

[2] Um die jederzeitige Zahlungsbereitschaft zu sichern, muss eine Unternehmung genügend flüssige Mittel halten. Allerdings wirft das Geld in der Kasse gar keinen Zins ab, und Guthaben bei den Banken oder der Post erbringen sehr wenig Zins. Deshalb legen Unternehmungen die nicht sofort benötigten flüssigen Mittel oft kurzfristig in Wertpapieren an (so genannte Kasseneffekten).

38 Wertschriften

Je nach Art und Zweck der Wertschriften, werden die Wertschriftenbestände auf der Aktivseite der Bilanz an verschiedenen Orten aufgeführt:

Bilanz

Aktiven (Kapitalanlage)	Passiven (Kapitalbeschaffung)
Umlaufvermögen ▷ **Flüssige Mittel** Wertschriften gehören zu den flüssigen Mitteln, wenn der Anlagehorizont sehr kurz ist (in der Regel bis 90 Tage) und sie börsengängig, d. h. jederzeit verkäuflich sind.[1] ▷ **Forderungen** ▷ **Vorräte**	**Fremdkapital**
Anlagevermögen ▷ **Finanzanlagen** Wertschriften gehören ins Anlagevermögen, wenn der Anlagehorizont mehr als ein Jahr beträgt. Beteiligungen gehören auf jeden Fall zum Anlagevermögen. ▷ **Sachanlagen** ▷ **Immaterielle Anlagen**	**Eigenkapital**

Der Wertpapierhandel wird an der Schweizer Börse (Swiss Exchange, SIX) elektronisch über ein Computersystem abgewickelt. Für den Wertpapierhandel an der Börse bedarf es einer staatlichen Bewilligung. Der Anleger kann die Effekten nicht selbst an der Börse kaufen oder verkaufen, sondern muss einer zum Handel zugelassenen Bank den entsprechenden Auftrag erteilen.

---

[1] Die übrigen kurzfristigen Wertpapiere sind unter Forderungen zu bilanzieren.

Wertschriften 38

Beispiel 1 **Kauf von Aktien**

Die Meier AG beauftragt die RegioBank mit dem Kauf von 100 Namenaktien der Pharma AG. Die RegioBank schickt dem Auftraggeber nach Ausführung des Auftrags folgende Abrechnung:

Kauf von Wertschriften①

100 Namenaktien Pharma AG zum Kurs 900.–②	CHF 90 000.–③
+ Spesen④	CHF 900.–
= Endbetrag der Bankabrechnung, Valuta 14. 01. 20_1	CHF 90 900.–

Die Verbuchung dieses Kaufs wird in Beispiel 2 gezeigt.

---

① Diese Abrechnung ist gleichzeitig eine Eingangsanzeige ins Wertschriftendepot der Meier AG bei der RegioBank und eine Belastungsanzeige für das Kontokorrentkonto der Meier AG bei der RegioBank.

② Unter Kurs versteht man den Preis an der Börse für eine Aktie (so genannter Stückkurs).

③ Das ist der Kurswert. Er ergibt sich durch die Multiplikation der Stückzahl mit dem Stückkurs.

④ Der Einfachheit halber wurden hier die verschiedenen Spesen in einem Betrag zusammengefasst. Die Spesen betragen bei kleineren Aufträgen etwa 1% des Kurswerts.

Den grössten Teil dieser Spesen erhält die Bank als Entschädigung für ihre Arbeit; das ist die so genannte Kommission oder Courtage. Sodann wird die Übertragung von Wertschriften durch Effektenhändler mit einer indirekten Bundessteuer belastet (so genannte Umsatzsteuer), die bei diesem Aktienkauf 0,75 Promille des Kaufpreises beträgt. Ausserdem erhebt die Schweizer Börse eine geringe Gebühr für die Benützung ihrer elektronischen Handelsplattform.

Beim **Kauf** müssen die Spesen zum Kurswert hinzugezählt werden, da sie den Kauf verteuern. Beim **Verkauf** werden die Spesen vom Kurswert abgezählt, da sie den Verkaufserlös schmälern.

Wertschriften — 38

Beispiel 2 — Wertschriftenbuchhaltung am Beispiel von Aktien

Zu führen sind die Wertschriftenkonten der Meier AG für das Jahr 20_1. Es wird angenommen, dass die Meier AG vor dem Aktienkauf vom 14. Januar 20_1 keine Wertschriften besessen hat.

Datum	Geschäftsfall	Buchung	Wertschriftenbestand (Aktivkonto)		Wertschriftenaufwand		Wertschriftenertrag	
14.01.20_1	Aktienkauf, Kurswert	Wertschriftenbestand/ Bank	90 000					
	Aktienkauf, Spesen	Wertschriftenaufwand/ Bank			900			
25.05.20_1	Bankgutschrift der Nettodividende (65%)[1]	Bank/ Wertschriftenertrag						1 300
	Verrechnungssteuer auf Dividende (35%)	Debitor VSt/ Wertschriftenertrag						700
06.12.20_1	Bankbelastung für Depotgebühren[2]	Wertschriftenaufwand/ Bank			140			
31.12.20_1	Kursgewinn Aktien[3]	Wertschriftenbestand/ Wertschriftenertrag	8 000					8 000
31.12.20_1	Abschluss	Diverse		**98 000**		**1 040**	**10 000**	
			98 000	98 000	1 040	1 040	10 000	10 000

[1] Gutschriftsanzeige der Bank

Dividendenauszahlung Pharma AG	
Bruttodividende für 100 Namenaktien zu 20.–/Aktie	2 000.–
./. Verrechnungssteuer 35%	700.–
= Nettodividende, Valuta 25.5.20_1	1 300.–

[2] Die Wertschriften befinden sich (in elektronischer Form) im Depot der Bank. Für die Depotführung verlangt die Bank eine Gebühr, die vom Depotwert und der Anzahl Titel abhängt.

[3] Am Ende des Jahres werden die Aktien gemäss OR 667 Abs. 1 zum Durchschnittskurs des Dezembers bewertet. Gegenüber dem Kaufpreis ergibt sich ein Kursgewinn von Fr. 80.– je Aktie:

Kurswert der Aktien beim Kauf	100 Aktien zum Kurs 900.–	90 000.–
Kurswert der Aktien beim Abschluss	100 Aktien zum Kurs 980.–	98 000.–
Kursgewinn	100 Aktien zu 80.–	8 000.–

Dieser **Kursgewinn** von Fr. 8 000.– wird als **nicht realisiert** bezeichnet, weil er nur durch die buchmässige Bewertung am Jahresende entstand und nicht durch Verkauf wirklich (real) erzielt wurde.

Der Kursgewinn ist vorzugsweise wie oben beschrieben zu ermitteln. Er lässt sich aber auch direkt im Konto Wertschriftenbestand bestimmen: Wenn zuerst als Saldo der Wertschriftenbestand gemäss Wertschrifteninventar eingesetzt wird, ergibt sich im Konto eine Differenz, die dem Kursgewinn (bzw. in anderen Beispielen dem Kursverlust) entspricht.

Wertschriften

38

Beispiel 3 **Kauf von Obligationen**

Die Huber AG beauftragt die RegioBank mit dem Kauf von Obligationen der Schweizerischen Eidgenossenschaft mit einem Nominalwert von Fr. 100 000.–. Die RegioBank schickt dem Auftraggeber nach Ausführung des Auftrags am 30. September 20_3 folgende Abrechnung:

Kauf von Wertschriften

CHF 100 000.–① 4%② Schweizerische Eidgenossenschaft 20_1 bis 20_9③ Zinstermin 30. Juni, zum Kurs 102%④	CHF 102 000.–
+ Marchzins vom 30. 06. bis 30. 09.⑤	CHF 1 000.–
= Zwischentotal	CHF 103 000.–
+ Spesen	CHF 1 030.–
= Endbetrag der Bankabrechnung, Valuta 30. 09. 20_3	CHF 104 030.–

Die Verbuchung dieses Kaufs wird in Beispiel 4 gezeigt.

---

① Das ist der Nominalwert (Nennwert), d. h. der auf der Obligation aufgedruckte Betrag.

② Zu diesem Zinsfuss wird die Obligation während der Laufzeit verzinst: erstmals am 30. Juni 20_2, letztmals am 30. Juni 20_9.

③ Die Laufzeit dauert von der Ausgabe (Emission) der Anleihe am 30. Juni 20_1 bis zu ihrer Rückzahlung am 30. Juni 20_9.

④ Der Kurs von Obligationen wird in Prozenten des Nominalwerts angegeben (Prozentkurs).

⑤ **Erläuterungen zum Marchzins**

Der Käufer kann am nächsten Zinstermin (30. 06. 20_4) durch Einreichung des Zinscoupons den ganzen Jahreszins einkassieren. Da der Verkäufer entsprechend seiner Besitzdauer (vom 30. 06. bis 30. 09. 20_3) Anspruch auf einen Anteil am Jahreszins hat, muss ihm der Käufer beim Erwerb der Obligation den **Marchzins für die Zeit zwischen dem letzten Zinstermin und dem Verkaufsdatum** bezahlen.

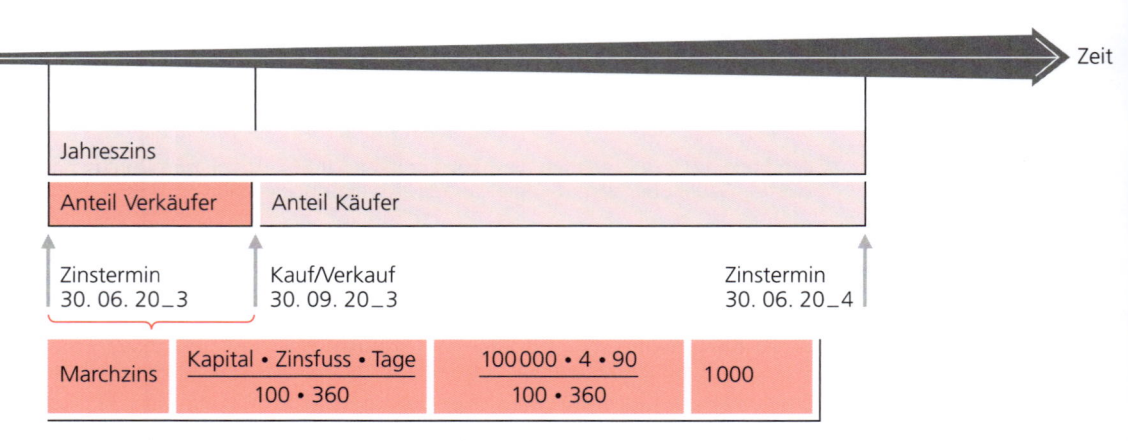

Zeit →

Jahreszins

Anteil Verkäufer | Anteil Käufer

Zinstermin 30. 06. 20_3 | Kauf/Verkauf 30. 09. 20_3 | Zinstermin 30. 06. 20_4

$$\text{Marchzins} \quad \frac{\text{Kapital} \cdot \text{Zinsfuss} \cdot \text{Tage}}{100 \cdot 360} \quad \frac{100\,000 \cdot 4 \cdot 90}{100 \cdot 360} \quad 1000$$

Weil sich durch den Marchzins der Verkaufserlös für den Verkäufer erhöht und sich gleichzeitig der Kaufpreis für den Käufer vergrössert, muss der Marchzins immer zum Kurswert addiert werden.

Wertschriften 38

Beispiel 4 — Wertschriftenbuchhaltung am Beispiel von Obligationen

Zu führen sind die Wertschriftenkonten der Huber AG, die vor dem Obligationenkauf vom 30. September 20_3 keine Wertschriften besass.

Datum	Geschäftsfall	Buchung	Wertschriften-bestand		Wertschriften-aufwand		Wertschriften-ertrag	
30.09.20_3	Obligationenkauf, Kurswert	Wertschriftenbestand/ Bank	102 000					
	Obligationenkauf, Marchzins	Wertschriftenertrag/ Bank						1 000
	Obligationenkauf, Spesen	Wertschriftenaufwand/ Bank			1 030			
06.12.20_3	Bankbelastung für Depotgebühren	Wertschriftenaufwand/ Bank			150			
31.12.20_3	Transitorische Abgrenzung Zins①	Transitorische Aktiven/ Wertschriftenertrag						2 000
31.12.20_3	Kursverlust auf den Obligationen②	Wertschriftenaufwand/ Wertschriftenbestand		600	600			
31.12.20_3	Abschluss	Diverse	**101 400**			**1 780**	③**1 000**	
			102 000	102 000	1 780	1 780	2 000	2 000

Das folgende Beispiel enthält alle wichtigen Buchungen im Zusammenhang mit Wertschriftengeschäften.

---

① Als transitorisches Aktivum ist der vom letzten Zinstermin bis Ende Jahr (180 Tage) aufgelaufene Zins zu berücksichtigen:

Aufgelaufener Zins	$\dfrac{\text{Kapital} \cdot \text{Zinsfuss} \cdot \text{Tage}}{100 \cdot 360}$	$\dfrac{100\,000 \cdot 4 \cdot 180}{100 \cdot 360}$	2 000

② Der Durchschnittskurs des Monats Dezember beträgt 101,4%. Gegenüber dem Kauf entsteht ein Kursverlust von 0,6% des Nominalwerts.

Kurswert der Obligationen beim Kauf	100 000.– zum Kurs 102%	102 000.–
Kurswert der Obligationen beim Abschluss	100 000.– zum Kurs 101,4%	101 400.–
Kursverlust	0,6% von 100 000.–	600.–

Dieser Kursverlust von Fr. 600.– wird als nicht realisiert bezeichnet, weil er nur durch die buchmässige Bewertung am Jahresende entstand und nicht durch Verkauf wirklich (real) erzielt wurde.

Der Kursverlust ist vorzugsweise wie oben beschrieben zu ermitteln. Er lässt sich aber auch direkt im Konto Wertschriftenbestand bestimmen: Wenn zuerst als Saldo der Wertschriftenbestand gemäss Wertschrifteninventar eingesetzt wird, ergibt sich im Konto eine Differenz, die dem Kursverlust (bzw. in anderen Beispielen dem Kursgewinn) entspricht.

③ Der Saldo des Kontos Wertschriftenertrag zeigt den Zins für drei Monate Besitzdauer (vom 30. 09. bis 31. 12. 20_3).

Wertschriften

Beispiel 5 — Wertschriftenbuchhaltung

Über den Wertschriftenverkehr der Produkta AG liegen für das Jahr 20_2 folgende Belege vor:

Wertschrifteninventar am 31. 12. 20_1 (= am 1. 1. 20_2 übernommene Bestände)

Anzahl bzw. Nominalwert	Titelbezeichnung	Kurs	Kurswert
2 000	Namenaktien Chemie AG	80.–	160 000.–
400 000.–	6% Obligationen Kraftwerk Eglisau 20_1 bis 20_9, Zinstermin 30. Mai	110%	440 000.–
			600 000.–

Bankabrechnung über den Verkauf von Wertschriften

1000 Namenaktien Chemie AG zum Kurs 120.–	120 000.–
./. Spesen	1 200.–
= Endbetrag der Bankabrechnung, Valuta 20. März 20_2	118 800.–

Gutschriftsanzeige der Bank

Dividendenauszahlung Chemie AG	
Bruttodividende für 1000 Namenaktien zu 4.–/Aktie	4 000.–
./. Verrechnungssteuer 35%	– 1 400.–
= Nettodividende, Valuta 15. April 20_2	2 600.–

Gutschriftsanzeige der Bank

6% Obligationen Kraftwerk Eglisau 20_1 bis 20_9	
Bruttozins	24 000.–
./. Verrechnungssteuer 35%	– 8 400.–
= Nettozins, Valuta 30. Mai 20_2	15 600.–

Bankabrechnung über den Verkauf von Wertschriften

CHF 100 000.– 6%, Kraftwerk Eglisau 20_1 bis 20_9 Zinstermin 30. Mai, zum Kurs 108%	108 000.–
+ Marchzins vom 30. 05. bis 30. 09. 20_2 (120 Tage)	2 000.–
= Zwischentotal	110 000.–
./. Spesen	1 100.–
= Endbetrag der Bankabrechnung, Valuta 30. September 20_2	108 900.–

Bankbelastungsanzeige

Depotspesen, Valuta 10. Dezember 20_2	700.–

Wertschrifteninventar am 31. 12. 20_2

Anzahl bzw. Nominalwert	Titelbezeichnung	Kurs	Kurswert
1 000	Namenaktien Chemie AG	110.–	110 000.–
300 000.–	6% Obligationen Kraftwerk Eglisau 20_1 bis 20_9, Zinstermin 30. Mai	105%	315 000.–
			425 000.–

Wertschriften 38

Im Journal und Hauptbuch ergeben sich aufgrund dieser Belege folgende Eintragungen:

Datum	Geschäftsfall	Buchung	Wertschriften-bestand		Wertschriften-aufwand		Wertschriften-ertrag	
01.01.20_2	Eröffnung Wertschriftenbestand	Wertschriftenbestand/ Bilanz	600 000					
	Rückbuchung aufgelaufener Zins①	Wertschriftenertrag/ Transitorische Aktiven						14 000
20.03.20_2	Aktienverkauf, Kurswert	Bank/ Wertschriftenbestand		120 000				
	Aktienverkauf, Spesen	Wertschriftenaufwand/ Bank			1 200			
	Kursgewinn②	Wertschriftenbestand/ Wertschriftenertrag	40 000					40 000
15.04.20_2	Gutschrift Nettodividende	Bank/ Wertschriftenertrag						2 600
	Verrechnungssteuer	Debitor VSt/ Wertschriftenertrag						1 400
30.05.20_2	Gutschrift Nettozins	Bank/ Wertschriftenertrag						15 600
	Verrechnungssteuer	Debitor VSt/ Wertschriftenertrag						8 400
30.09.20_2	Obligationenverkauf, Kurswert	Bank/ Wertschriftenbestand		108 000				
	Marchzinsen	Bank/ Wertschriftenertrag						2 000
	Spesen	Wertschriftenaufwand/ Bank			1 100			
	Kursverlust③	Wertschriftenaufwand/ Wertschriftenbestand		2 000	2 000			
10.12.20_2	Depotspesen	Wertschriftenaufwand/ Bank			700			
31.12.20_2	Aufgelaufene Obligationenzinsen④	Transitorische Aktiven/ Wertschriftenertrag						10 500
	Kursgewinn Aktien⑤	Wertschriftenbestand/ Wertschriftenertrag	30 000					30 000
	Kursverlust Obligationen⑥	Wertschriftenaufwand/ Wertschriftenbestand		15 000	15 000			
31.12.20_2	Salden	Diverse		**425 000**		**20 000**	**96 500**	
			670 000	670 000	20 000	20 000	110 500	110 500

①–⑥ Die Fussnoten sind auf der nächsten Seite.

Wertschriften

Überblick über die Wertschriftenkonten

Für die Verbuchung von Wertschriftengeschäften werden drei Konten benötigt, die schematisch wie folgt dargestellt werden können:

Wertschriftenbestand (Aktivkonto)	
Anfangsbestand	▷ Verkäufe ▷ Kursverluste
▷ Käufe ▷ Kursgewinne	
	Schlussbestand (Saldo)

Wertschriftenaufwand	
▷ Spesen ▷ Depotgebühren ▷ Kursverluste	Aufwandsminderungen
	Saldo

Wertschriftenertrag [7]	
Ertragsminderungen (z. B. bezahlte Marchzinsen)	▷ Dividendenerträge ▷ Zinserträge ▷ Kursgewinne ▷ Erhaltene Marchzinsen
Saldo	

---

[1] Ende letztes Jahr wurde das aufgelaufene Zinsguthaben auf der Obligationenanleihe transitorisch abgegrenzt: 6% von 400 000.– für 210 Tage (vom 30. Mai bis 31. Dezember 20_1) = 14 000.–.

[2] Der Kursgewinn von 40.– je Aktie ergibt sich als Differenz zwischen 80.– (Inventarkurs bei Eröffnung) und 120.– (Verkaufspreis). 1000 Aktien zu 40.– = 40 000.–. Dieser Kursgewinn wird als **realisierter Kursgewinn** bezeichnet, weil er durch den Verkauf der Wertpapiere wirklich (real) erzielt wurde.

Bei diesem Kursgewinn handelt es sich nicht um den gegenüber dem seinerzeitigen Kaufpreis erzielten Gewinn, sondern um den im Jahr 20_2 im Vergleich zur Eröffnungsbilanz erwirtschafteten. Für weiter gehende Analysen wären umfangreiche zusätzliche (informatikgestützte) Aufzeichnungen notwendig, die sich nur bei grossem Wertschriftenverkehr lohnen.

[3] Der Kursverlust beträgt 2% (Eröffnungskurs gemäss Inventar 110%, Verkaufskurs 108%). 2% von 100 000.– ergeben 2 000.–. Dieser Kursverlust ist realisiert, weil er durch den Verkauf der Wertpapiere entstanden ist.

[4] 6% von 300 000.– für 210 Tage (vom 30. Mai bis 31. Dezember 20_2) = 10 500.–.

[5] Der Kursgewinn je Aktie beträgt 30.–. Dieser Betrag ergibt sich aus der Bewertungsdifferenz zwischen den Inventaren Anfang und Ende Jahr. 1000 Aktien zu 30.– = 30 000.–. Dieser Kursgewinn ist unrealisiert, d. h., er ist nur buchmässig entstanden und nicht durch den Verkauf der Aktien wirklich erzielt worden.

[6] Aus dem Inventar von Anfang Jahr ergibt sich ein Kurs von 110% und aus dem Inventar von Ende Jahr ein solcher von 105%. Der Kursverlust beträgt 5% von 300 000.–, d. h. 15 000.–. Dieser Kursverlust ist unrealisiert, denn er ergibt sich nur buchmässig als Bewertungsdifferenz.

[7] Wenn die Wertschriften den Charakter einer Beteiligung aufweisen, werden folgende Konten verwendet: Beteiligungen (Aktivkonto), Beteiligungsaufwand und Beteiligungsertrag. Die Buchungsregeln gelten sinngemäss.

Wertschriften

Die Rendite von Wertschriften

Unter Rendite (oder Rentabilität) versteht man das in Prozenten ausgedrückte Verhältnis zwischen dem jährlichen Ertrag, den ein bestimmtes Vermögen abwirft, und dem für den Erwerb dieses Vermögens eingesetzten Kapital:

$$\text{Rendite} = \frac{\text{Jahresertrag} \cdot 100\%}{\text{Kapitaleinsatz}}$$

Dabei ist der Kapitaleinsatz der bezahlte Kaufpreis.

Der Jahresertrag setzt sich aus Dividenden (bei Aktien) oder Zinsen (bei Obligationen) sowie Kursgewinnen oder -verlusten zusammen.

Bei einer Kapitalanlage sind für die Investoren drei Gesichtspunkte wichtig, die in der Betriebswirtschaftslehre als **magisches Dreieck der Kapitalanlage** dargestellt werden:

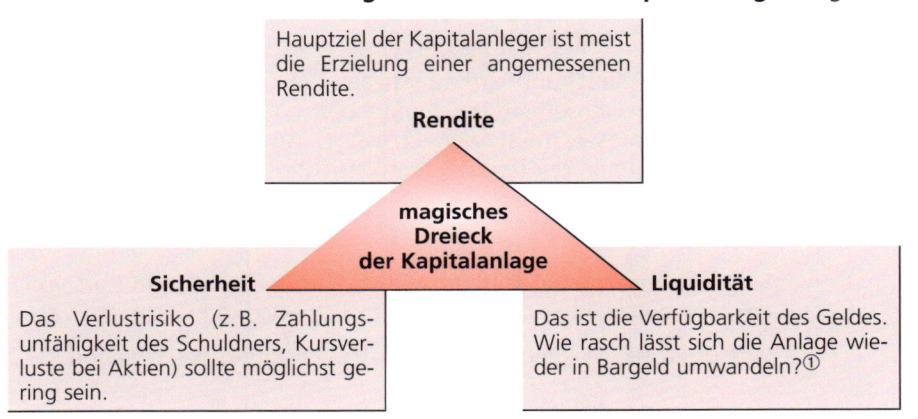

Rendite
Hauptziel der Kapitalanleger ist meist die Erzielung einer angemessenen Rendite.

magisches Dreieck der Kapitalanlage

Sicherheit
Das Verlustrisiko (z. B. Zahlungsunfähigkeit des Schuldners, Kursverluste bei Aktien) sollte möglichst gering sein.

Liquidität
Das ist die Verfügbarkeit des Geldes. Wie rasch lässt sich die Anlage wieder in Bargeld umwandeln?[1]

Zwischen Rendite und Sicherheit einer Anlage besteht ein **Zielkonflikt:** Je höher beispielsweise der vom Schuldner angebotene Zinsfuss bei einer Obligationenanleihe ist, desto grösser ist das Risiko der Zahlungsunfähigkeit des Schuldners. Auf der anderen Seite sind Anleihen von sicheren Schuldnern leider niedrig verzinslich (z. B. Obligationen der Schweizerischen Eidgenossenschaft). Ein anderes Beispiel sind Anlagen in Aktien, die zwar ein hohes Kursverlustrisiko bergen, aber auch grosse Kursgewinnchancen eröffnen.

Auch zwischen Liquidität und Rendite besteht ein Zielkonflikt: Je länger die Laufzeit einer Obligationenanleihe ist, desto höher ist normalerweise der Zinsfuss.

---

[1] Für den Investor (Kapitalanleger) ist die finanzielle Flexibilität sehr wichtig:
  ▷ Damit er seine Zahlungsverpflichtungen erfüllen kann, darf er nicht alle verfügbaren flüssigen (liquiden) Mittel langfristig anlegen.
  ▷ Wenn sich günstige Gelegenheiten für Investitionen ergeben, müssen die finanziellen Mittel vorhanden sein (und allenfalls bestehende Kapitalanlagen rasch in flüssige Mittel verwandelt werden können).

Wertschriften 38

Beispiel 6 — Dividendenrendite von Aktien

Eine Inhaberaktie der Tiefbau AG kann an der Börse zum Kurs von Fr. 200.– erworben werden. Die Dividende beträgt Fr. 6.–.

Wie gross ist die Dividendenrendite, d.h. die Rendite ohne Berücksichtigung von Kursdifferenzen?

$$\text{Rendite} = \frac{\text{Jahresertrag} \cdot 100\%}{\text{Kapitaleinsatz}} = \frac{6 \cdot 100\%}{200} = 3\%$$

Der Kapitaleinsatz entspricht dem Kaufpreis für die Aktie.

Der Jahresertrag besteht in diesem Beispiel nur aus der Dividende. Der Ertrag wird immer auf ein Jahr bezogen, damit die Rendite mit alternativen Kapitalanlagen verglichen werden kann, zum Beispiel mit dem (Jahres-)Zinsfuss einer Obligation. Auch andere Renditen, z.B. die Eigenkapital- oder die Gesamtkapitalrendite einer Unternehmung, beziehen sich immer auf ein Jahr.

Obwohl die Kauf- und Verkaufsspesen bei kleineren Aufträgen etwa je 1% des Kurswerts ausmachen, werden sie der Einfachheit halber sowohl von den Banken als auch in der Wirtschaftspresse meist vernachlässigt. Auch die Depotgebühren bleiben bei Renditeberechnungen in der Regel unberücksichtigt.

Beispiel 7 — Rendite von Aktien (mit Kursgewinn, Besitzdauer ein Jahr)

Eine Inhaberaktie der Tiefbau AG wird an der Börse zum Kurs von Fr. 200.– erworben und ein Jahr später zu Fr. 220.– verkauft. Die Dividende beträgt Fr. 6.–.

Wie gross ist die Rendite unter Berücksichtigung des erzielten Kursgewinnes?

$$\text{Rendite} = \frac{\text{Jahresertrag} \cdot 100\%}{\text{Kapitaleinsatz}} = \frac{26 \cdot 100\%}{200} = 13\%$$

Berechnung des Jahresertrags

Dividende	6.–
+ Kursgewinn (Verkaufskurs 220 ./. Kaufkurs 200)	20.–
= Jahresertrag	26.–

Beispiel 8 — Rendite von Aktien (mit Kursverlust, Besitzdauer ein Jahr)

Grundsätzlich gelten die Zahlen von Beispiel 7. Allerdings wird die Aktie ein Jahr später zu Fr. 190.– verkauft, sodass ein Kursverlust entsteht.

Wie gross ist die Rendite unter Berücksichtigung des erlittenen Kursverlusts?

$$\text{Rendite} = \frac{\text{Jahresertrag} \cdot 100\%}{\text{Kapitaleinsatz}} = \frac{-4 \cdot 100\%}{200} = -2\%$$

Berechnung des Jahresertrags

Dividende	6.–
./. Kursverlust (Verkaufskurs 190 ./. Kaufkurs 200)	– 10.–
= Jahresertrag	– 4.–

Wertschriften 38

Beispiel 9 — **Rendite von Aktien (mit Kursgewinn, Besitzdauer über ein Jahr)**

Eine Inhaberaktie der Tiefbau AG wird an der Börse zum Kurs von Fr. 200.– erworben und zweieinhalb Jahre (= 900 Tage) später zu Fr. 220.– wieder verkauft. Die Dividenden betrugen im ersten Jahr Fr. 6.– und im zweiten Jahr Fr. 9.–.

Wie gross ist die Rendite unter Berücksichtigung des erzielten Kursgewinnes?

Rendite	$\dfrac{\text{Jahresertrag} \cdot 100\%}{\text{Kapitaleinsatz}}$	$\dfrac{14 \cdot 100\%}{200}$	7%

Berechnung des Jahresertrags

	Dividenden①	6 + 9	15.–
+	Kursgewinn	Verkaufskurs 220 ./. Kaufkurs 200	20.–
=	Ertrag in 900 Tagen		35.–
	Jahresertrag	35 : 900 Tage • 360 Tage	14.–

Beispiel 10 — **Rendite von Obligationen (mit Kursverlust, Besitzdauer ein Jahr)**

H. Haller kaufte Obligationen der Schweizerischen Eidgenossenschaft, Zinsfuss 4%, Laufzeit 20_1 bis 20_9, zum Kurs 103%. Ein Jahr später verkauft er die Obligationen zum Kurs 102%.

Wie gross ist die Rendite unter Berücksichtigung des erlittenen Kursverlustes?

Rendite	$\dfrac{\text{Jahresertrag} \cdot 100\%}{\text{Kapitaleinsatz}}$	$\dfrac{3 \cdot 100\%}{103}$	2,91%

Berechnung des Jahresertrags

	Jahreszins	4% des Nominalwerts von 100	4.–
./.	Kursverlust	Verkaufskurs 102 ./. Kaufkurs 103	– 1.–
=	Jahresertrag		3.–

Bei Obligationen werden Zinsen, Kursdifferenzen und Kapitaleinsatz immer bezüglich einem Nominalwert von Fr. 100.– berechnet.②

---

① In diesen zweieinhalb Jahren erhielt der Investor nur zwei Dividenden, weil er die Aktie im ersten Jahr nach der Dividendenausschüttung erworben hatte. Hätte er die Papiere vor der Generalversammlung gekauft, wäre er in nur zweieinhalb Jahren in Genuss von drei Dividendenausschüttungen gekommen.

② Damit wird das Rechnen einfacher und übersichtlicher. Rechnete man zum Beispiel mit einem Nominalwert von Fr. 400 000.– (weil dieser dem tatsächlichen Geschäft zugrunde liegt), so würden der Jahresertrag und der Kapitaleinsatz je 4 000-mal grösser. Nur kürzt sich dieser Faktor 4 000 über und unter dem Bruchstrich wieder weg, sodass die Rendite unverändert bleibt.

Wertschriften — 38

Beispiel 11 **Rendite von Obligationen (mit Kursgewinn, Besitzdauer über ein Jahr)**

H. Haller kaufte am 30. Juni 20_3 Obligationen der Schweizerischen Eidgenossenschaft, Zinsfuss 4%, Laufzeit 20_1 bis 20_9, zum Kurs 97%. Am 30. Oktober 20_5 verkauft er die Obligationen (nach einer Besitzdauer von 840 Tagen) zum Kurs 99%.

Wie gross ist die Rendite unter Berücksichtigung des erzielten Kursgewinnes?

Rendite	$\dfrac{\text{Jahresertrag} \cdot 100\%}{\text{Kapitaleinsatz}}$	$\dfrac{4{,}86 \cdot 100\%}{97}$	**5,01%**

Berechnung des Jahresertrags

	Jahreszins	4% des Nominalwerts von 100	4.–
+	Kursgewinn pro Jahr	(99 – 97) : 840 Tage • 360 Tage	–.86
=	Jahresertrag		4.86

Bei der Renditeberechnung für Obligationen ist es einfacher, nur die Kursdifferenz aufs Jahr umzurechnen, weil der Zins sich immer auf ein Jahr bezieht und direkt übernommen werden kann.[1]

---

[1] Der Zeitpunkt des Kaufs oder Verkaufs spielt bei Obligationen keine Rolle, da bei Kaufs- und Verkaufsabrechnungen immer anteilige Marchzinsen berücksichtigt werden.

Im Unterschied zu den Obligationen ist es beim Kauf oder Verkauf von Aktien nicht möglich, eine «Marchdividende» zu berechnen, da die Dividende im Zeitpunkt des Aktienkaufs noch nicht feststeht, weil sie vom Geschäftsergebnis und vom nächsten Generalversammlungsbeschluss abhängig ist: Kauft jemand eine Aktie *vor* der Generalversammlung, so erhält er nach der Generalversammlung die beschlossene Dividende; kauft er die Aktie *nach* der Generalversammlung, bekommt er im laufenden Jahr keine Dividende.

39 Immobilien

Die Immobilienbuchhaltung umfasst alle mit dem Kauf, der Verwaltung und dem Verkauf von Liegenschaften zusammenhängenden Geschäftsfälle. Zu den Liegenschaften, auch Immobilien genannt, zählen vor allem:

▷ Stockwerkeigentum
▷ Gebäude
▷ Grundstücke

Die Buchungen erfolgen in den Bestandeskonten Immobilien und Hypotheken sowie den Erfolgskonten Immobilienaufwand und Immobilienertrag.[①]

Immobilienbuchhaltung			
Immobilien	**Hypotheken**	**Immobilienaufwand**	**Immobilienertrag**
Das Immobilienkonto hält die Zuwächse und Abgänge bei den Liegenschaften fest.	Die Hypotheken zeigen den Bestand und die Zu- und Abgänge der pfandgesicherten Darlehen auf dem Liegenschaftsbesitz.	Im Immobilienaufwand werden alle durch die Liegenschaften verursachten Aufwände aufgezeichnet.	Der Immobilienertrag umfasst alle Erträge, welche mit der Nutzung der Liegenschaft erwirtschaftet werden.

Immobilien

Soll	Haben
Anfangsbestand	Verkäufe
	Wertverminderungen
	Verkaufsverlust
Käufe	Schlussbestand (Saldo)
Neubauten	
Wertvermehrende Renovationen	

Hypotheken

Soll	Haben
Rückzahlungen	Anfangsbestand
Schlussbestand (Saldo)	Erhöhungen

Immobilienaufwand

Soll	Haben
Hypothekarzinsen	Saldo
Liegenschaftsunterhalt	
Energieaufwand	
Abgaben, Gebühren, Steuern	
Versicherungen	
Verwaltungsaufwand	
Reinigung u. Hauswartung	
Verkaufsverluste	
Abschreibungen	

Immobilienertrag

Soll	Haben
Saldo	Eigenmietwert Geschäft
	Eigenmietwert Privatwohnung
	Mietzinseinnahmen Geschäfte
	Mietzinseinnahmen Wohnungen
	Mietzinseinnahmen Garagen

[①] Anstelle der Konten Immobilien, Immobilienaufwand und Immobilienertrag werden synonym auch die Konten Liegenschaften, Liegenschaftsaufwand und Liegenschaftsertrag verwendet.

Immobilien 39

Liegenschaften können buchhalterisch auf drei verschiedene Arten behandelt werden:

- als rein betrieblich genutzte Liegenschaften
- als Nebenbetrieb der Unternehmung im Sinne eines Profit Centers
- als betriebsfremder, unabhängiger Teil der Unternehmung

In den folgenden Ausführungen wird der Geschäftsverkehr einer als **Nebenbetrieb** genutzten Liegenschaft dargestellt.

Beispiel   **Immobilienbuchhaltung**

Schreiner H. Ott hat auf den 1. Januar 20_1 ein Mehrfamilienhaus für Fr. 2 000 000.– gekauft. An eigenen Mitteln bringt er Fr. 500 000.– auf, den Rest finanziert er mit einem Hypothekardarlehen, verzinslich zu 4 %. H. Ott nutzt das Erdgeschoss als Geschäftslokalitäten für seine Schreinerei, und die Attikawohnung bewohnt er mit seiner Familie. Die mittleren Etagen mit drei Wohnungen werden an Dritte weiter vermietet. Alle Zahlungen erfolgen über die Bank.

Im Folgenden ist die Verbuchung des Liegenschaftskaufs und des summarischen Geschäftsverkehrs dargestellt:

Immobilien 39

Geschäftsfall	Buchung	Bestandeskonten				Erfolgskonten	
		Immobilien		Hypotheken		Immobilien-aufwand	Immobilien-ertrag
Kauf							
Anzahlung mit eigenen Mitteln	Immobilien/Bank	500 000					
Restfinanzierung durch Hypothekardarlehen zu 4%	Immobilien/Hypotheken	1 500 000		1 500 000			
Handänderungssteuer und Grundbuchgebühren①	Immobilien/Bank	21 000					
Aufwände							
Unterhalt und Reparaturen	Immobilienaufwand/Bank					4 000	
Gebühren und Versicherungen	Immobilienaufwand/Bank					3 000	
Energie (Heizung und Strom allgemein)	Immobilienaufwand/Bank					2 000	
Hypothekarzinsen	Immobilienaufwand/Bank					60 000	
Verwaltungsaufwand	Immobilienaufwand/Bank					5 000	
Reinigung und Hauswartung	Immobilienaufwand/Bank					6 000	
Abschreibungen	Immobilienaufwand/Immobilien		11 000			11 000	
Erträge							
Mieteinnahmen	Bank/Immobilienertrag						66 000
Mietwert Geschäft②	Mietaufwand/Immobilienertrag						30 000
Mietwert Privatwohnung③	Privat/Immobilienertrag						24 000
Abschluss							
Salden	Diverse Buchungen		2 010 000	1 500 000		91 000	120 000
		2 021 000	2 021 000	1 500 000	1 500 000	91 000	91 000	120 000	120 000

Bilanz 31. 12. 20_1 (Auszug)④

Immobilien	2 010 000	Hypotheken	1 500 000

Erfolgsrechnung für 20_1 (Auszug)④

Immobilienaufwand	91 000	Immobilienertrag	120 000
Immobiliengewinn	**29 000**		
	120 000		120 000

---

① Die Handänderungssteuer und Grundbuchgebühren erhöhen den Kaufpreis der Liegenschaft und werden auf Immobilien gebucht. Beim Verkauf werden sie als Verkaufsaufwand über Immobilienaufwand abgebucht.

② Die Liegenschaft gehört zum Geschäftsvermögen der Schreinerei. Der Schreinerei ist der Mietwert für die benutzten Räume zu belasten, da sonst der Betriebsaufwand zu klein ausgewiesen würde und in der Liegenschaftsrechnung der Immobilienertrag um diesen Betrag zu gering ausfallen würde.

③ Schreiner H. Ott bewohnt selber eine Wohnung in dieser Liegenschaft. Um den tatsächlichen Liegenschaftsertrag nachzuweisen, muss der Mietwert, der bei einer Vermietung an Dritte erzielt werden könnte, in den Liegenschaftsertrag einfliessen. Der Mietwert ist Schreiner Ott auf seinem Privatkonto zu belasten und im Liegenschaftsertrag gutzuschreiben.

④ Die Bilanz und Erfolgsrechnung sind unvollständig; sie enthalten nur die Zahlen zur Liegenschaft.

39

Aufgaben

30

Ausgewählte Themen

Wareneinkauf und Warenverkauf

31.01

Verbuchen Sie den summarisch zusammengefassten Warenverkehr der N. Mang AG, und bestimmen Sie den Warenaufwand sowie den Nettoerlös.

a) Wareneinkäufe

Nr.	Text	Buchung	Kreditoren		Warenaufwand	
1	Anfangsbestand Kreditoren 90	AB / VLL		90		
2	Wareneinkäufe auf Kredit 500	WA / VLL		500	500	
3	Frachtkosten zulasten des Käufers bar bezahlt 30	WA / Kasse			30	
4	Gutschriften für Rücksendungen mangelhafter Ware 40	VLL / WA	40			40
5	Gutschriften für nachträglich erhaltene Rabatte 50	VLL / WA	50			50
6	Bankzahlung von Rechnungen: ▷ Skonto 10 ▷ Überweisung 410	VLL / WA VLL / Bank	10 410			10
7	Schlussbestand Kreditoren	VLL / Bilanz	80			
8		Ertrag / WA			430	
			590	590	530	530

b) Warenverkäufe

Nr.	Text	Buchung	Debitoren		Warenertrag	
1	Anfangsbestand Debitoren 100	FLL / AB	100			
2	Warenverkäufe auf Kredit 900	FLL / WE	900			900
3	Frachtkosten zulasten des Verkäufers bar bezahlt 20	WE / Kasse			20	
4	Gutschriften für Rücknahmen mangelhafter Ware 40	WE / FLL		40	40	
5	Gutschriften für nachträglich gewährte Rabatte 60	WE / FLL		60	60	
6	Bankzahlung von Kunden: ▷ Skonto 10 ▷ Überweisung 800	WE / FLL Bank / FLL		10 800	10	
7	Schlussbestand Debitoren	Bilanz / FLL		130		
8		WE / Ertrag			770	
			1000	1000	900	900

Wareneinkauf und Warenverkauf 31

31.02

Verbuchen Sie den Warenverkehr für die A. Grein AG (summarisch mit Kurzzahlen), und bestimmen Sie den Warenaufwand sowie den Nettoerlös.

Nr.	Text	Buchung	Warenaufwand		Warenertrag	
1	Wareneinkäufe auf Kredit 444	WA / VLL	444			
2	Gutschriften von Lieferanten für nachträgliche Rabatte 18	VLL / WA		18		
3	Warenverkäufe auf Kredit 900	FLL / WE				900
4	Gutschriften an Kunden für Rücknahmen mangelhafter Ware 8	WE / FLL			8	
5	Ausgangsfrachten zulasten des Verkäufers bar bezahlt 10	WA / Kasse	10		10	
6	Gutschriften von Lieferanten für Rücksendungen mangelhafter Ware 7	VLL / WA		7		
7	Barzahlung für Eingangsfrachten zulasten des Käufers 6	WA / Kasse	6			
8	Gutschriften an Kunden für nachträgliche Rabatte 9	WE / FLL			9	
9	Postzahlungen an Lieferanten: ▷ Skonto 5 ▷ Überweisung 380	VLL / WA VLL / Bank		5		
10	Postzahlungen von Kunden: ▷ Skonto 3 ▷ Überweisung 910	WE / FLL Bank / FLL			3	
11	Warenaufwand			420		
12	Warenertrag				870	
			450	450	900	900

Wareneinkauf und Warenverkauf 31

31.03

Wie lauten die Buchungssätze für den Handelsbetrieb H. Koch?

Nr.	Geschäftsfall	Buchung Soll	Haben	Betrag
1	Warenverkauf gegen Rechnung an C. Meyer 200	FLL	WE	200
2	Gutschrift an C. Meyer für Rücksendung mangelhafter Ware 20	WE	FLL	20
3	Wareneinkauf gegen Rechnung von E. Lirk 125	WA	VLL	125
4	E. Lirk schickt eine Gutschrift für nachträgliche Rabattgewährung von 20%.	VLL	WA	25
5	Barzahlung für Frachtkosten zulasten des Käufers auf der Lieferung von E. Lirk 10	WA	Kasse	10
6	C. Meyer begleicht seine Schuld durch Postzahlung.	Post	FLL	180
7	Die Schuld gegenüber E. Lirk wird unter Abzug von 3% Skonto durch Bankzahlung beglichen.	VLL VLL	WA Bank	3 97
8	Wareneinkauf gegen Rechnung von S. Schmitt für brutto 50 abzüglich 12% Rabatt	WA	VLL	44
9	Barzahlung von H. Koch für Transportkosten im Zusammenhang mit dem Wareneinkauf bei S. Schmitt 4. Es war Frankolieferung vereinbart.	VLL	Kasse	4
10	Begleichung der Schuld gegenüber S. Schmitt durch Bankzahlung unter Abzug von 5% Skonto	VLL VLL	WA Bank	2.2 38

Wareneinkauf und Warenverkauf — 31

31.04

Vervollständigen Sie das Journal für die Handelsunternehmung F. Eggimann. Die Geschäftsfälle unter derselben Nummer gehören zusammen.

Nr.	Geschäftsfall	Buchung Soll	Haben	Betrag
1a	Warenverkauf	Debitoren	Warenertrag	1 000
b	Gewährung Skonto	Warenertrag	Debitoren	30
c	Kundenzahlung auf Bank	Bank	Debitoren	970
2a	Wareneinkauf	Warenaufwand	Kreditoren	2 500
b	Gewährung eines Rabattes	Kreditoren	Warenaufwand	500
c	Skonto	Kreditoren	Warenaufwand	40
	Bankzahlung an Lieferanten	Kreditoren	Bank	1 960
3	Barzahlung von F. Eggimann für Porto beim Warenverkauf (Frankolieferung)			10
4	Barzahlung von F. Eggimann für Porto beim Wareneinkauf (Frankolieferung)			7

31.05

Führen Sie das Konto Debitoren in CHF, und nennen Sie die Buchungssätze.

Nr.	Text	Buchung	Debitoren	
1	Für einen Warenverkauf werden EUR 1000.– fakturiert und zum Kurs von CHF 1.50/EUR verbucht.	FLL / WE	1500	
2	Der Kunde bezahlt die obige Rechnung nach 40 Tagen mittels Banküberweisung von EUR 1000.–, die von der Bank zum Kurs 1.52 gutgeschrieben werden.	Bank / FLL	15	1520
3	Verbuchung der Kursdifferenz	FLL / WE	20	
			1520	1520

Wareneinkauf und Warenverkauf 31

31.06

Führen Sie das Konto Kreditoren in CHF, und nennen Sie die Buchungssätze.

Nr.	Text	Buchung	Kreditoren	
1	Die Rechnung für einen Wareneinkauf aus den USA von USD 2000.– wird zum Kurs CHF 1.10/USD verbucht.	WA / VLL		2200
2	Die Rechnung wird zwei Monate später mittels Banküberweisung von USD 2000.– bezahlt. Die Bank belastet den Betrag zum Kurs von CHF 1.20/USD.	VLL / Bank	2400	
3	Verbuchung der Kursdifferenz	WA / VLL		200
			2400	2400

31.07

Nennen Sie die Buchungssätze, und führen Sie die Konten Kreditoren und Warenaufwand. Die Geschäftsfälle Nr. 1 bis 5 stellen einen zusammenhängenden Geschäftsfall dar.

Nr.	Text	Buchung	Kreditoren		Warenaufwand	
1	Kreditkauf von Waren für 1300	WA / VLL		1300	1300	
2	Barzahlung für Frachtkosten zulasten des Käufers 80	WA / Kasse			80	
3	Gutschrift des Lieferanten für Rücksendung mangelhafter Ware 300	VLL / WA	300			300
4	Gutschrift des Lieferanten für nachträgliche Rabattgewährung von 20%	VLL / WA	200 ~~500~~			200 ~~500~~
5	Bankzahlung für die Restschuld unter Abzug von 2% Skonto	VLL / WA	~~1016~~			~~1016~~
		VLL / Bank	784 ~~480~~			
6	Saldo Warenaufwand	Ertrag / WA			864 ~~570~~ ~~776~~	
			1300	1300	1380	1380

31.08

U. Bucheli handelt mit dem Kosmetikartikel EVERNICE. Der Einstandspreis beträgt Fr. 2.–/Stück, der Verkaufspreis Fr. 3.–/Stück. Alle Käufe und Verkäufe werden bar abgewickelt.

Verbuchen Sie die Ein- und Verkäufe sowie die Vorratsveränderungen für die Monate Januar bis März.

Januar

Text
Anfangsbestand 0 Stück
Einkäufe 500 Stück
Verkäufe 500 Stück
Vorratsveränderung _____ Stück
Schlussbestand
Saldo Warenaufwand
Saldo Warenertrag

Februar

Text
Anfangsbestand 0 Stück
Einkäufe 500 Stück
Verkäufe 300 Stück
Vorratsveränderung _____ Stück
Schlussbestand
Saldo Warenaufwand
Saldo Warenertrag

März

Text
Anfangsbestand _____ Stück
Einkäufe 500 Stück
Verkäufe 600 Stück
Vorratsveränderung _____ Stück
Schlussbestand
Saldo Warenaufwand
Saldo Warenertrag

Wareneinkauf und Warenverkauf

31 Aufgabe 08

...chung | Warenvorrat | Warenaufwand | Warenertrag

...chung | Warenvorrat | Warenaufwand | Warenertrag

...chung | Warenvorrat | Warenaufwand | Warenertrag

Wareneinkauf und Warenverkauf

31.09

K. Ackermann kauft das Medikament SUPRANOL zu Fr. 5.– je Stück und verkauft dieses für Fr. 8.– je Stück an Ärzte und Apotheken:

Einstandspreis je Stück	Fr. 5.–
+ Bruttogewinn je Stück	Fr. 3.–
= Verkaufspreis je Stück	Fr. 8.–

a) Verbuchen Sie den Warenverkehr für die Monate Oktober bis Dezember. Die Ein- und Verkäufe erfolgen gegen bar.

b) Wie hoch ist der gesamte Bruttogewinn im Dezember?

Bruttogewinn Dezember

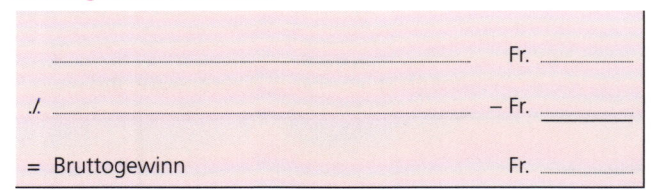

_____	Fr. _____
./. _____	– Fr. _____
= Bruttogewinn	Fr. _____

c) Was muss mit dem Bruttogewinn gedeckt werden können?

Oktober

Text
Anfangsbestand 3 000 Stück
Einkäufe 4 000 Stück
Verkäufe 5 000 Stück
Vorratsveränderung
Schlussbestand
Saldo Warenaufwand
Saldo Warenertrag

November

Text
Anfangsbestand _____ Stück
Einkäufe 6 000 Stück
Verkäufe 5 000 Stück
Vorratsveränderung
Schlussbestand
Saldo Warenaufwand
Saldo Warenertrag

Dezember

Text
Anfangsbestand _____ Stück
Einkäufe 8 000 Stück
Verkäufe 10 000 Stück
Vorratsveränderung
Schlussbestand
Saldo Warenaufwand
Saldo Warenertrag

Wareneinkauf und Warenverkauf — Aufgabe 09

uchung	Warenvorrat	Warenaufwand	Warenertrag

uchung	Warenvorrat	Warenaufwand	Warenertrag

uchung	Warenvorrat	Warenaufwand	Warenertrag

Wareneinkauf und Warenverkauf

31.10

Von einem Handelsbetrieb sind folgende Kontensalden (Kurzzahlen) bekannt:

Abschreibungsaufwand	15
Personalaufwand	140
Raumaufwand	40
Übriger Aufwand	30
Warenaufwand	650
Warenertrag	900
Zinsaufwand	5

a) Erstellen Sie die zweistufige Erfolgsrechnung in Kontoform:
Erfolgsrechnung 20_1 (in Fr. 1000.–)

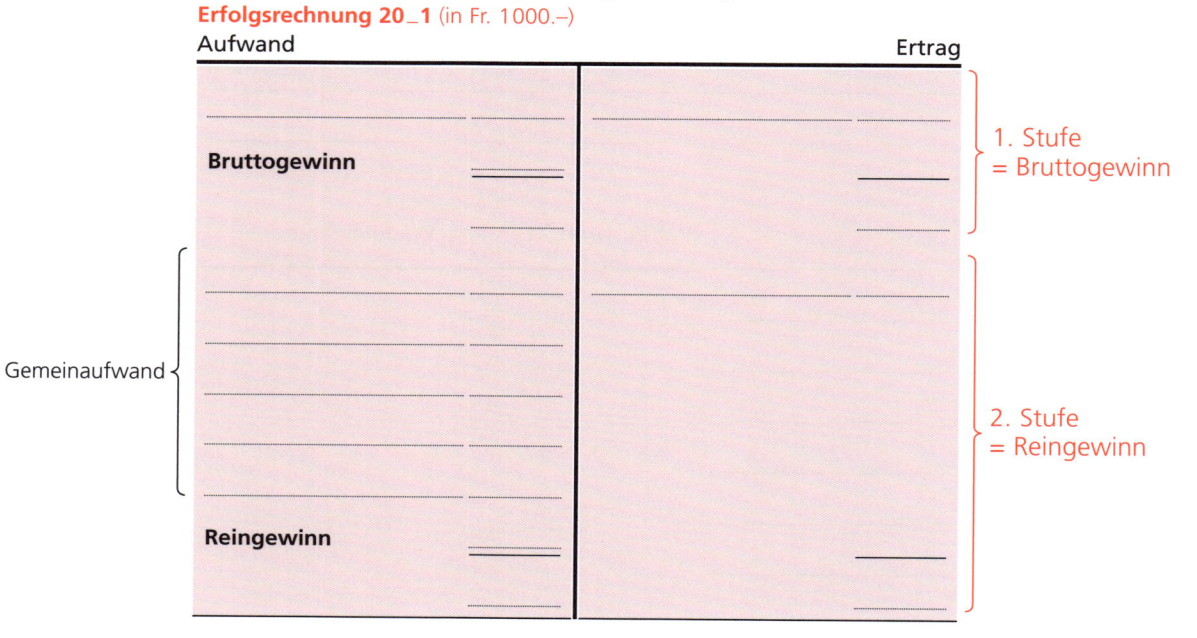

b) Erstellen Sie die zweistufige Erfolgsrechnung in Berichtsform:
Erfolgsrechnung 20_1 (in Fr. 1000.–)

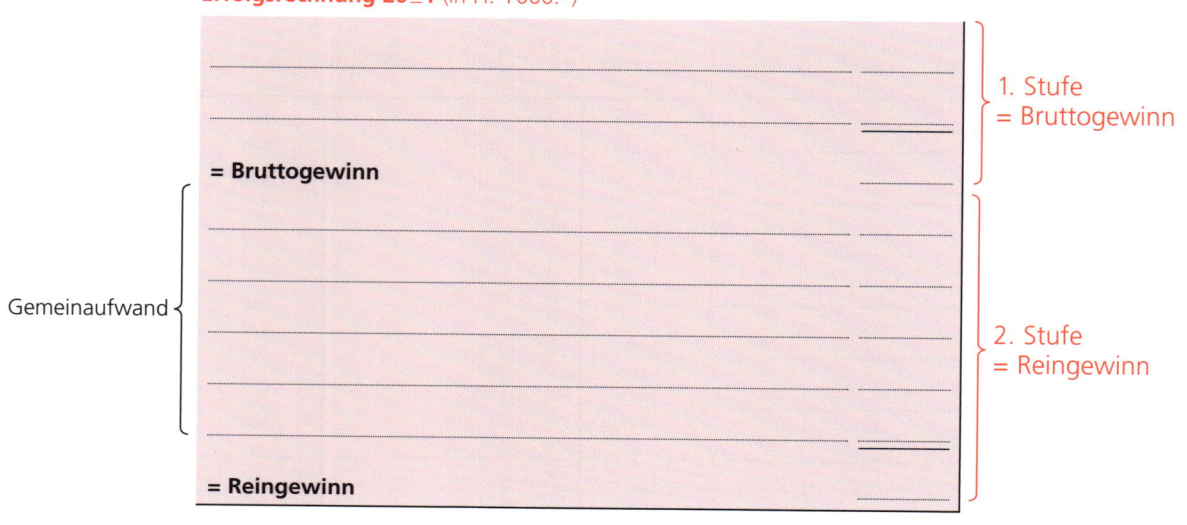

Wareneinkauf und Warenverkauf

31.11

Vom Handelsbetrieb R. Widmer AG liegen folgende Informationen vor:

Anfangsbestand der Vorräte	70
Wareneinkäufe brutto	500
Bezugskosten bei Wareneinkäufen	40
Von Lieferanten gewährte Rabatte und Skonti	30
Warenverkäufe brutto	840
Den Kunden gewährte Rabatte und Skonti	15
Gutschriften an Kunden für zurückgesandte mangelhafte Ware	25
Schlussbestand der Vorräte gemäss Inventar	80

a) Führen Sie diese drei Konten unter Angabe von Texten und Beträgen:

Warenvorrat

Warenaufwand

Warenertrag

b) Ermitteln Sie folgende Grössen:

Einstandswert der eingekauften Waren	
Zunahme Warenvorrat	
Einstandswert der verkauften Waren	
Warenaufwand	
Nettoerlös	
Bruttogewinn	

Wareneinkauf und Warenverkauf

31.12

Bestimmen Sie die fehlenden Grössen:

Aufgabe	Anfangs-bestand	Schluss-bestand	Vorrats-verände-rung	Einstands-wert der einge-kauften Waren	Waren-aufwand (Einstands-wert der verkauften Waren)	Netto-erlös	Brutto-gewinn
a)	10		+ 5	65		90	
b)	25	40		125		200	
c)	18	8		70		130	
d)		30	+ 10	200			100
e)		15	+ 3		80	120	
f)	20		− 7		100		50
g)	40			200	180	300	
h)	14	18				100	40
i)		24		150		210	60
k)	11		+ 4			200	70

Wareneinkauf und Warenverkauf 31

31.13

Lösen Sie diese Aufgaben:

a) Wann entspricht der Einstandswert der eingekauften Waren dem Warenaufwand?

b) Welche Begriffe sind synonym (gleichbedeutend)?
   ▷ Warenaufwand
   ▷ Einstandswert der eingekauften Waren
   ▷ Einstandswert der verkauften Waren
   ▷ Nettoerlös
   ▷ Verkaufswert der verkauften Waren

c) Vervollständigen Sie die schematisch dargestellten Konten mit den passenden Bezeichnungen.

Warenvorrat

Warenaufwand

Wareneinkäufe brutto

Bezugskosten

d) Was versteht man unter Nettoerlös?

e) Wie heissen die fehlenden Grössen in der folgenden Darstellung?

Erfolgsrechnung

Warenaufwand

Nettoerlös

Gemeinaufwand

f) Aus welchen Aufwänden setzt sich der Gemeinaufwand zusammen?

Wareneinkauf und Warenverkauf

31

31.14

Die Geschäftsfälle des Gartencenters PLANTISSIMO sind summarisch, ohne Datum und in Kurzzahlen dargestellt. Unter Waren werden Pflanzen sowie weitere Artikel wie Dünger, Pflanzenschutzmittel und Gartengeräte verstanden.

a) Verbuchen Sie die Geschäftsfälle gemäss Lösungshilfe rechts.

b) Wie lautet die zweistufige Erfolgsrechnung (in Berichtsform dargestellt?

Erfolgsrechnung

```
                                             
./. _____
= Bruttogewinn  _____
./. _____
./. _____
./. _____
= Reingewinn    _____
```
(Gemeinaufwand umfasst die drei ./. Positionen)

Nr.	Geschäftsfall
1	Anfangsbestand 150
2	Krediteinkäufe 600
3	Gutschrift für nachträglich erhaltene Rabatte 20
4	Rückgaben wegen mangelhafter Lieferung 30
5	Zahlungen an Lieferanten 500: ▷ Skonto 10 ▷ Bankbelastungen 490
6	Kreditverkäufe 1 100
7	Den Kunden nachträglich gewährte Rabatte 25
8	Rücknahmen mangelhafter Waren 15
9	Zahlungen von Kunden 1000: ▷ Skonto 20 ▷ Bankgutschriften 980
10	Bankzahlungen für Löhne 210
11	Abschreibungen auf Anlagevermögen 80
12	Bankzahlungen für übrigen Aufwand (wie Miete, Energie, Dünger, Werbung) 130
13	
14	Schlussbestand Warenvorrat gemäss Inventar 135
15	Saldo Warenaufwand
16	Saldo Warenertrag

c) Was bedeutet der Saldo im Konto Warenertrag (ankreuzen)?

☐ Einstandswert der verkauften Waren

☐ Totalbetrag aller Rechnungen an Kunden

☐ Nettoerlös aus dem Verkauf von Waren

☐ Warenaufwand

d) Was bedeutet der Saldo im Konto Warenaufwand (ankreuzen)?

☐ Zahlungen an Lieferanten

☐ Einkauf von Waren zu Einstandspreisen

☐ Verkauf von Waren zu Einstandspreisen

☐ Bruttogewinn

e) Weshalb wird im Text zu Geschäftsfall Nr. 7 das Wort *nachträglich* verwendet?

Wareneinkauf und Warenverkauf

Aufgabe 14

...chung	Warenvorrat		Warenaufwand		Warenertrag	

Wareneinkauf und Warenverkauf

31.15

Vervollständigen Sie das Journal für diesen Handelsbetrieb.

Journal

Nr.	Text	Soll	Haben	Betrag
1	Anfangsbestand Warenvorrat			100
2	Wareneinkäufe auf Kredit			500
3	Bankzahlungen von Kunden unter Abzug von 2% Skonto (Skonto = 18)			18
4	Gutschrift eines Lieferanten für nachträglich gewährten Rabatt			50
5		Warenaufwand	Kreditoren	1 600
6	Gutschrift eines Lieferanten für die Rücksendung mangelhafter Ware			4
7		Debitoren	Warenertrag	3 500
8	Gutschrift an einen Kunden für die Rücknahme mangelhafter Ware			20
9	Bankzahlungen an Lieferanten unter Abzug von 2% Skonto (Skonto = 38)			38
10	Nachträgliche Rabattgewährung an einen Kunden			13
11		Warenertrag	Debitoren	40
		Bank	Debitoren	1 960
12	Bestandeskorrektur Warenvorrat			
13	Schlussbestand Warenvorrat			120
14	Saldo Warenaufwand			
15	Saldo Warenertrag			

Wareneinkauf und Warenverkauf

31.16

Ein Lieferant bietet auf seiner Rechnung folgende Zahlungsbedingung an: 30 Tage netto oder 10 Tage 2% Skonto.

a) Welcher Jahreszinsfuss liegt dieser Zahlungsbedingung zugrunde?

b) Warum wurde der Skonto in Teilaufgabe a) auf ein Jahr umgerechnet?

c) Lohnt es sich als Kunde, den Skonto abzuziehen?

d) Was veranlasst den Lieferanten, Skonto zu gewähren?

31.17

Auf einer Faktura steht folgende Zahlungsbedingung: 60 Tage netto, 20 Tage 3% Skonto. Welchem Jahreszinsfuss entspricht dieser Skonto?

31.18

Bestimmen Sie die fehlenden Grössen.

	Einstandswert der Wareneinkäufe	Einstandswert der Warenverkäufe (Warenaufwand)	Anfangsbestand des Warenvorrats	Schlussbestand des Warenvorrats	Vorratsveränderung
a)	200	180	30		
b)	600	700		150	
c)	60			15	+ 10
d)		150	40		+ 20
e)	300			60	– 30

Wareneinkauf und Warenverkauf 31

31.19
Bestimmen Sie die fehlenden Grössen.

	Anfangs-bestand Vorrat	Schluss-bestand Vorrat	Vorrats-veränderung	Einstands-wert Waren-einkäufe	Waren-aufwand	Nettoerlös	Brutto-gewinn
a)		80	+ 10	350		400	
b)	200		+ 50		800		300
c)	20		− 3	70		90	
d)	0	30				160	40
e)		300	− 80			800	100

31.20
Bestimmen Sie die fehlenden Grössen.

	Vorrats-veränderung	Einstands-wert Waren-einkäufe	Waren-aufwand	Nettoerlös	Brutto-gewinn	Gemein-aufwand	Erfolg
a)	+ 20	220		300		70	
b)		40	50		30		+ 5
c)		400	350			60	+ 20
d)	− 60		600		200	220	
e)	− 30			200	80		− 10

Wareneinkauf und Warenverkauf 31

31.21

Führen Sie das Journal für folgende Geschäftsfälle der Handelsunternehmung C. Elber. Der Jahresabschluss ist am 31. 12. 20_1. Für diese Aufgabe besteht keine Lösungshilfe.

Nr.	Geschäftsfall	Betrag
1	Wareneinkauf gegen Rechnung	110
2	Barzahlung für Bezugskosten zulasten des Käufers (Fracht, Verzollung, Transportversicherung) auf Einkauf gemäss Nr. 1	9
3	Warenverkauf gegen Rechnung	180
4	Gutschrift für Rücknahme mangelhafter Ware	10
5	Postzahlung eines Kunden unter Abzug von 2% Skonto	196
6	Gutschrift für Umsatzbonus auf Einkäufen (Eine Lieferantenrechnung von 14 ist noch offen.)	3
7	Wareneinkauf auf Kredit: Fakturabetrag EUR 100, Kurs CHF 1.50/EUR	?
8	Bankzahlung der Rechnung von Nr. 7, Kurs CHF 1.45/EUR (Kursdifferenz auch buchen)	?
9	Bankzahlung an einen Lieferanten unter Abzug von 2% Skonto	49
10	Warenverkauf auf Kredit: Fakturabetrag USD 200, Kurs CHF 1.20/USD	?
11	Bankzahlung der Rechnung von Nr. 10, Kurs CHF 1.10/USD (Kursdifferenz auch buchen)	?
12	Der Barkauf eines Lieferwagens (Katalogpreis 70, 10% Rabatt) wurde wie folgt verbucht: Fahrzeugaufwand / Post 70. Dieser Buchungsfehler ist zu korrigieren.	?
13	Zum Abschluss eines Konkursverfahrens gegen einen Kunden überweist das Konkursamt 20% der Forderung von 150 durch die Post; der Rest ist abzuschreiben.	?
14	Bankbelastung für einen privaten Bargeldbezug am Bancomaten durch C. Elber	5
15	Ende November zahlt C. Elber den Mietzins für das Geschäftslokal für 6 Monate zum Voraus über die Bank.	60
16	Zeitliche Abgrenzung am Jahresende für die Mietzinse (siehe Nr. 15)	?
17	Bankbelastung vom 31. Oktober für das halbjährlich zu 4% verzinsliche Bankdarlehen von 300	?
18	Zeitliche Abgrenzung am Jahresende für die Kapitalzinsen (siehe Nr. 17)	?
19	Private Rechnung von C. Elber über das Postkonto des Geschäfts bezahlt	11
20	Indirekte Abschreibung der Ladeneinrichtung (Anschaffungswert 90, Nutzungsdauer 10 Jahre, Restwert am Ende der Nutzungsdauer 10, lineare Abschreibung)	?
21	Verminderung des Delkrederes	7
22	Bankgutschrift für Zinsen auf dem Kontokorrent (Verrechnungssteuer auch buchen)	13
23	Korrekturbuchung Abnahme Warenvorrat	16
24	Gutschrift Eigenzins 3,5% auf Eigenkapital von 200	?
25	Übertrag Saldo Privatkonto (Sollüberschuss)	3

Wareneinkauf und Warenverkauf

31

Exkurs **Laufende Lagerführung**

31.30

C. Brutschin kauft einen Artikel zum Einstandspreis von Fr. 6.–/Stück und verkauft ihn zum Verkaufspreis von Fr. 10.–/Stück weiter.

a) Verbuchen Sie den Geschäftsverkehr des Januars. Die **Wareneinkäufe sind als Warenaufwand** zu verbuchen.

b) Wie viel Franken betragen folgende Grössen:

Nr.		Betrag
1	Einstandspreis	
2	Einstandswert der eingekauften Waren	
3	Einstandswert der verkauften Waren	
4	Verkaufswert der verkauften Waren	
5	Warenaufwand	
6	Nettoerlös	
7	Bruttogewinn der Periode	

c) Nennen Sie einen anderen Ausdruck für:

1	Einstandswert der verkauften Waren	
2	Verkaufswert der verkauften Waren	
3	Differenz zwischen Nettoerlös und Warenaufwand	

d) Verbuchen Sie den Geschäftsverkehr des Januars. Die **Wareneinkäufe sind als Vorratszunahme** zu verbuchen.

e) Vergleichen Sie die beiden Methoden zur Führung der Warenkonten, indem Sie diese Fragen beantworten:

a)

Datum	Geschäftsfall
01. 01.	Anfangsbestand 200 Stück zu 6.–
15. 01.	Krediteinkauf 1000 Stück zu 6.–
23. 01.	Kreditverkauf 900 Stück zu 10.–
31. 01.	Korrekturbuchung für die Vorratszunahme von 100 Stück zu 6.–
31. 01.	Warenvorrat gemäss Inventar 300 Stück zu 6.–
	Saldo Warenaufwand
	Saldo Warenertrag

d)

Datum	Geschäftsfall
01. 01.	Anfangsbestand 200 Stück zu 6.–
15. 01.	Krediteinkauf 1000 Stück zu 6.–
23. 01.	Kreditverkauf 900 Stück zu 10.–
	Verbrauch (= Abnahme des Warenvorrats) 900 Stück zu 6.–
31. 01.	Schlussbestand Warenvorrat 300 Stück zu 6.–
	Saldo Warenaufwand
	Saldo Warenertrag

Nr.	Frage
1	Nach welcher Methode zeigt das Konto Warenvorrat jederzeit den aktuellen (Soll-) Warenbestand (ankreuzen)?
2	Welche Buchungen sind bei einem Warenverkauf vorzunehmen?
3	Wie wird der Schlussbestand des Warenvorrates ermittelt?
4	Nach welcher Methode ist das Warenvorratskonto ein ruhendes Konto (ankreuzen)?
5	Welche Korrekturbuchung ist am Ende einer Periode notwendig, wenn der Warenvorrat gegenüber dem Anfang abgenommen hat?
6	Bei welcher Methode ist eine EDV-Unterstützung notwendig, sobald zahlreiche Ein- und Verkäufe mit einer Vielzahl von verschiedenen Artikeln stattfinden? Begründung?

Wareneinkauf und Warenverkauf

31 Aufgabe 30

...chung	Warenvorrat		Warenaufwand		Warenertrag	

...chung	Warenvorrat		Warenaufwand		Warenertrag	

...areneinkauf als Warenaufwand	Wareneinkauf als Vorratszunahme

Wareneinkauf und Warenverkauf

31.31

A. Winiger kauft einen Artikel zum Einstandspreis von Fr. 3.–/Stück und verkauft ihn zum Verkaufspreis von Fr. 5.–/Stück weiter. Erfassen Sie den Warenverkehr des Aprils.

a) Die **Wareneinkäufe sind als Vorratszunahme** zu verbuchen.

b) Die **Wareneinkäufe sind als Warenaufwand** zu verbuchen.

a)

Datum	Geschäftsfall
01. 04.	Anfangsbestand 300 Stück
12. 04.	Krediteinkauf 800 Stück
23. 04.	Kreditverkauf 900 Stück
	Verbrauch 900 Stück
30. 04.	Schlussbestand Warenvorrat
	Saldo Warenaufwand
	Saldo Warenertrag

b)

Datum	Geschäftsfall
01. 04.	Anfangsbestand 300 Stück
12. 04.	Krediteinkauf 800 Stück
23. 04.	Kreditverkauf 900 Stück
30. 04.	
30. 04.	Schlussbestand Warenvorrat gemäss Inventar
	Saldo Warenaufwand
	Saldo Warenertrag

Wareneinkauf und Warenverkauf

Aufgabe 31

...chung	Warenvorrat		Warenaufwand		Warenertrag	

...chung	Warenvorrat		Warenaufwand		Warenertrag	

Wareneinkauf und Warenverkauf

31

31.32

Vergleichen Sie die beiden Methoden zur Führung der Warenkonten, indem Sie die Lücke in der Einleitung a) und b) ausfüllen und die schematisch gezeichneten Konten mit den passenden Texten vervollständigen. Es dürfen in den Konten nur folgende Bezeichnungen (zum Teil mehrmals) verwendet werden:

▷ Einkäufe zu Einstandspreisen
▷ Verkäufe zu Verkaufspreisen
▷ Verkäufe zu Einstandspreisen
▷ Anfangsbestand
▷ Schlussbestand
▷ Vorratszunahme
▷ Vorratsabnahme
▷ Saldo = Nettoerlös
▷ Saldo = Warenaufwand

a) Verbuchung der Wareneinkäufe als _____

Warenvorrat | **Warenaufwand** | **Warenertrag**

b) Verbuchung der Wareneinkäufe als _____

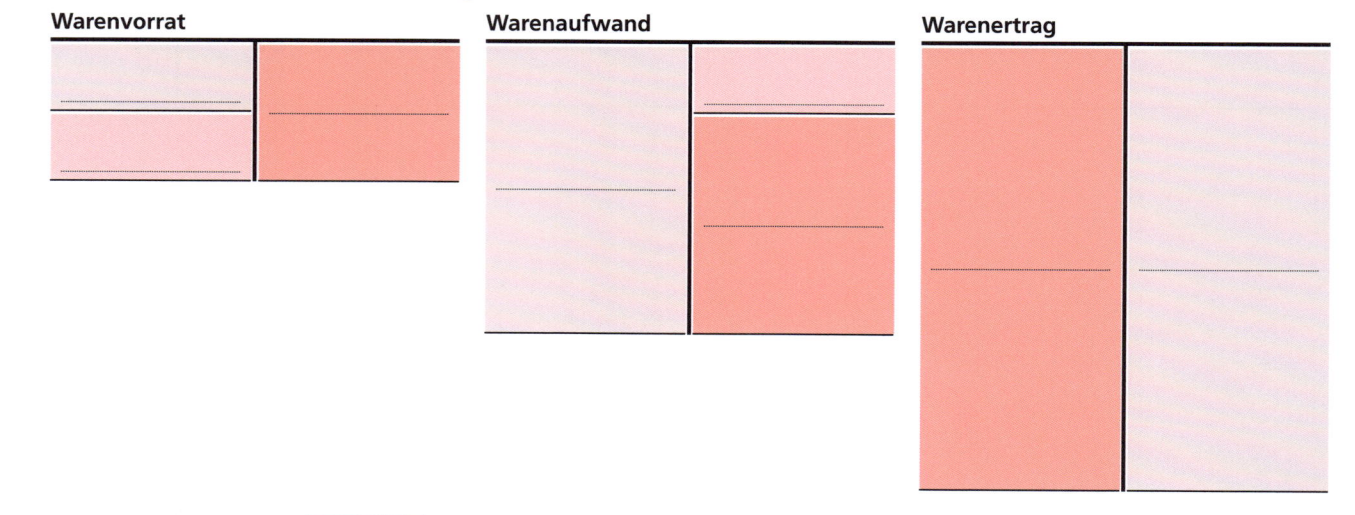

Warenvorrat | **Warenaufwand** | **Warenertrag**

Wareneinkauf und Warenverkauf — 31

31.33

In der Paracelsus-Apotheke wird der Warenverkehr elektronisch abgewickelt:

▷ Jeder Artikel wird beim Einkauf aufgrund elektronischer Lieferscheine automatisch im EDV-System erfasst mit Artikelnummer, Menge und Einstandspreis.
▷ Für jeden Artikel ist im EDV-System ein Verkaufspreis hinterlegt.
▷ Verkäufe im Laden werden mittels Scanner und Strichcode erfasst.
▷ Für jeden Artikel ist eine Mindestlagermenge (Minimalbestand) abgespeichert. Bei Unterschreiten des Minimalbestandes wird automatisch eine Bestellung ausgelöst und dem Lieferanten via Internet übermittelt. Die Lieferung erfolgt am nächsten Morgen.

Für das Schmerzmittel ASPIRIN (Packung zu 20 Kautabletten) sind am 1. 1. 20_1 im EDV-System folgende Werte erfasst: Lagerbestand 6 Packungen, Einstandspreis Fr. 7.–, Verkaufspreis Fr. 10.–, Minimalbestand 5 Packungen, übliche Bestellmenge 10 Packungen.

a) Wie lautet die vom System automatisch ausgeführte Eröffnungsbuchung am 1. 1. 20_1?

b) Am 3. 1. 20_1 um 16.03 Uhr wird durch den Scanner ein Verkauf von 2 Packungen registriert. Welche Buchungen werden durch das System ausgeführt?

c) Welche Buchung wird am 4. 1. 20_1 ausgeführt, obwohl kein ASPIRIN verkauft worden ist?

Die Inventur wird in dieser Apotheke nicht am Jahresende für das gesamte Lager aufs Mal durchgeführt, sondern laufend, artikelweise über das ganze Jahr verteilt. Diese so genannte permanente Inventur hat den Vorteil, dass die Arbeit besser verteilt werden kann.

Am Abend des 4. 1. 20_1 werden die in der Apotheke vorhandenen ASPIRIN nachgezählt. Dabei wird ein effektiver Bestand von 13 festgestellt.

d) Welches ist die wahrscheinliche Ursache für diese Inventurdifferenz (Inventarmanko)?

e) Wie lautet die Korrekturbuchung für das obige Inventarmanko?

Im Verlaufe des Januars 20_1 wurden insgesamt 30 Packungen ASPIRIN eingekauft und 28 verkauft.

f) Wie gross ist der Lagerbestand Ende Januar mengen- und wertmässig?

g) Wie hoch sind im Januar der Verkaufserlös, der Warenaufwand und der Bruttogewinn?

Wareneinkauf und Warenverkauf

31.34

Die Warenkonten können nach zwei verschiedenen Methoden geführt werden. Wie lauten die Buchungssätze? Begründen Sie, warum es allenfalls keine Buchung gibt.

Nr.	Geschäftsfall	Die Veränderungen des Warenvorrats werden laufend erfasst	Der Warenvorrat wird als ruhendes Konto geführt
1	Anfangsbestand Warenvorrat 30		
2	Wareneinkauf auf Kredit 450		
3	Bankzahlung an den Lieferanten 450		
4	Kreditwarenverkauf (400 zu Verkaufspreisen, 300 zu Einstandspreisen)		
5	Bankzahlung des Kunden 400		
6	Bei einer Inventur unter dem Jahr wurde gegenüber der Buchhaltung ein Vorratsmanko von 5 festgestellt.		
7	Kreditwareneinkauf 1 030		
8	Nachträglicher Rabatt des Lieferanten 30		
9	Bankzahlung an den Lieferanten unter Abzug von 2% Skonto (siehe Nr. 7 und 8).		
10	Kreditwarenverkauf (1 500 Verkaufswert, 1 100 Einstandswert)		
11	Bankzahlung des Kunden unter Abzug von 2% Skonto		
12	Korrekturbuchung		
13	Schlussbestand Warenvorrat 55		

Wareneinkauf und Warenverkauf

31.50

Florence Buchmann führt in der Nordwestschweiz als selbstständige Detaillistin unter dem Namen CITY-SHOPPING ein grosses Einkaufsparadies mit Lebensmitteln und Non-Food-Artikeln. Sie ist vertraglich an einen Grossverteiler gebunden, der sie aus seinem Zentrallager mit sämtlichen Waren beliefert.

Führen Sie die Buchhaltung des City Shoppings mit **EasyAccounting.** Der Kontenplan ist bereits erfasst und das Geschäftsjahr 20_1 eröffnet. Die Mehrwertsteuer ist nicht zu berücksichtigen; sie wird erst im übernächsten Kapitel dieses Lehrbuchs behandelt.

Der Warenverkehr umfasst Millionen von Buchungen, die alle elektronisch abgewickelt und in einem separaten System erfasst werden:

▷ Lieferungen aus dem Zentrallager des Grossverteilers an das CITY-SHOPPING werden durch elektronische Lieferscheine begleitet und erfasst.

▷ Verkäufe des CITY-SHOPPINGS an die Kunden werden an der Kasse (dem so genannten Point of Sale, POS) durch Scanner erfasst. Ebenso werden Rücknahmen und Umtausche von Waren am POS elektronisch erfasst.

Aufgrund der Ein- und Verkäufe sowie der Inventur ergibt sich folgende Zusammenfassung des Warenverkehrs:

Artikelgruppe	Einkäufe zu Einstandspreisen	Verkäufe zu Einstandspreisen	Verkäufe zu Verkaufspreisen
Kolonialwaren[1]	5 870 000	5 848 000	6 880 000
Molkerei	2 650 000	2 635 000	3 100 000
Fleisch	3 260 000	3 248 000	4 060 000
Früchte/Gemüse	2 340 000	2 320 000	2 900 000
Non-Food	6 180 000	6 230 000	8 900 000
Total	20 300 000	20 281 000	25 840 000

a) Verbuchen Sie Ende Jahr den summarischen Warenverkehr nach Artikelgruppen getrennt (im Journal als Buchungen Nr. 1 bis 15 zu bezeichnen). Die Verkäufe erfolgten alle gegen Barzahlung, die Einkäufe auf Kredit. Die Warenvorratsänderungen sind mithilfe der Verkäufe zu Einstandspreisen zu ermitteln und auszubuchen.

---

[1] Mit Kolonialwaren werden in der Fachsprache Artikel wie Reis, Teigwaren, Schokolade, Kaffee oder Konserven bezeichnet. (Der Begriff stammt aus dem 18. und 19. Jahrhundert, als die mächtigen europäischen Länder die meisten dieser Waren aus ihren Kolonien importierten.)

Wareneinkauf und Warenverkauf — Aufgabe 50

b) Verbuchen Sie die übrigen summarisch zusammengefassten Geschäftsfälle des Jahres 20_1.

Nr.	Geschäftsfall	Betrag
16	Bareinzahlungen auf das Bankkonto	25 830 000.–
17	Erhaltene Rechnungen für Energiebezüge	90 000.–
18	Bankzahlungen für Löhne und Gehälter	3 350 000.–
19	Bankzahlungen an den Grossverteiler (für Wareneinkäufe)	20 450 000.–
20	Erhaltene Rechnungen für Unterhalt und Reparaturen	125 000.–
21	Kauf einer neuen Kühlvitrine für Molkereiprodukte gegen Rechnung	50 000.–
22	Bankzahlungen für Mietzinsen	800 000.–
23	Bankzahlungen für übrigen Betriebsaufwand	300 000.–
24	Erhaltene Rechnungen für Werbung	140 000.–
25	Bankzahlungen an übrige Kreditoren	415 000.–
26	Teilrückzahlung des Darlehens durch Banküberweisung	200 000.–
27	Bankbelastung für die Verzinsung des Darlehens	45 000.–
28	Abschreibung Ladeneinrichtung	80 000.–
29	Gutschrift Eigenlohn für die Geschäftsinhaberin	250 000.–
30	Gutschrift Eigenzins (5% des Eigenkapitals gemäss Eröffnungsbilanz)	?
31	Private Bargeldbezüge der Geschäftsinhaberin vom Bankkonto des Geschäfts	240 000.–
32	Ausgleich des Privatkontos	?

c) Führen Sie den Jahresabschluss per 31. 12. 20_1 durch (Erfolgsrechnung, Gewinnverbuchung sowie Bilanz nach Gewinnverbuchung).

d) Wie hoch ist das Geschäftseinkommen von Florence Buchmann?

e) Wie viel Prozent beträgt die Bruttogewinnmarge (Bruttogewinn in % des Nettoerlöses) beim Non-Food-Sortiment?

32 Offenposten-Buchhaltung

32.01

Die Offenposten-Buchhaltung ermöglicht eine vereinfachte Verbuchung des Debitoren- und Kreditorenverkehrs. Verbucht werden nur die tatsächlichen Nettozahlungen.

a) Die Stähli AG, Warenhandel, wickelt die meisten Verkäufe bar im Laden ab. Wenige Grosskunden werden mit Kreditlieferungen bedient. Verbuchen Sie den Geschäftsverkehr mit diesen Kunden über das **Debitorenkonto** und mit einer **Offenposten-Buchhaltung.**

Nr.	Geschäftsfall	Mit Führung des Debitorenkontos		
		Buchung	Debitoren	Warenertrag
1	Anfangsbestand Debitoren (4 300)			
2	Bankzahlung von Kunden H. Ott (2 000)			
3a	Kreditverkauf an Kunde D. Morf (2 800)			
b	Rücknahme mangelhafter Ware (500)			
c	Nachträglich gewährter Rabatt (300)			
d	Skonto 2% auf Rechnungsbetrag (40)			
e	Bankzahlung Restbetrag (1 960)			
4a	Kreditverkauf an Kunde E. Lirk (8 200)			
b	Mängelrabatt an E. Lirk (700)			
5	Bankzahlung von Kunde F. Lang (2 300)			
6	Veränderung des Debitorenbestandes gegenüber Anfangsbestand			
7a	Schlussbestand auf Bilanz			
b	Saldo auf Erfolgsrechnung			

Offenposten-Buchhaltung

32 Aufgabe 01

Mit Offenposten-Buchhaltung

Nr.	Geschäftsfall	Buchung	Debitoren		Warenertrag
	Anfangsbestand Debitoren (4 300)				
	Bankzahlung von Kunden H. Ott (2 000)				
a	Kreditverkauf an Kunde D. Morf (2 800)				
b	Rücknahme mangelhafter Ware (500)				
c	Nachträglich gewährter Rabatt (300)				
d	Skonto 2% auf Rechnungsbetrag (40)				
e	Bankzahlung Restbetrag (1 960)				
a	Kreditverkauf an Kunde E. Lirk (8 200)				
b	Mängelrabatt an E. Lirk (700)				
	Bankzahlung von Kunde F. Lang (2 300)				
	Veränderung des Debitorenbestandes gegenüber Anfangsbestand				
a	Schlussbestand auf Bilanz				
b	Saldo auf Erfolgsrechnung				

Offenposten-Buchhaltung — 32 — Aufgabe 01

b) Führen Sie den Geschäftsverkehr der Stähli AG mit den Lieferanten über das **Kreditorenkonto** und mit **Offenposten-Buchhaltung.** Die Wareneinkäufe sind über Warenaufwand zu buchen.

Mit Führung des Kreditorenkontos

Nr.	Geschäftsfall	Buchung	Kreditoren	Warenaufwand
1	Anfangsbestand Kreditoren (7 400)			
2	Bankzahlung an Kreditor J. Erni (5 300)			
3a	Krediteinkauf bei P. Hug (3 800)			
b	Rückgabe mangelhafter Waren (500)			
c	Skontoabzug 2%			
d	Bankzahlung P. Hug			
4a	Rechnung von S. Kälin für Warenlieferung (1 750)			
b	Nachträglich von S. Kälin erhaltener Rabatt (250)			
c	Bankzahlung des Restbetrages an S. Kälin			
5	Bankzahlung an W. Hurni (2 100)			
6	Rechnung von H. Haller für Warenlieferung (5 700)			
7	Barzahlung für Wareneinkäufe (1 200)			
8	Veränderung des Kreditorenbestandes gegenüber Anfangsbestand			
9a	Schlussbestand auf Bilanz			
b	Saldo auf Erfolgsrechnung			

Offenposten-Buchhaltung

32 Aufgabe 01

Mit Offenposten-Buchhaltung

Nr.	Geschäftsfall	Buchung	Kreditoren		Warenaufwand	
	Anfangsbestand Kreditoren (7 400)					
	Bankzahlung an Kreditor J. Erni (5 300)					
a	Krediteinkauf bei P. Hug (3 800)					
b	Rückgabe mangelhafter Waren (500)					
c	Skontoabzug 2%					
d	Bankzahlung P. Hug					
a	Rechnung von S. Kälin für Warenlieferung (1 750)					
b	Nachträglich von S. Kälin erhaltener Rabatt (250)					
c	Bankzahlung des Restbetrages an S. Kälin					
	Bankzahlung an W. Hurni (2 100)					
	Rechnung von H. Haller für Warenlieferung (5 700)					
	Barzahlung für Wareneinkäufe (1 200)					
	Veränderung des Kreditorenbestandes gegenüber Anfangsbestand					
a	Schlussbestand auf Bilanz					
b	Saldo auf Erfolgsrechnung					

32 Offenposten-Buchhaltung

32.02

Am 1. Dezember 20_1 wurde die Warenhaus AG neu gegründet.

a) Verbuchen Sie den Verkehr mit Kunden und Lieferanten über die Debitoren- und Kreditorenkonten bzw. als Offenposten-Buchhaltung. Die Wareneinkäufe sind über den Warenaufwand zu buchen.

Journal 20_1

Datum	Geschäftsfall	Buchungen mit Führung der Debitoren- und Kreditorenkonten		Buchungen mit Offenposten-Buchhaltung	
		Buchung	Betrag	Buchung	Betrag
1.12.	Rechnung von U. Kunz für Warenlieferung, Fr. 4500.–				
2.12.	Barkauf von Waren bei P. Hugentobler, Fr. 1700.–				
3.12.	Rechnung des Spediteurs Transportag für die Warenlieferung von U. Kunz, Fr. 160.–				
10.12.	Postüberweisung an Transportag, Fr. 160.–				
12.12.	Rechnung von K. Meyer für gelieferte Waren, Fr. 3860.–				
17.12.	Gutschrift von K. Meyer wegen Mängeln auf der Warenlieferung vom 12.12., Fr. 360.–				
18.12.	Rechnung der Dubois SA, Lyon, für Warenlieferung, Fr. 5100.–				
20.12.	Bankzahlung der Rechnung von K. Meyer unter Abzug von 3% Skonto				
21.12.	Warenverkäufe bar, Fr. 5320.–				
22.12.	Kreditverkauf von Waren an U. Diebold, Fr. 3720.–				
22.12.	Postüberweisung an U. Kunz, Fr. 4500.–				
23.12.	Barzahlung Frachtkosten für die Frankolieferung an U. Diebold, Fr. 135.–				
28.12.	Rechnung an E. Teitler für verkaufte Waren, Fr. 2750.–				
30.12.	Nachträglich gewährter Rabatt an E. Teitler, Fr. 750.–				
30.12.	Rechnung von K. Meyer für die gelieferten Waren, Fr. 4350.–				
31.12.	Barverkäufe von Waren, Fr. 880.–				
31.12.	Zunahme offene Kundenrechnungen[1]				
31.12.	Zunahme offene Lieferantenrechnungen[1]				
31.12.	Übertrag der Debitoren auf die Bilanz				
31.12.	Übertrag der Kreditoren auf die Bilanz				

[1] Gemäss OP-Listen (= Inventare über die offenen Debitoren- bzw. Lieferantenrechnungen) auf der nächsten Seite.

Offenposten-Buchhaltung

32 Aufgabe 02

Debitoren-Inventar 31. 12. 20_1

Datum	Kunde	Betrag
	Total	

Kreditoren-Inventar 31. 12. 20_1

Datum	Lieferant	Betrag
	Total	

b) Wie lauten die Buchungen im Journal für den Monat Januar 20_2?

Journal 20_2

Datum	Geschäftsfall	Buchungen mit Führung der Debitoren- und Kreditorenkonten		Buchungen mit Offenposten-Buchhaltung	
		Buchung	Betrag	Buchung	Betrag
1.1.	Eröffnung der Debitoren				
1.1.	Eröffnung der Kreditoren				
4.1.	Rechnung von U. Dörig für Warenlieferung, Fr. 1960.–				
5.1.	Rückgabe mangelhafter Ware an U. Dörig Gutschrift Fr. 860.–				
7.1.	Bankbelastung für die Zahlung an Dubois SA				
15.1.	Ladenverkäufe bar, Fr. 2210.–				
19.1.	Rechnung an LEIMTEX Ltd., New York, Fr. 2408.–				
20.1.	Banküberweisung an U. Dörig unter Abzug von 2% Skonto				
22.1.	Kreditverkauf von Waren an W. Helbling, Fr. 2630.–				
22.1.	Postüberweisung an K. Meyer, Fr. 4350.–				
28.1.	Rechnung von T. Tobler für Warenlieferung, Fr. 6200.–				
30.1.	Nachträglich von T. Tobler erhaltener Rabatt von 10% wegen mangelhafter Lieferung				
31.1.	Bankgutschrift für die Zahlung von LEIMTEX Ltd.				

c) Mit welchen organisatorischen Massnahmen kann bei der Offenposten-Buchhaltung sichergestellt werden, dass die Kreditoren rechtzeitig bezahlt werden?

32 Offenposten-Buchhaltung

32.03

Die Verbuchung des Warenverkehrs erfolgt bei dieser Unternehmung mithilfe der Offenposten-Buchhaltung; der Wareneinkauf wird als Warenaufwand verbucht.

Kreuzen Sie alle Aussagen an, die richtig sind.

Nr.	Aussagen zur Offenposten-Buchhaltung	
1	Bei der OP-Methode werden nur die Zahlungen verbucht.	
2	Bei Zahlungen wird der Skonto ebenfalls verbucht.	
3	Die Barzahlung von Bezugskosten ist nicht zu verbuchen.	
4	Rabatte, Skonti oder Rücksendungen werden nicht verbucht.	
5	Barverkäufe an Kunden werden nicht verbucht.	
6	Bankzahlungen an Lieferanten werden verbucht. Buchungssatz: Warenaufwand/Bank.	
7	Banküberweisungen von Debitoren werden verbucht. Buchungssatz: Bank/Debitoren.	
8	Rücksendungen an Lieferanten werden verbucht. Buchungssatz: Kreditoren/Warenaufwand.	
9	Eine Abnahme des Debitorenbestandes wird beim Abschluss verbucht. Buchungssatz: Debitoren/Warenaufwand.	
10	Eine Zunahme des Bestandes an offenen Lieferantenrechnungen wird verbucht. Buchungssatz: Warenaufwand/Kreditoren.	
11	Durch die Verbuchung der Bestandesabnahme an offenen Lieferantenrechnungen wird der Periodenerfolg verbessert.	
12	Durch die Verbuchung der Bestandeszunahme bei den offenen Debitoren wird der Periodenerfolg verschlechtert.	

Offenposten-Buchhaltung

32.04

Trennen Sie die Lernkarten entlang der Perforation voneinander, und üben Sie anschliessend die verschiedenen Begriffe, Fragen und Buchungssätze. Die weissen Vorderseiten enthalten die Aufgabenstellungen, die roten Rückseiten die Antworten.

Wie wird der Bruttogewinn berechnet?	Wodurch unterscheiden sich der Einstandspreis und der Einstandswert?	Der Einstandswert der verkauften Waren ist höher als der Einstandswert der eingekauften Waren. Wie verändert sich der Warenvorrat?
Was beinhaltet der Einstandspreis?	Zu welcher Korrekturbuchung führt eine Warenvorratszunahme am Ende einer Periode, wenn die Wareneinkäufe als Warenaufwand erfasst werden?	Welche beiden Ausdrücke sind gleichbedeutend? ▷ Nettoerlös ▷ Umsatz zu Einstandspreisen ▷ Wareneinkauf ▷ Warenaufwand ▷ Saldo Warenertrag
Wie werden die bar bezahlten Transportkosten auf einer Frankolieferung an einen Kunden verbucht?	Was ist der Warenaufwand?	Wie lauten die Buchungen für eine Bankzahlung an einen Lieferanten, wenn der Skonto von 2% Fr. 90.– beträgt?
Kreditverkauf von Waren ins Ausland für 850. Wie wird dieser Geschäftsfall in einer OP-Buchhaltung verbucht?	Banküberweisung eines deutschen Kunden von CHF 1300.– für eine Rechnung von EUR 1000.–. Wie lauten die Buchungssätze, wenn die Rechnung zum Buchkurs von 1.32 erfasst wurde?	Banküberweisung eines Kunden für einen Kreditwarenverkauf von 500 unter Abzug von 2% Skonto. Wir wird dieser Geschäftsfall in einer OP-Buchhaltung verbucht?
Wie wird eine Zunahme der offenen Warenkreditoren am Periodenende in einer OP-Buchhaltung verbucht?	Wie wird in einer OP-Buchhaltung gewährleistet, dass die Kreditoren fristgerecht bezahlt werden?	Die OP-Listen weisen für die Debitoren folgende Bestände auf: ▷ Anfang Jahr 25 000.– ▷ Ende Jahr 21 000.– Wie lautet die Korrekturbuchung?

Offenposten-Buchhaltung — Aufgabe 04

Der Warenvorrat nimmt ab.	Der Einstandswert ergibt sich aus der Multiplikation des Einstandspreises mit der Menge.	Warenertrag ./. Warenaufwand = Bruttogewinn
Der Nettoerlös entspricht dem Saldo des Kontos Warenertrag. Der Umsatz zu Einstandspreisen entspricht dem Warenaufwand.	Warenvorrat / Warenaufwand	Ankaufspreis beim Lieferanten zuzüglich Bezugskosten (Fracht, Zoll, Transportversicherung)
Kreditoren / Warenaufwand 90 Kreditoren / Bank 4 410	Der Warenaufwand ist der Einstandswert der verkauften Waren (verkaufte Menge bewertet zu Einstandspreisen).	Warenertrag / Kasse
Bank / Warenertrag 490	Bank / Debitoren 1 300 Warenertrag / Debitoren 20	Keine Buchung
Warenertrag / Debitoren 4 000	Der Ordner mit den offenen Lieferantenrechnungen muss periodisch durchgeblättert werden.	Warenaufwand / Kreditoren

32

33

Mehrwertsteuer

33.01

Die Mehrwertsteuer (MWST) ist eine indirekte Bundessteuer. Sie heisst so, weil der von einer Unternehmung geschaffene Mehrwert besteuert wird. Normalerweise beträgt der Steuersatz 8,0%.

a) Berechnen Sie für die folgenden Unternehmungen die der Eidgenössischen Steuerverwaltung abzuliefernde Mehrwertsteuer.

Holzsägerei

Die Sägerei verkauft Holz aus dem eigenen Wald an eine Schreinerei:

Verkaufswert des Holzes	30 000.–
+ Mehrwertsteuer 8,0%	2 400.–
Faktura	32 400.–

MWST-Abrechnung

Umsatzsteuer[1]	2 400.–
./. Vorsteuer[2]	–.–
Abzuliefernde MWST	2 400.–

Schreinerei

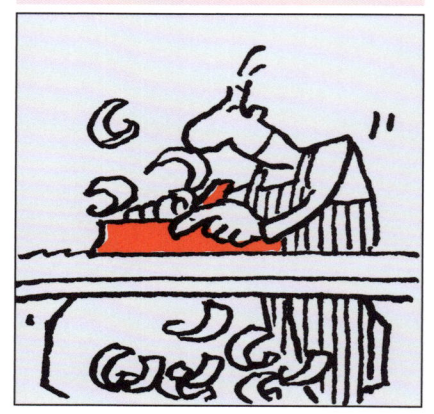

Die Schreinerei verarbeitet das Holz zu Möbeln und verkauft diese an einen Möbelhändler:

Verkaufswert der Möbel	90 000.–
+ Mehrwertsteuer 8,0%	7 200.–
Faktura	97 200.–

MWST-Abrechnung

Umsatzsteuer	
./. Vorsteuer	–
Abzuliefernde MWST	

Möbelhändler

Der Möbelhändler verkauft die Möbel an die Kunden:

Verkaufswert der Möbel	160 000.–
+ Mehrwertsteuer 8,0%	12 800.–
Faktura	172 800.–

MWST-Abrechnung

Umsatzsteuer	
./. Vorsteuer	–
Abzuliefernde MWST	

[1] Unter **Umsatzsteuer** versteht man die auf dem Verkaufsumsatz geschuldete Mehrwertsteuer.

[2] Unter **Vorsteuer** versteht man die auf Lieferungen und Leistungen bezahlten Mehrwertsteuern. Diese können von den geschuldeten Umsatzsteuern abgezogen werden. Den abzugsfähigen Betrag nennt man auch Vorsteuerabzug.

Die Vorsteuer beträgt bei der Sägerei Fr. 0.–, weil das Holz aus dem eigenen Wald stammt und die Forstwirtschaft steuerbefreit ist. Der Einfachheit halber werden Vorsteuern auf gekauften Produktionsmitteln wie Sägemaschinen oder Traktoren vernachlässigt.

Mehrwertsteuer — 33 Aufgabe 01

b) Überprüfen Sie die in Teilaufgabe a) ausgewiesenen Mehrwertsteuern, indem Sie zuerst die von den Unternehmungen geschaffenen Mehrwerte ermitteln und anschliessend die MWST von 8,0% berechnen.

	Mehrwert	Mehrwertsteuer
Sägerei		
Schreinerei		
Möbelhändler		
Total		

33.02

Welche Mehrwertsteuersätze gelangen bei den folgenden Gütern und Dienstleistungen zur Anwendung? Die richtigen Sätze sind anzukreuzen.

		8,0%	2,5%	0%
a)	Arzneimittel			
b)	Mobiliar			
c)	Wohnungs- und Geschäftsmiete			
d)	Theaterbillette			
e)	Versicherungsleistungen			
f)	Ess- und Trinkwaren (ohne Alkohol) im Lebensmittelgeschäft			
g)	Spitalbehandlung und Arztkonsultationen			
h)	Autoimporte			
i)	Weiterbildungskurse, Privatunterricht			
k)	Zeitungen, Zeitschriften			
l)	Treibstoff			
m)	Schnittblumen			
n)	Haarschnitt beim Coiffeur			
o)	Übernachtung und Frühstück			

Mehrwertsteuer

33.03

Das Haushaltwarengeschäft Meier & Co. in Zürich hat im letzten Quartal 20_1 folgende Umsätze getätigt und bittet Sie, den abzuliefernden Mehrwertsteuerbetrag zu bestimmen (die steuerpflichtigen Umsätze verstehen sich inklusive MWST).

Umsätze in Fr. (inkl. allfällige MWST)		MWST-Satz in %	MWST-Guthaben (Vorsteuer)	MWST-Schuld (Umsatzsteuer)	
Wareneinkauf	507 600.–				
Kauf Mobilien	31 320.–				
Warenverkäufe	803 520.–				
Kauf Büromaterial	4 590.–				
Werbeausgaben	9 180.–				
Honorar an Treuhandunternehmung	7 020.–				
Finanzaufwand	2 365.–				
Private Warenbezüge zu Verkaufspreisen	1 620.–				
Blumenschmuck Laden und Büro	2 562.50				
Energie (Elektrisch, Heizung)	1 566.–				abzuliefernde MWST
Total		–			

Mehrwertsteuer

33.04

a) Weshalb bezeichnet man die MWST als **Mehrphasensteuer?**

....

....

b) Worin besteht der Unterschied zwischen der Steuerabrechnung nach **vereinbartem** und nach **vereinnahmtem** Entgelt? (Richtige Antworten ankreuzen.)

☐ Nach vereinbartem Entgelt bedeutet, dass die MWST aufgrund der Rechnungen an die Kunden abgerechnet wird.

☐ Nach vereinnahmtem Entgelt wird die Vorsteuer aufgrund der an die Lieferanten geleisteten Zahlungen abgerechnet.

☐ Die Abrechnung nach vereinnahmtem Entgelt ist vor allem bei Bargeschäften vorteilhaft.

☐ Die MWST-Verwaltung wünscht die Abrechnung nach vereinnahmtem Entgelt, da sie so rascher zu ihren Steuergeldern kommt.

☐ Im Gegensatz zum vereinbarten Entgelt sind beim vereinnahmtem Entgelt die Rabatte, Skonti, Debitorenverluste und Rücknahmen mangelhafter Waren berücksichtigt.

☐ Die Abrechnung der MWST nach vereinbartem und nach vereinnahmtem Entgelt führt letztlich zur gleich hohen MWST-Belastung.

c) In welchem zeitlichen Rhythmus muss die MWST von den steuerpflichtigen Unternehmen an die Eidgenössische Steuerverwaltung abgeliefert werden?

....

....

d) Weshalb sind die Umsätze auf dem Export von der MWST **befreit?**

....

....

e) Geben Sie drei Beispiele von Umsätzen, welche von der MWST **ausgenommen** sind.

....

....

....

f) Worin besteht der Unterschied zwischen von der MWST **befreiten** und **ausgenommenen** Umsätzen?

....

....

....

Mehrwertsteuer

33.05

Die Verbuchung der Mehrwertsteuer kann entweder nach der **Netto-** oder nach der **Bruttomethode** erfolgen. Von der MWST-Verwaltung wird die Nettomethode empfohlen und in der Praxis mehrheitlich angewandt. Für kleine Betriebe eignet sich die Bruttomethode besser, weil die MWST nicht bei jedem steuerpflichtigen Ein- und Verkauf einzeln verbucht werden muss.

a) Verbuchen Sie die dargestellten Geschäftsfälle eines kleinen Warenhauses nach der **Nettomethode.** Die Einkäufe erfolgen auf Kredit, die Verkäufe werden bar abgewickelt.

Datum	Geschäftsverkehr	
3. 1.	Kauf Ladeneinrichtung	
	Kaufpreis	8 000
	+ MWST 8,0%	640
	Rechnung	8 640
4. 1.	Wareneinkauf	
	Kaufpreis	40 000
	+ MWST 8,0%	3 200
	Rechnung	43 200
Div.	Warenverkäufe	
	Verkaufspreis	60 000
	+ MWST 8,0%	4 800
	Kassabeleg	64 800
20. 2.	Energierechnungen	
	Nettobetrag	4 500
	+ MWST 8,0%	360
	Rechnung	4 860
10. 3.	Wareneinkauf	
	Kaufpreis	20 000
	+ MWST 8,0%	1 600
	Rechnung	21 600
Div.	Warenverkäufe	
	Verkaufspreis	50 000
	+ MWST 8,0%	4 000
	Kassabeleg	54 000
31. 3.	MWST-Abrechnung	
	Umsatzsteuerschuld	8 800
	./. Vorsteuerguthaben	5 800
	Abzuliefernde MWST	3 000
5. 4.	Postüberweisung der MWST netto	3 000

Mehrwertsteuer — Aufgabe 05

chung		Betrag	Debitor Vorsteuer		Kreditor Umsatzsteuer	
ll	Haben					

Mehrwertsteuer — **33** Aufgabe 05

b) Verbuchen Sie die Geschäftsfälle des Warenhauses nach der **Bruttomethode.**

Datum	Geschäftsverkehr	
3. 1.	Kauf Ladeneinrichtung	
	Kaufpreis	8 000
	+ MWST 8,0%	640
	Rechnung	8 640
4. 1.	Wareneinkauf	
	Kaufpreis	40 000
	+ MWST 8,0%	3 200
	Rechnung	43 200
Div.	Warenverkäufe	
	Verkaufspreis	60 000
	+ MWST 8,0%	4 800
	Kassabeleg	64 800
20. 2.	Energierechnungen	
	Nettobetrag	4 500
	+ MWST 8,0%	360
	Rechnung	4 860
10. 3.	Wareneinkauf	
	Kaufpreis	20 000
	+ MWST 8,0%	1 600
	Rechnung	21 600
Div.	Warenverkäufe	
	Verkaufspreis	50 000
	+ MWST 8,0%	4 000
	Kassabeleg	54 000
31. 3.	Umsatzsteuer 1. Quartal	
	Vorsteuer 1. Quartal	
	Vorsteuer auf Mobiliar	
	Vorsteuer auf Energie	
	Vorsteuer auf Wareneinkauf	
31. 3.	MWST-Abrechnung	
	Umsatzsteuerschuld	8 800
	./. Vorsteuerguthaben	5 800
	Abzuliefernde MWST	3 000
5. 4.	Postüberweisung der MWST netto	3 000

Mehrwertsteuer — Aufgabe 05

chung		Betrag	Debitor Vorsteuer		Kreditor Umsatzsteuer	
l	Haben					

Mehrwertsteuer

33.06

Von der Koch & Co., Do it Yourself-Artikel, sind folgende MWST-relevanten Angaben aus dem 2. Quartal 20_3 bekannt:

1. Warenverkäufe bar	621 000.–	inklusive MWST 8,0%
2. Barverkäufe von Hobbyzeitschriften (selbst verfasst)	6 150.–	inklusive MWST 2,5%
3. Wareneinkäufe auf Kredit	399 600.–	inklusive MWST 8,0%
4. Mobiliarkäufe bar	30 240.–	inklusive MWST 8,0%
5. Rechnungen für übrigen Aufwand wie Energie, Werbung und Telefon	14 580.–	inklusive MWST 8,0%

a) Verbuchen Sie die Geschäftsfälle nach der **Nettomethode.** Die MWST ist für das 2. Quartal abzurechnen und durch die Bank an die MWST-Verwaltung zu überweisen.

Nr.	Geschäftsverkehr
1	
2	
3	
4	
5	
6	MWST-Abrechnung Umsatzsteuerschuld ./. Vorsteuerguthaben Abzuliefernde MWST
7	Banküberweisung der MWST

Mehrwertsteuer — **33** Aufgabe 06

chung		Betrag	Debitor Vorsteuer		Kreditor Umsatzsteuer	
l	Haben					

Mehrwertsteuer — Aufgabe 06

b) Verbuchen Sie die Geschäftsfälle nach der **Bruttomethode.** Die MWST ist für das 2. Quartal abzurechnen und durch die Bank an die MWST-Verwaltung zu überweisen.

Um ein Zurückblättern zu vermeiden, sind hier die Geschäftsfälle nochmals aufgelistet:

1. Warenverkäufe bar	621 000.–	inklusive MWST 8,0%
2. Barverkäufe von Hobbyzeitschriften (selbst verfasst)	6 150.–	inklusive MWST 2,5%
3. Wareneinkäufe auf Kredit	399 600.–	inklusive MWST 8,0%
4. Mobiliarkäufe bar	30 240.–	inklusive MWST 8,0%
5. Rechnungen für übrigen Aufwand wie Energie, Werbung und Telefon	14 580.–	inklusive MWST 8,0%

Nr.	Geschäftsverkehr
1	
2	
3	
4	
5	
6	Umsatzsteuer 2. Quartal
	Vorsteuer 2. Quartal
7	MWST-Abrechnung
	Umsatzsteuerschuld
	./. Vorsteuerguthaben
	Abzuliefernde MWST
8	Banküberweisung der MWST

① Beim Ausfüllen des Formulars kann der Umsatz alternativ inkl. MWST oder exkl. MWST aufgeführt werden; die eidg. Steuerverwaltung akzeptiert beides. Im Lösungsband zu diesem Lehrbuch sind die Umsätze jeweils inkl. MWST ins Formular eingetragen.

Mehrwertsteuer — Aufgabe 06

chung	Haben	Betrag	Debitor Vorsteuer		Kreditor Umsatzsteuer	

Mehrwertsteuer 33

33.07

Die Einzelunternehmung M. Zindl, Handel mit Sportartikeln, wurde neu eröffnet.

a) Ab welchem Umsatz wird M. Zindl mehrwertsteuerpflichtig?

b) Für die MWST-Abrechnung Ende Quartal sind folgende Umsätze massgeblich. Berechnen Sie die MWST für jeden Umsatz getrennt.

Nr.	MWST-Umsätze	Betrag inkl. MWST	MWST-Satz	MWST
1	Einkäufe von Sportartikeln	216 000.–	?	
2	Aufwände wie Energieverbrauch, Werbematerial, Büromaterial, Telefon	7 776.–	?	
3	Aufwände wie Fachzeitschriften, Fachbücher, Wasserverbrauch, Radio- und Fernsehgebühr, Schnittblumen	2 460.–	?	
4	Spesenaufwand für Kundenbesuche (Übernachtung/Frühstück)	1 557.–	3,8%	
5	Käufe von Anlagevermögen	10 044.–	?	
6	Verkäufe von Sportartikeln	367 200.–	?	

c) Wie hoch ist die Vorsteuer und die Umsatzsteuer für dieses Quartal?

Vorsteuer	Umsatzsteuer

d) Wie lauten die Buchungssätze für die MWST-Abrechnung am Ende des Quartals?

Nr.	Text	Soll	Haben	Betrag
1	Verrechnung der Vorsteuer mit der Umsatzsteuer			
2	Banküberweisung der geschuldeten Umsatzsteuer			

33

Mehrwertsteuer

33.08

Nennen Sie die Buchungssätze, und führen Sie die beiden Konten. Die Mehrwertsteuer von 8,0% ist nach der Nettomethode zu verbuchen und auf ganze Franken zu runden.

Nr.	Text	Buchung	Debitoren		Kreditor Umsatzsteuer	
1	Kreditwarenverkauf inkl. MWST, Fr. 75 600.–					
2	Gutschrift für gewährten Rabatt von 10%					
3	Bankzahlung des Kunden unter Abzug von 2% Skonto					
4	Salden	Diverse				

33.09

Nennen Sie die Buchungssätze, und führen Sie die beiden Konten. Die Mehrwertsteuer von 8,0% ist nach der Nettomethode zu verbuchen und auf ganze Franken zu runden.

Nr.	Text	Buchung	Debitor Vorsteuer		Kreditoren	
1	Kreditwareneinkauf inkl. MWST, Fr. 86 400.–					
2	Gutschrift für erhaltenen Rabatt von 20%					
3	Bankzahlung an den Lieferanten unter Abzug von 3% Skonto					
4	Salden	Diverse				

Mehrwertsteuer 33

33.10

Von der **Innenarchitektin R. Weidmann** sind die Eröffnungsbilanz sowie der summarisch zusammengefasste Geschäftsverkehr gegeben.

Führen Sie das Journal sowie das Hauptbuch, und erstellen Sie per Ende Jahr die Schlussbilanz und die Erfolgsrechnung.

Eröffnungsbilanz per 1. 1. 20_3

Aktiven		Passiven	
Bank	5 000	Kreditoren	7 000
Debitoren	120 000	Kreditor Umsatzsteuer	6 000
Einrichtungen	38 000	Eigenkapital	150 000
	163 000		163 000

Journal 20_3

Nr.	Text	Buchung Soll	Haben	Betrag
1	An Kunden versandte Honorarrechnungen Fr. 388 800.– inkl. MWST 8,0%			
2	Bankzahlungen von Kunden, Fr. 370 000.–			
3	Bankzahlungen für private Rechnungen von R. Weidmann, Fr. 14 000.–			
4	Bankzahlungen für Personalaufwand inkl. Sozialleistungen, Fr. 252 000.–			
5	Rechnungen für übrigen Aufwand ▷ Nettobetrag 73 000.– ▷ MWST 4 100.–			
6	Bankzahlungen an Kreditoren, Fr. 78 000.–			
7	Verrechnung der Vorsteuer mit der Umsatzsteuer			
8	Banküberweisung für MWST-Schulden Fr. 21 000.–			
9	Gutschrift Eigenzins: 2,5% auf Anfangsbestand			
10	Abschreibung der Einrichtungen: 40% des Buchwerts			
11	Saldierung Privatkonto			
12	Übertrag des Jahresgewinns			

Mehrwertsteuer — **33** Aufgabe 10

Hauptbuch 20_3

Bank		Kreditoren		Personalaufwand		Honorarertrag	

Zinsaufwand	

Kreditor Umsatzsteuer		Abschreibungen	

Debitoren	

Übriger Aufwand	

Eigenkapital	

Erfolgsrechnung 20_3

Debitor Vorsteuer	

Einrichtungen		Privat	

Schlussbilanz 31. 12. 20_3

Mehrwertsteuer

33.11

Die Anwendung von **Saldosteuersätzen** ermöglicht kleineren Betrieben eine einfachere Steuerabrechnung. Hauptvorteil ist, dass die auf dem Umsatz anrechenbare Vorsteuer nicht ermittelt und verbucht werden muss.

a) Kreuzen Sie an, bis zu welchem Höchstumsatz nach Saldosteuersatzmethode abgerechnet werden darf:

☐ Fr. 2 008 000.– Umsatz   ☐ Fr. 3 012 000.– Umsatz   ☐ Fr. 5 020 000.– Umsatz

b) Kreuzen Sie an, welchen Höchstbetrag die Steuern nach Saldosteuersatzmethode jährlich nicht überschreiten dürfen:

☐ Fr. 43 000.–   ☐ Fr. 65 000.–   ☐ Fr. 109 000.–

c) Kreuzen Sie an, wie häufig nach Saldosteuersatzmethode mit der Steuerverwaltung abgerechnet werden muss:

☐ Vierteljährlich   ☐ Halbjährlich   ☐ Jährlich

d) Bei den Saldosteuersätzen handelt es sich um so genannte Multiplikatoren, d.h., der Gesamtumsatz inklusive Steuer entspricht 100% und ist mit dem massgebenden Saldosteuersatz zu multiplizieren.

Berechnen Sie für die aufgeführten Betriebe die fehlenden Grössen:

Nr.	Betriebsart	Umsatz inkl. MWST	Saldosteuersatz	Abzuliefernde MWST
1	Lebensmittelhändler	2 400 650.–	0,6%	
2	Drogerie	1 275 400.–	1,3%	
3	Damen- und Herrenkonfektion	890 350.–		18 697.35
4	Möbelgeschäft		2,1%	34 524.–
5	Velo- und Motogeschäft (Handel und Reparaturen)	767 200.–	1,3%	
6	Autooccasionshändler		0,6%	5 535.60
7	Plattenleger	278 600.–		12 258.40
8	Car- und Transportunternehmen	567 450.–		24 967.80
9	Fitnesscenter	396 800.–	4,4%	
10	Fotograf		5,2%	9 165.–
11	Nachtclub	413 900.–		21 522.80
12	Softwarehersteller	321 800.–	6,1%	

e) Weshalb ist der Saldosteuersatz beim Lebensmittelhändler geringer als beim Softwarehersteller?

Datum	Geschäftsverkehr	
Div.	Honorarrechnungen	
	Nettopreis	330 000
	+ MWST 8,0%	26 400
	Rechnungen	356 400
10. 6.	Mobiliarkauf	
	Kaufpreis	30 000
	+ MWST 8,0%	2 400
	Rechnung	32 400
20. 06.	Energierechnungen	
	Nettobetrag	2 500
	+ MWST 8,0%	200
	Rechnung	2 700
30. 6.	MWST-Abrechnung	
	MWST 5,2% vom Honorarumsatz von 356 400.–	
2. 7.	Postüberweisung der geschuldeten MWST	
	(Provisorischer) Saldo	

Mehrwertsteuer

33.12

Die Werbeagentur PROMOTION erzielt im ersten Halbjahr 20_3 einen Umsatz von Fr. 356 400.– inklusive Mehrwertsteuer. Gegenüber den Kunden rechnet sie die MWST mit 8,0% ab, gegenüber der Steuerverwaltung hingegen nur zum bewilligten **Saldosteuersatz von 5,2%.** (Der Einfachheit halber werden die MWST-Beträge auf ganze Franken gerundet.)

Verbuchen Sie den Geschäftsverkehr gemäss den folgenden Angaben.

...chung		Betrag	Kreditor Umsatzsteuer	Honorarertrag
...l	Haben			

Mehrwertsteuer

33.13

Von der Bootswerft WINDROSE, Reparaturen, Überwinterung und Handel mit Gebrauchtyachten, liegen folgende zusammengefassten Umsätze zum ersten Halbjahr 20_4 vor. Alle Umsätze werden auf Kredit getätigt und verstehen sich inklusive MWST. Der bewilligte Saldosteuersatz beträgt 4,4%.

1. Einkauf Ersatzteile	Fr. 35 740.–
2. Kauf von 2 Occasionssegelyachten	Fr. 76 560.–
3. Kauf eines hydraulischen Hebekrans	Fr. 24 168.–
4. Rechnungen für übrigen Betriebsaufwand	Fr. 3 850.–
5. Ertrag aus Bootsverkauf	Fr. 123 680.–
6. Ertrag aus Service- und Reparaturleistungen	Fr. 530 210.–
7. Gewährte Skonti und Rabatte auf Service- und Reparaturleistungen	Fr. 8 320.–

Die Umsätze sind im Journal zu verbuchen, und die MWST ist auf den 30. 6. 20_4 abzurechnen und durch die Post zu überweisen. (Der Einfachheit halber sind die MWST-Beträge auf ganze Franken zu runden.)

Es stehen folgende Konten zur Verfügung:

Aktiven	Passiven	Aufwand	Ertrag
Post	Kreditoren	Bootsaufwand	Verkaufs- und Reparaturertrag
Debitoren	Kreditor Umsatzsteuer	Übriger Aufwand	
Ersatzteillager			
Occasionsboote			
Einrichtungen			

Journal

Nr.	Geschäftsverkehr
1	
2	
3	
4	
5	
6	
7	
8	MWST-Abrechnung
9	Postüberweisung der geschuldeten MWST
	Saldo

Mehrwertsteuer — Aufgabe 13

chung	Haben	Betrag	Kreditor Umsatzsteuer	Verkaufs- und Reparaturertrag

Mehrwertsteuer

33.14

Kontieren Sie folgende Geschäftsfälle. Es sind die Kontennummern gemäss Kontenrahmen KMU zu verwenden.

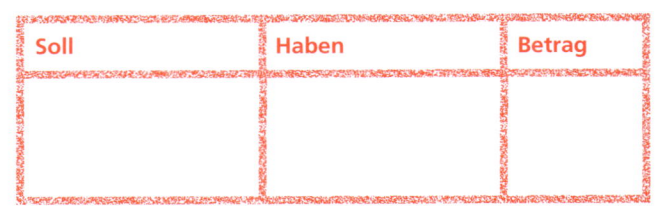

a) Rechnung an Kunde P. Hochmann, Wetzikon, für den Verkauf von Waren, Fr. 1944.– inkl. 8,0% MWST

Soll	Haben	Betrag

b) Gutschrift an Kunde P. Hochmann, Wetzikon, für die Rücksendung mangelhafter Ware, Fr. 270.– inkl. 8,0% MWST

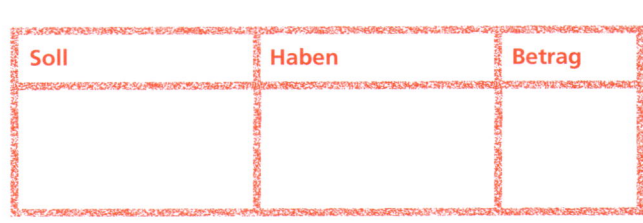

Soll	Haben	Betrag

c) Das Konkursverfahren gegen R. Bremi, Maur, ist abgeschlossen:
- ▷ Forderungsbetrag total inkl. 8,0% MWST — Fr. 15 660.–
- ▷ Bankgutschrift für Konkursdividende — Fr. 1 512.–
- ▷ Abzuschreibender Betrag (Verlustschein) inkl. 8,0% MWST — Fr. 14 148.–

Soll	Haben	Betrag

d) Privater Warenbezug durch H. Koch zum Einstandspreis von Fr. 675.– inkl. 8,0% MWST

Soll	Haben	Betrag

e) Einkauf von Waren auf Kredit bei Musicimport, Zürich, für Fr. 25 650.– inkl. 8,0% MWST

Soll	Haben	Betrag

f) Gutschriftsanzeige der Bank für erhaltene Kontokorrentzinsen Fr. 351.–
(Die Verrechnungssteuer ist auch zu verbuchen.)

Soll	Haben	Betrag

Mehrwertsteuer 33

33.15

Damit die steuerpflichtige Person den Vorsteuerabzug problemlos geltend machen kann, sollten gemäss MWSTG Art. 26 Abs. 2 die ausgestellten Rechnungen folgende Angaben enthalten:

> a) den Namen und den Ort des Leistungserbringers oder der Leistungserbringerin, wie er oder sie im Geschäftsverkehr auftritt, sowie die Nummer, unter der er oder sie im Register der steuerpflichtigen Personen eingetragen ist;
>
> b) den Namen und den Ort des Leistungsempfängers oder der Leistungsempfängerin, wie er oder sie im Geschäftsverkehr auftritt①;
>
> c) Datum oder Zeitraum der Leistungserbringung, soweit diese nicht mit dem Rechnungsdatum übereinstimmen;
>
> d) Art, Gegenstand und Umfang der Leistung;
>
> e) das Entgelt für die Leistung;
>
> f) den anwendbaren Steuersatz und den vom Entgelt geschuldeten Steuerbetrag; schliesst das Entgelt die Steuer ein, so genügt die Angabe des anwendbaren Steuersatzes.

Ein Aussendienstmitarbeiter der Phoenix AG hat geschäftsbedingt im Gasthof Löwen übernachtet und die Rechnung des Hotels mit seiner privaten Kreditkarte bezahlt. Im Rahmen seiner Spesenabrechnung übergibt er seinem Arbeitgeber den auf der rechten Seite abgebildeten Beleg.

a) Welche Angaben fehlen auf dem Beleg?

b) Wie würden Sie den Beleg verbuchen, wenn er vollständig wäre und der Spesenbetrag dem Mitarbeiter bar ausbezahlt würde? (Der Kontierungsstempel ist von der Buchhaltung der Phoenix AG bereits angebracht.)

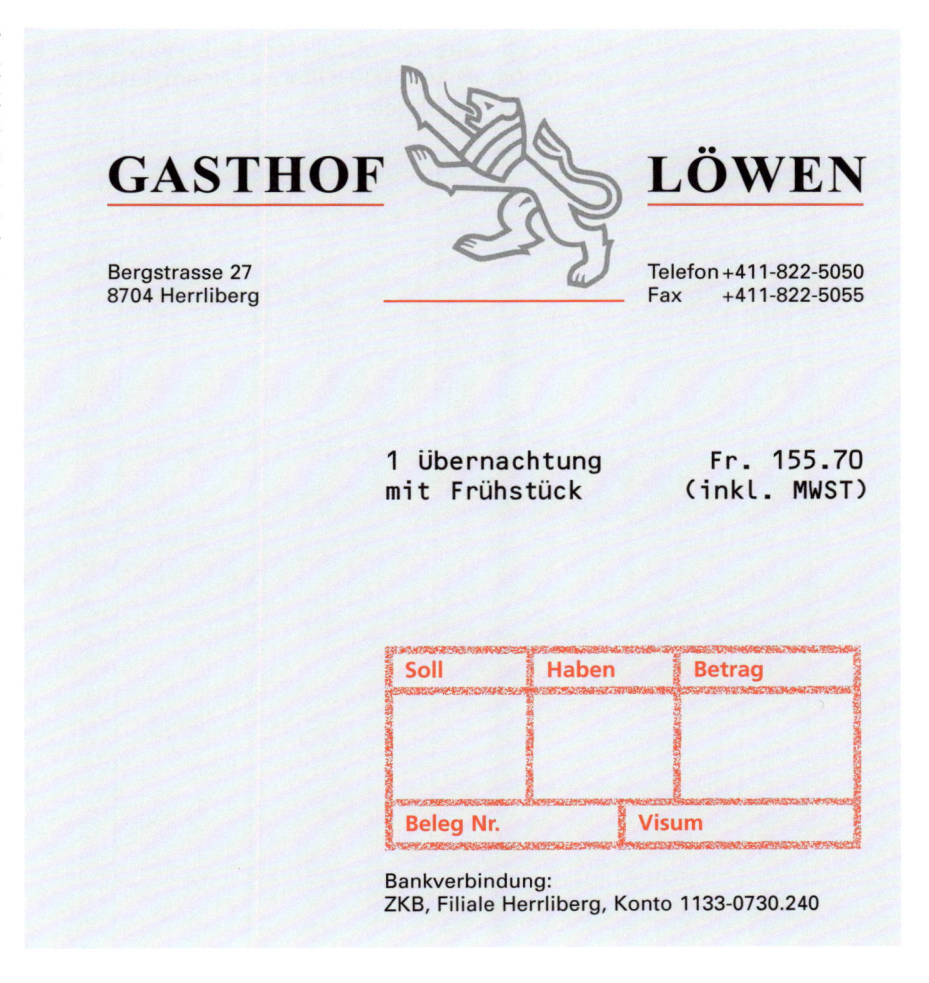

GASTHOF LÖWEN

Bergstrasse 27
8704 Herrliberg

Telefon +411-822-5050
Fax   +411-822-5055

1 Übernachtung   Fr. 155.70
mit Frühstück   (inkl. MWST)

Soll	Haben	Betrag
Beleg Nr.	Visum	

Bankverbindung:
ZKB, Filiale Herrliberg, Konto 1133-0730.240

---

① Bei Kassenzetteln wie Coupons von Registrierkassen oder Tickets für Parkhäusern bis Fr. 400.– kann im Sinne einer Vereinfachung auf die Angabe von Name und Adresse des Leistungsempfängers verzichtet werden.

Mehrwertsteuer

33.16

Das Sporthaus MATTERHORN hat die Ein- und Verkäufe für die Monate Januar und Februar 20_2 bereits nach der Nettomethode verbucht. Für die MWST werden die beiden Konten Debitor Vorsteuer 8,0% und Kreditor Umsatzsteuer 8,0% geführt. Die übrigen Konten können Sie frei wählen.

a) Verbuchen Sie die folgenden Geschäftsfälle:

Datum	Geschäftsfall	Betrag	
18. 3.	Krediteinkauf von Kleidern und Schuhen	Fr. 187 920.–	inklusive MWST
21. 3.	Barverkauf von Sportkleidern	Fr. 140 400.–	inklusive MWST
26. 3.	Barkauf eines neuen Verkaufskorpusses	Fr. 4 860.–	inklusive MWST
28. 3.	Barverkauf Sportkleider	Fr. 24 840.–	inklusive MWST
30. 3.	Einkauf von Tauchgeräten auf Kredit	Fr. 9 180.–	inklusive MWST
31. 3.	Verrechnung von Vorsteuer mit Umsatzsteuer		
4. 4.	Postüberweisung der geschuldeten MWST		

b) Wie hoch wäre die abzuliefernde MWST, wenn im Sportgeschäft MATTERHORN mit einem Saldosteuersatz von 2,1% abgerechnet würde?

Journal

Datum	Geschäftsverkehr
Div.	Verkehr Januar und Februar
18. 3.	
21. 3.	
26. 3.	
28. 3.	
30. 3.	
31. 3.	
4. 4.	
	Total

Mehrwertsteuer — Aufgabe 16

chung		Betrag	Debitor Vorsteuer		Kreditor Umsatzsteuer	
ll	Haben					
verse			21 653			53 947

Mehrwertsteuer

33.17

Führen Sie das Journal für die folgenden Geschäftsfälle der Kleiderboutique C. Rudolfi. Die Mehrwertsteuer ist nach der Nettomethode zu verbuchen. Der Jahresabschluss ist am 31. 12. 20_1. Die Beträge sind auf 5 Rappen genau zu runden.

Nr.	Geschäftsfall	Betrag
1	Rechnung eines Lieferanten für den Einkauf von Kleidern: Bruttopreis inkl. MWST Fr. 16 200.– abzüglich 20% Rabatt	?
2	Transportkosten (zulasten der Boutique) auf der Sendung von Nr. 1 bar bezahlt	108.–
3	Bankzahlung der Rechnung gemäss Nr. 1 unter Abzug von 2% Skonto	?
4	Kleiderverkauf gegen bar inkl. MWST	1 080.–
5	Kreditkauf von zwei neuen Gestellen für die Präsentation der Waren, inkl. MWST	5 400.–
6	Gutschrift für 10% Rabatt wegen kleinerer Mängel an den Gestellen (vgl. Nr. 5)	?
7	Aufnahme eines Bankdarlehens zur Finanzierung des Ladenumbaus von Fr. 20 000.– am 30. 4. 20_1. Zinsfuss 6%. Zinstermine halbjährlich am 30. 4. und am 31. 10.	20 000.–
8	Bankbelastung für Zinszahlung auf Darlehen gemäss Nr. 7	?
9	Bankzahlung für die Miete des Geschäftslokals für die Monate November und Dezember 20_1 sowie Januar 20_2	6 000.–
10	Entnahme eines Kleids durch die Geschäftsinhaberin für private Zwecke zum Einstandspreis inkl. MWST	648.–
11	Kapitaleinlage per Bank durch die Geschäftsinhaberin	30 000.–
12	Eine ausstehende Forderung gegenüber einer Kundin von Fr. 864.– wird zur Hälfte bar bezahlt; der Rest ist abzuschreiben.	?
13	Gutschrift für nachträglichen Umsatzbonus eines Lieferanten (Es bestehen noch offene Rechnungen gegenüber dem Lieferanten.)	756.–
14	Privater Bargeldbezug am Bancomaten zulasten des Geschäftskontos	500.–
15	Rechnung für den grossen Service am Geschäftsauto	972.–
16	Mehrwertsteuer-Abrechnung: ▷ Umsatzsteuer ▷ Vorsteuer	64 000.– 41 473.70
17	Banküberweisung der gemäss Nr. 16 geschuldeten Mehrwertsteuer	?
18	Indirekte Abschreibung der Ladeneinrichtung	3 000.–
19	Rechnungsabgrenzung der Zinsen gemäss Nr. 7	?
20	Privatanteil an den Betriebskosten des Geschäftsfahrzeugs (Die MWST ist zu vernachlässigen.)	2 500.–
21	Rechnungsabgrenzung der Mietzinse gemäss Nr. 9	?
22	Erhöhung des Delkrederes	1 000.–
23	Bankgutschrift für Zinsen auf dem Kontokorrent (Verrechnungssteuer auch buchen)	260.–
24	Korrekturbuchung Zunahme Warenvorrat	4 000.–
25	Gutschrift Eigenzins 3,5% auf dem Eigenkapital von Fr. 80 000.–	?
26	Übertrag Saldo Privatkonto (Habenüberschuss)	6 200.–
27	Verbuchung (Übertrag) des Jahresgewinns	17 000.–

Mehrwertsteuer

33.18

Trennen Sie die Lernkarten entlang der Perforation, und üben Sie anschliessend die verschiedenen Begriffe und Fragen. Die weissen Vorderseiten enthalten als Aufgabenstellung die Fragen, die roten Rückseiten die Lösung.

Kreditkauf einer Maschine für 1080 inkl. MWST. Wie wird nach der Nettomethode gebucht?	Kreditkauf einer Maschine für 1080 inkl. MWST. Wie wird nach der Bruttomethode gebucht?	Kreditwareneinkauf von 1080 inkl. MWST 8,0%. Wie wird nach der Nettomethode gebucht?
Kreditwarenverkauf 1080 inkl. MWST. Wie lauten die Buchungen nach der Nettomethode bei 8,0% MWST?	Kreditwarenverkauf 1080 inkl. MWST. Wie wird nach der Bruttomethode bei 8,0% MWST gebucht?	Die MWST-Abrechnung ergibt eine Vorsteuer von 800 und eine Umsatzsteuer von 1900. Wie lautet die Buchung für die Verrechnung von Vorsteuer und Umsatzsteuer?
Banküberweisung für die geschuldete MWST von 1100. Wie lautet die Buchung?	Wie werden von Kunden abgezogene Skonti und nachträglich gewährte Rabatte sowie Debitorenverluste bei der MWST-Abrechnung nach **vereinbartem** Entgelt berücksichtigt?	Wie werden von Kunden abgezogene Skonti und nachträglich gewährte Rabatte sowie Debitorenverluste bei der MWST-Abrechnung nach **vereinnahmtem** Entgelt berücksichtigt?
Worin besteht der Hauptunterschied zwischen von der MWST befreiten und von der MWST ausgenommenen Umsätzen?	Welche Umsätze sind von der MWST ausgenommen? Ankreuzen. ❏ Versicherungsprämien ❏ Nahrungsmittel ❏ Wohnungsmiete ❏ Energieverbrauch ❏ Exporte	Weshalb ist die MWST-Abrechnung mittels Saldosteuersätzen bei kleineren Unternehmungen beliebt?
Ins Ausland auf Kredit verkaufte Waren im Fakturawert von 1000 werden zurückgenommen. Wie wird dieser Geschäftsfall verbucht?	Mangelhafte Ware im Einstandswert von 540 wird an den Lieferanten zurückgeschickt. Wie lautet die Buchung, wenn die Ware auf Kredit bezogen wurde und die MWST 8,0% beträgt?	Woher rührt der Name Mehrwertsteuer?

Mehrwertsteuer — Aufgabe 18

Warenaufwand/Kreditoren 1 000 Debitor Vorsteuer/Kreditoren 80	Maschinen/Kreditoren 1 080	Maschinen/Kreditoren 1 000 Debitor Vorsteuer/Kreditoren 80
Kreditor Umsatzsteuer/ Debitor Vorsteuer 800	Debitoren/Warenertrag 1 080	Debitoren/Warenertrag 1 000 Debitoren/ Kreditor Umsatzsteuer 80
Da die MWST-Abrechnung aufgrund der effektiv eingegangenen Zahlungen erfolgt, sind diese Entgeltsminderungen bereits berücksichtigt.	Entgeltsminderungen bei Abrechnung nach vereinbartem Entgelt wie Skonti, Rabatte und Debitorenverluste können in der MWST-Abrechnung abgezogen werden.	Kreditor Umsatzsteuer/Bank 1 100
Der administrative Aufwand ist geringer, weil keine Vorsteuern zu buchen sind und die MWST-Abrechnung nur halbjährlich erstellt werden muss.	[x] Versicherungsprämien [ ] Nahrungsmittel [x] Wohnungsmiete [ ] Energieverbrauch [ ] Exporte	Bei von der Steuer ausgenommenen Umsätzen kann kein Vorsteuerabzug geltend gemacht werden.
Die Steuer wird nur auf dem von einer Unternehmung geschaffenen Mehrwert erhoben.	Kreditoren/Warenaufwand 500 Kreditoren/Debitor Vorsteuer 40	Warenertrag/Debitoren 1 000

33.19

Die FitTech AG handelt mit Sportgeräten für Fitnessstudios und führt Servicearbeiten an den verkauften Geräten durch.

Führen Sie das Journal für die folgenden Geschäftsfälle. Der Jahresabschluss ist am 31. 12. 20_1. Die Mehrwertsteuer ist nach der Nettomethode zu verbuchen. Die Beträge sind auf 5 Rappen genau zu rechnen.

Nr.	Geschäftsfall	Betrag
1	Krediteinkauf von Fitnessgeräten inkl. MWST	64 800.–
2	Bankzahlung der Lieferantenrechnung von Nr. 1 unter Abzug von 2% Skonto	?
3	Kreditverkauf von Fitnessgeräten inkl. MWST	11 880.–
4	Gutschrift für nachträglichen Rabatt von 10% auf Verkauf gemäss Nr. 3	?
5	Bankzahlung der Kundenrechnung gemäss Nr. 3 und 4	?
6	Kreditkauf einer Beinpresse aus Kalifornien für USD 6000.–. Kurs CHF 1.10/USD. Die MWST ist zu vernachlässigen.	?
7	Bankzahlung der Rechnung von Nr. 6, Kurs 1.15 (Kursdifferenz auch buchen)	?
8	Vollständige Abschreibung einer Debitorenforderung gegenüber einem konkursiten Fitnesscenter	14 040.–
9	Rechnung an ein Fitnessstudio für erbrachte Serviceleistungen inkl. MWST	648.–
10	Zinszahlung auf Darlehen von Fr. 30000.–. Zinstermin jährlich am 30. 11.	1 200.–
11	Barkauf eines neuen Geschäftsautos inkl. MWST	32 400.–
12	An der Generalversammlung vom 30. 4. wird folgende Verwendung für den Vorjahresgewinn von Fr. 11000.– beschlossen: ▷ Reservenzuweisung ▷ Dividendenzuweisung ▷ Unverteilter Rest	4 000.– 6 000.– 1 000.–
13	Dividendenauszahlung ▷ Bankbelastung Nettodividende ▷ Verrechnungssteuer	3 900.– 2 100.–
14	Bankgutschrift für eine unerwartete Konkursdividende (siehe Nr. 8)	1 620.–
15	Rechnungsabgrenzung Zinsen (siehe Nr. 10)	?
16	Verminderung der Wertberichtigung auf den Debitoren	1 000.–
17	Bildung einer Rückstellung für Garantiearbeiten an verkauften Geräten	2 000.–
18	Bankgutschrift für Zinsen auf dem Bankkontokorrent. Verrechnungssteuer auch buchen.	227.50
19	Indirekte Abschreibung Geschäftsfahrzeug	6 000.–
20	MWST-Abrechnung: ▷ Vorsteuer ▷ Umsatzsteuer	16 000.– 24 000.–
21	Banküberweisung der gemäss Nr. 20 geschuldeten Mehrwertsteuer	?
22	Gewinnverbuchung	14 000.–

Kalkulation im Handel

34.01

Von der Boutique Véronique in Genf liegt die folgende Erfolgsrechnung vor:

Erfolgsrechnung für 20_2

Nettoerlös		528 000
./. Warenaufwand		– 200 000
= **Bruttogewinn**		328 000
./. Gemeinaufwand		
▷ Personalaufwand	– 190 000	
▷ Raumaufwand	– 72 000	
▷ Übriger Aufwand	– 18 000	– 280 000
= **Reingewinn**		48 000

a) Setzen Sie im Kalkulationsschema die fehlenden Grössen aus der Erfolgsrechnung ein. Die Grössenverhältnisse sind nicht massstabgetreu.

Kalkulation im Handel

34 Aufgabe 01

b) Errechnen Sie die Zuschlagssätze aufgrund der Gesamtkalkulation, und bestimmen Sie den Preis für ein neues Sommerkleid mit einem Einstandspreis von Fr. 100.–.

Gesamtkalkulation			Gemein-kosten-Zuschlag	Reingewinn-Zuschlag	Brutto-gewinn-Zuschlag	Einzelkalkulation Kleid
Einstandswert			100%		100%	
+ Gemeinkosten						
= Selbstkosten				100%		
+ Reingewinn						
= Nettoerlös						

c) Wie lauten die Berechnungsformeln in Worten?

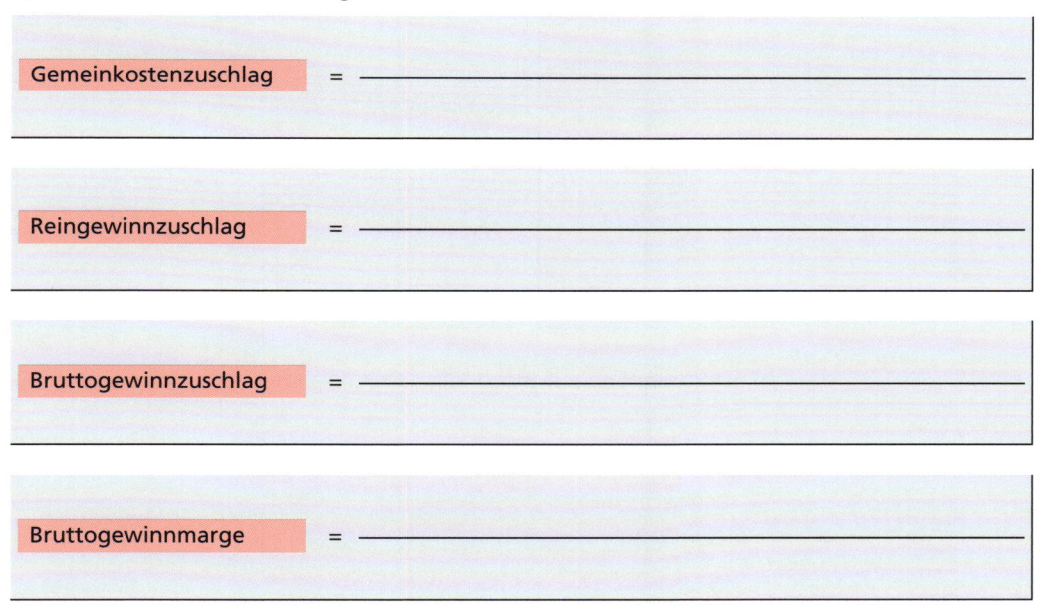

Gemeinkostenzuschlag = _____

Reingewinnzuschlag = _____

Bruttogewinnzuschlag = _____

Bruttogewinnmarge = _____

d) Zu welchem Preis wird das Sommerkleid im Laden angeschrieben, wenn im Verkaufspreis die Mehrwertsteuer von 8,0% eingerechnet ist?

Kalkulation im Handel

34.02

Vom Yachtshop in Arbon liegt die folgende Erfolgsrechnung vor:

Erfolgsrechnung für 20_1

Nettoerlös		1 100 000
./. Warenaufwand		− 500 000
= Bruttogewinn		**600 000**
./. Gemeinaufwand		
▷ Personalaufwand	− 350 000	
▷ Raumaufwand	− 48 000	
▷ Übriger Aufwand	− 102 000	− 500 000
= Reingewinn		**100 000**

a) Vervollständigen Sie das Kalkulationsschema mit dem passenden Text, und fügen Sie die Zahlen aus der Erfolgsrechnung ein.

b) Ermitteln Sie aufgrund des Kalkulationsschemas die Zuschlagssätze in Worten und Zahlen:

Bruttogewinnzuschlag			%
Gemeinkostenzuschlag			%
Reingewinnzuschlag			%

Kalkulation im Handel

34 Aufgabe 02

c) Berechnen Sie mithilfe der Zuschlagssätze den Verkaufspreis für einen Ölanzug, dessen Einstandpreis Fr. 80.– beträgt.

Variante 1

Einstandspreis	Fr. 80.–	100%	
+ Gemeinkosten	Fr. _____	_____	
= _____	Fr. _____		100%
+ _____	Fr. _____		_____
= Verkaufspreis ohne MWST	Fr. _____		

Variante 2

Einstandspreis	Fr. 80.–	100%	
+ _____	Fr. _____	_____	
= Verkaufspreis ohne MWST	Fr. _____		

d) Zu welchem Preis wird der Ölanzug im Laden angeschrieben, wenn im Verkaufspreis die Mehrwertsteuer von 8,0% eingerechnet ist?

e) Wie hoch ist die Bruttogewinnmarge?

Kalkulation im Handel

34

34.03

Der Einstandspreis einer Bello-Matratze kommt die Minder & Co. auf Fr. 200.– zu stehen.

Aufgrund der Gesamtkalkulation betragen der Gemeinkostenzuschlag 50% und der Reingewinnzuschlag 20%. Im Verkaufspreis sind 2% Skonto und 10% Abholrabatt einzurechnen. Die Mehrwertsteuer auf Matratzen beträgt 8,0%.

a) Errechnen Sie mithilfe des Kalkulationsschemas den Bruttoverkaufspreis inklusive MWST (auf Rappen genau).

Einzelkalkulation

	Einstandspreis	Fr. _____	_____ %	
+	Gemeinkosten	Fr. _____	_____ %	
=	Selbstkosten	Fr. _____	_____ %	_____ %
+	Reingewinn	Fr. _____		_____ %
=	Nettoerlös	Fr. _____	_____ %	_____ %
+	Skonto	Fr. _____	_____ %	
=	Rechnungsbetrag	Fr. _____	_____ %	_____ %
+	Abholrabatt	Fr. _____		_____ %
=	Bruttoverkaufspreis ohne MWST	Fr. _____		_____ %
+	MWST	Fr. _____		_____ %
=	Bruttoverkaufspreis mit MWST	Fr. _____		_____ %

b) Wie gross ist der Bruttogewinn in Franken und in Prozenten des Einstandspreises?

c) Weshalb wird hier von einer aufbauenden Kalkulation gesprochen?

d) Weshalb entspricht der Bruttogewinnzuschlag nicht der Summe aus Gemeinkosten- und Reingewinnzuschlag?

e) Weshalb ist der Bruttogewinn eine zentrale Grösse in der Handelskalkulation?

f) Welchem Begriff in der obigen Darstellung entspricht der Listenpreis?

Kalkulation im Handel

34.04

Verbinden Sie die Berechnungen auf der linken Seite mit den entsprechenden Kalkulationsbegriffen auf der rechten Seite.

Warenaufw. (Einstandswert) + Gemeinkosten	Bruttogewinn
Selbstkosten + Reingewinn	Reingewinnzuschlag
Gemeinkosten + Reingewinn	Nettoerlös
Bruttogewinn ./. Gemeinkosten	Selbstkosten
Reingewinn in Prozenten der Selbstkosten	Reingewinn
Selbstkosten ./. Warenaufw. (Einstandswert)	Warenaufwand (Einstandswert)
Bruttogewinn in Prozenten des Warenaufwandes	Gemeinkostenzuschlag
Selbstkosten ./. Gemeinkosten	Gemeinkosten
Gemeinkosten in Prozenten des Warenaufwandes	Bruttogewinnzuschlag
Nettoerlös + Skonto	Bruttogewinnmarge
Rechnungsbetrag + Rabatt	Bruttoverkaufspreis
Bruttogewinn in Prozenten des Nettoerlöses	Rechnungsbetrag

Kalkulation im Handel

34.05

Ermitteln Sie die fehlenden Grössen:

Aufgabe	Nettoerlös (Zahlung)	Skonto	Rechnungsbetrag	Rabatt	Listenpreis (Bruttoverkaufspreis)
a)		3%		10%	2 800.–
b)	490.–	2%		20%	
c)	665.–		700.–	12½%	
d)	177.30	1½%			240.–
e)		2½%	400.–		480.–

Kalkulation im Handel

34.06

Ergänzen Sie die folgende Tabelle mit den fehlenden Grössen.

	Einstands-preis	Gemeinkosten in Fr.	Gemeinkosten in % des Ein-standes	Selbst-kosten	Reingewinn in Fr.	Reingewinn in % der Selbst-kosten	Nettoerlös	Bruttogewinn in Fr.	Bruttogewinn in % des Ein-standes
a)	4 000.–	1 200.–			650.–				
b)	1 600.–			3 200.–			3 600.–		
c)	150.–				90.–			210.–	
d)			50%	750.–		20%			
e)			66⅔%	350.–			315.–		
f)					400.–			800.–	40%
g)				48.–		12½%		18.–	
h)	3 500.–			8 400.–	–2 100.–				
i)		225.–		375.–			450.–		
k)	180.–		200%						250%
l)		300.–	100%		–180.–				
m)①			66⅔%			20%		396.–	

34.07

Berechnen Sie aus den folgenden Angaben eines Velohändlers den Einstandspreis, den Nettoerlös und den Reingewinnzuschlag für ein Mountainbike:

Bruttogewinnzuschlag	60%
Gemeinkostenzuschlag	50%
Reingewinn	Fr. 80.–

① Die Aufgabe ist richtig gestellt. Versuchen Sie es mit einer Gleichung, oder konsultieren Sie Ihren Lehrer.

Kalkulation im Handel

34.08

Kreuzen Sie die Aussagen als richtig an, oder begründen Sie, weshalb diese falsch sind.

Nr.	Aussage	Richtig	Aussage ist falsch, weil...
1	Unter Kalkulation versteht man vor allem das Errechnen der Selbstkosten und des Nettoerlöses.		
2	Die Zuschlagssätze lassen sich aus der Einzelkalkulation ableiten.		
3	Kosten und Erlöse sind Begriffe aus der Kalkulation, Aufwand und Ertrag aus der Finanzbuchhaltung.		
4	In der Einzelkalkulation werden nur die Kosten für einen Artikel oder eine Leistung erfasst.		
5	Wird vom grossen zum kleinen Wert gerechnet, spricht man von aufbauender Kalkulation.		
6	Der Einstandswert der verkauften Waren entspricht dem Warenaufwand.		
7	Die Bruttogewinnmarge ist ein Synonym für Bruttogewinnzuschlag.		
8	Die aufbauende Einzelkalkulation kommt v. a. bei Waren ohne Marktpreis zur Anwendung.		
9	Die wichtigsten Gemeinkosten sind die Waren-, Personal-, Raum- und Abschreibungskosten.		
10	Der Bruttogewinnzuschlag ergibt sich aus der Addition von Gemeinkosten- und Reingewinnzuschlag		
11	Im Nettoerlös ist die MWST noch nicht eingerechnet.		
12	Wird ein Rabatt gewährt, vermindert sich auch die abzuliefernde MWST um denselben Prozentsatz.		
13	Häufig wird der Nettoerlös auch als Verkaufsumsatz bezeichnet.		

Kalkulation im Handel

34.09

Das Notebook-Center möchte mit einem speziellen Angebot von günstigen Schüler-Notebooks die Konkurrenz hinter sich lassen. Dies ist jedoch nur möglich, wenn es gelingt, die Notebooks im Laden zu höchstens Fr. 1200.– anzubieten. Zu diesem Zweck wird ein Angebot eines Notebook-Herstellers aus Taiwan geprüft, der zu folgenden Bedingungen offeriert:

Listenpreis des Herstellers (umgerechnet in CHF)	850.–
Mengenrabatt ab 50 Stück	10%
Skonto bei Sofortzahlung	3%

Abklärungen haben ergeben, dass die Bezugskosten beim Bezug von 50 Stück mit 12% des Zahlungsbetrages an den Lieferanten veranschlagt werden müssen.

Das Notebook-Center rechnet mit einem Bruttogewinnzuschlag von 30%. An Schüler und Studenten soll ein Spezialrabatt von 5% gewährt werden.

a) Ermitteln Sie aufgrund der obigen Angaben den Verkaufspreis inklusive MWST für ein einzelnes Notebook:

	Position	Fr.	%	%
	Listenpreis des Lieferanten	Fr.	%	
./.	Mengenrabatt	Fr.	%	
=	Rechnungsbetrag des Lieferanten	Fr.	%	%
./.	Skonto	Fr.		%
	Zahlung an den Lieferanten	Fr.	%	%
+	Bezugskosten	Fr.	%	
=	Einstandspreis	Fr.	%	%
+	Bruttogewinn	Fr.		%
=	Nettoerlös	Fr.	%	%
+	Spezialrabatt	Fr.		%
=	Bruttoverkaufspreis ohne MWST	Fr.		%
+	MWST	Fr.		%
=	Bruttoverkaufspreis mit MWST	Fr.		%

b) Die Konkurrenz plant ebenfalls ein Billigangebot unter Fr. 1200.–.

Wie hoch darf der Listenpreis des taiwanesischen Herstellers höchstens sein, wenn das Notebook-Center bei gleichen Einkaufsbedingungen wie bei a) einen Nettoerlös von maximal Fr. 1000.– anstrebt?

Kalkulation im Handel — 34

34.10

Der Grossist M. Arnold kalkuliert mit folgenden Prozentsätzen für seine technischen Produkte:

Gemeinkosten vom Einstandspreis (Gemeinkostenzuschlag)	30%
Reingewinn von den Selbstkosten (Reingewinnzuschlag)	10%
Skonto	2%
Wiederverkaufsrabatt	40%

a) Wie gross ist der Gesamtzuschlag in Prozenten des Einstandspreises?

b) Wie gross ist der Listenpreis eines Artikels (ohne MWST) mit einem Einstandspreis von Fr. 40.–?

c) Wie gross ist der Einstandspreis eines Artikels, der im Verkaufskatalog von M. Arnold für Fr. 89.– angeboten wird?

34.11

Aus der Erfolgsrechnung eines Handelsunternehmens können folgende Prozentsätze entnommen werden:

Bruttogewinn vom Einstand (Bruttogewinnzuschlag)	50%
Reingewinn vom Nettoerlös (Reingewinnmarge)	20%

a) Wie viele Prozente der Selbstkosten beträgt der Reingewinn?

b) Wie gross ist der erzielte Umsatz, wenn die Gemeinkosten Fr. 146 300.– betragen?

c) Bei welchem Warenaufwand beträgt der Reingewinn Fr. 50 000.–, wenn die Gemeinkosten gegenüber b) gleich bleiben?

34.12

Die Christ GmbH handelt mit Modeschmuck. Aus der letzten Jahresrechnung können folgende Zahlen entnommen werden:

Warenaufwand	Fr. 720 000.–
Bruttogewinnmarge	60%
Reingewinn von den Selbstkosten	20%

a) Wie gross sind die Gemeinkosten bei der Christ GmbH?

b) Wie gross ist der Bruttogewinnzuschlag?

c) Im neuen Jahr wird mit einer Zunahme der Gemeinkosten von 10% gerechnet. Bei welchem Verkaufsumsatz kann der gleiche Reingewinn wie im Vorjahr erzielt werden, gleiche Bruttogewinnmarge vorausgesetzt?

Kalkulation im Handel

34

34.13

Die Geiger & Co. kauft Autozubehör in Italien ein und muss mit durchschnittlich 10% Bezugskosten auf dem Ankaufspreis beim Lieferanten rechnen.

a) Wie hoch ist der Einstandspreis in CHF für eine Sendung Nardi-Steuerräder, wenn dem Lieferanten EUR 1250.– überwiesen werden? Kurs 1.35.

b) Wie hoch ist der Verkaufspreis inklusive MWST von 8,0% für ein Steuerrad mit Fr. 90.– Einstandspreis, wenn die Geiger & Co. mit einem Bruttogewinnzuschlag von 50% rechnet und ein Stammkundenrabatt von 10% im Verkaufspreis einkalkuliert wird?

c) Mit welchem Gesamtzuschlag in Prozenten kann die Geiger & Co. direkt vom Einstandspreis auf den Verkaufspreis inklusive MWST schliessen?

d) Wie hoch ist der Einstandspreis einer Alarmanlage, die im Laden mit Fr. 180.– angeschrieben ist?

34.14

Ein Pferdehändler verkauft zwei Reitpferde zu Fr. 24000.–. Das eine Pferd bringt ihm einen Verlust von 20% der Selbstkosten, das andere einen Gewinn von 20% der Selbstkosten.

Hat der Pferdehändler durch diesen Verkauf gesamthaft einen Gewinn oder einen Verlust erzielt? Begründen Sie Ihre Antwort zahlenmässig.

34.15

Aus der Buchhaltung eines Händlers für Elektrozubehör sind die folgenden Daten bekannt:

Gemeinkosten	Fr. 134 700.–
Warenaufwand	Fr. 449 000.–
Nettoerlös	Fr. 671 255.–

a) Erstellen Sie die Gesamtkalkulation, und berechnen Sie die Zuschlagssätze für die Gemeinkosten, den Reingewinn und den Bruttogewinn.

b) Wie hoch sind die Selbstkosten für einen Transformator, dessen Ankaufspreis beim Lieferanten pro Stück Fr. 21.50 beträgt? Der Transformator ist in Kisten zu 10 Stück verpackt, die Transportkosten belaufen sich auf Fr. 33.– pro Kiste.

c) Wie hoch ist der Listenpreis inklusive MWST von 8,0% für einen Transformator?

Kalkulation im Handel

34.16

Die Wein-Import AG gewährt ihren Kunden bei Barzahlung einen Skonto von 2%. Sie verrechnet keine Versandkosten, belohnt jedoch die Käufer mit einem Rabatt von 10%, wenn sie die Flaschen selber abholen. Nun plant sie eine besondere Verkaufsaktion mit einem kalifornischen Cabernet Sauvignon, der ausgezeichnet zu allen Fleischgerichten schmeckt. Zudem besticht er durch einen kräftigen Körper und ist lang anhaltend im Abgang.

a) Wie hoch ist der Listenpreis inklusive MWST einer Flasche dieses Cabernets, wenn die Wein-Import AG einen Nettoerlös von Fr. 9.80 erzielen will?

b) Wie viel zahlt Kunde A. Rollin für 2 Kartons à 6 Flaschen, wenn er sich die Flaschen nach Hause schicken lässt und die Lieferung nach 30 Tagen durch Banküberweisung begleicht?

c) Wie viel Prozent günstiger kommt eine Flasche Wein zu stehen, wenn sie selber abgeholt und bar bezahlt wird? (Resultat auf 2 Dezimalen runden)

d) In der Tageszeitung entdecken Sie ein Inserat eines Grossverteilers, der dieselbe Flasche Wein desselben Herstellers als Aktion anbietet: Beim Kauf eines Kartons à 6 Flaschen werden nur 5 Flaschen verrechnet.

Welchem Aktionsrabatt in Prozenten entspricht dies?

Kalkulation im Handel

34.17

Trennen Sie die Lernkarten entlang der Perforation, und üben Sie anschliessend die verschiedenen Begriffe und Fragen zur Kalkulation. Die weissen Vorderseiten enthalten als Aufgabenstellung die Fragen, die roten Rückseiten die Lösung. Die Aufgabe umfasst zwei Doppelseiten.

Was versteht man unter Bruttogewinnzuschlag?

Nettoerlös
./. Selbstkosten
= ?

Einstandswert
+ Bruttogewinn
= ?

Einstandswert
+ Gemeinkosten
= ?

Selbstkosten
+ Reingewinn
= ?

Bruttogewinn
./. Reingewinn
= ?

Selbstkosten
./. Warenaufwand
= ?

Was versteht man unter Reingewinnzuschlag?

Was versteht man unter Gemeinkostenzuschlag?

Nettoerlös
./. Warenaufwand
= ?

Was versteht man unter Bruttogewinnmarge?

Nettoerlös
+ Skonto
= ?

Bruttoverkaufspreis, Listenpreis
./. Rabatt
= ?

$$\frac{\text{Bruttoverkaufspreis} \cdot 108{,}0\%}{100\%}$$

Gemeinkosten
+ Reingewinn
= ?

Kalkulation im Handel — Aufgabe 17

Nettoerlös	Reingewinn	Bruttogewinn in % des Warenaufwandes (Einstand)
Gemeinkosten	Nettoerlös	Selbstkosten
Gemeinkosten in % des Warenaufwandes (Einstand)	Reingewinn in % der Selbstkosten	Gemeinkosten
Rechnungsbetrag (Faktura)	Bruttogewinn in % des Nettoerlöses	Bruttogewinn
Bruttogewinn	Bruttoverkaufspreis inklusive MWST	Rechnungsbetrag (Faktura)

Kalkulation im Handel — Aufgabe 17

Selbstkosten ./. Gemeinkosten = ?	Personalkosten + Raumkosten + Abschreibungen + Übrige Betriebskosten (ohne Warenkosten) = ?	Bruttoverkaufspreis ./. Rabatt ./. Skonto = ?
Gemeinkosten ./. Bruttogewinn (GK > BG) = ?	Rechnungsbetrag + Rabatt = ?	Wie lautet bei der Einzelkalkulation ein Synonym für Zahlung?
Wie lautet ein Synonym für Rechnungsbetrag?	Wie lautet ein Synonym für Einstandswert der verkauften Waren?	Welche Informationen aus der Gesamtkalkulation werden für die Einzelkalkulation benötigt?
Welchem Zweck dient die Einzelkalkulation?	Worin liegt der Unterschied zwischen Vorsteuer und Umsatzsteuer bei der MWST?	Ankaufspreis beim Lieferanten + Bezugskosten = ?
Wie heisst die Kalkulation, wenn vom kleinen zum grossen Wert gerechnet wird?	Wie lautet ein Synonym für Verkaufsumsatz?	Wie lautet ein Synonym für Listenpreis?

Kalkulation im Handel — Aufgabe 17

Nettoerlös (Zahlung)	Gemeinkosten	Warenaufwand (Einstandswert)
Nettoerlös, Nettoverkaufspreis	Bruttoverkaufspreis, Listenpreis	Reinverlust
In der Gesamtkalkulation werden die Zuschlagssätze für die Einzelkalkulation ermittelt.	Warenaufwand	Faktura(wert) oder Fakturabetrag
Einstandspreis	Die Umsatzsteuer ist die auf dem Verkaufsumsatz geschuldete MWST, die Vorsteuer die auf den Lieferungen und Leistungen bezahlte MWST.	Der Ermittlung der Selbstkosten und des Nettoerlöses für eine Leistung oder einen Artikel
Bruttoverkaufspreis	Nettoerlös(umsatz)	Aufbauende Kalkulation

35

Nutzschwelle

35.01

Das Ehepaar S. und R. Müller führt eine kleine Quartierdrogerie. An umsatzschwachen Tagen im Januar überlegen sich die Eheleute manchmal, wie hoch wohl der Erfolg aus ihrer Geschäftstätigkeit im neuen Jahr sein wird.

Der Ehemann ist optimistisch und rechnet mit einer Umsatzsteigerung von 20% im neuen Jahr. Die Ehefrau gibt sich pessimistisch und glaubt an einen Umsatzrückgang von 10%.

a) Ermitteln Sie den voraussichtlichen Erfolg für die optimistische und die pessimistische Variante.

	Letztes Jahr	Optimistische Variante	Pessimistische Variante
Nettoerlös	300 000		
./. Variable Kosten	200 000		
Deckungsbeitrag (Bruttogewinn)	100 000		
./. Fixe Kosten	95 000		
Erfolg	+ 5 000		

b) Nennen Sie für den Handelsbetrieb (Drogerie) zwei typische Beispiele für fixe und ein typisches Beispiel für variable Kosten.

Beispiele für fixe Kosten

Beispiel für variable Kosten

Nutzschwelle

35.02

Der Güggeli-Express verfügt über ein Fahrzeug mit eingebautem Grill. An täglich wechselnden Standorten im Zürcher Unterland werden von 10.00 bis 19.00 Uhr Hähnchen gegrillt und an die Passanten verkauft. Die wirtschaftlichen Eckdaten präsentieren sich wie folgt:

Verkaufspreis je Poulet	15.–
Variable Kosten je Poulet (Hähnchen und Verpackungsmaterial)	8.–
Fixkosten je Arbeitstag (Fahrzeug, Personal, Energie u.a.)	700.–

a) Das Unternehmen Güggeli-Express wurde von langer Hand geplant. Als Grundlage für die Wirtschaftlichkeitsberechnungen dieses mobilen Geschäftes dient folgende Tabelle (die Aufstellung ist von Ihnen zu vervollständigen):

Verkaufte Menge	Variable Kosten	Fixkosten	Selbstkosten	Nettoerlös	Deckungsbeitrag	Reingewinn
0						
20						
40						
60						
80						
100						
120						
140						

b) Bei welcher Anzahl verkauften Poulets liegt die tägliche Nutzschwelle.

c) Welche der folgenden Aussagen zur Nutzschwelle sind richtig? (Richtige Antworten ankreuzen.)

  ☐ Bei der Nutzschwelle entsprechen die Totalkosten dem Nettoerlös.

  ☐ Bei der Nutzschwelle sind die Fixkosten gerade 0.

  ☐ Bei der Nutzschwelle wird weder ein Gewinn noch ein Verlust erzielt.

  ☐ Bei der Nutzschwelle entspricht der Deckungsbeitrag pro Stück den variablen Kosten pro Stück.

  ☐ Bei der Nutzschwelle entspricht der Deckungsbeitrag (Bruttogewinn) den Fixkosten.

  ☐ Bei der Nutzschwelle ist die verkaufte Menge immer grösser als 0.

d) Wie gross ist der Gewinn bei einem Tagesumsatz von 120 Poulets?

e) Wie viele Güggeli müssen verkauft werden, bis ein Tagesgewinn von Fr. 280.– entsteht?

Nutzschwelle — Aufgabe 02

f) Ermitteln Sie die Nutzschwelle grafisch auf drei Arten.

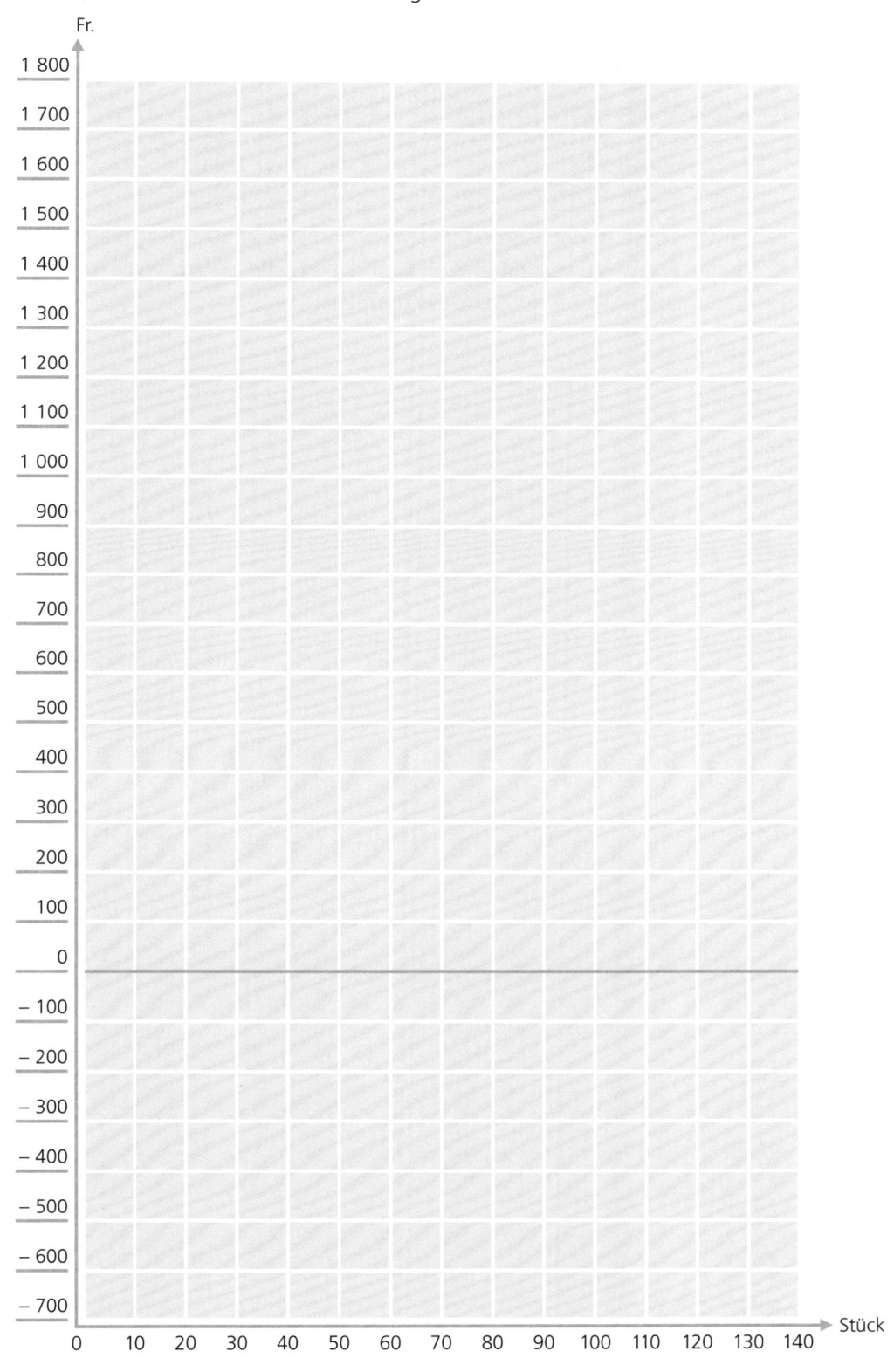

Nutzschwelle

35.03

M. Wiezel ist Marktfahrerin und verkauft Musik-CDs auf Wochenmärkten.

Verkaufspreis für eine CD	Fr. 20.–
Einstandspreis für eine CD	Fr. 12.–
Standmiete und Gewerbegebühr pro Tag	Fr. 100.–
Lohnkosten pro Tag	Fr. 220.–
Durchschnittliche Fahrzeugkosten pro Tag	Fr. 40.–

a) Wie hoch ist der Tageserfolg, wenn Frau Wiezel 50 CDs verkauft?
b) Bei wie vielen verkauften CDs liegt die tägliche Nutzschwelle (rechnerische Lösung)?
c) Ermitteln Sie die Nutzschwelle grafisch.

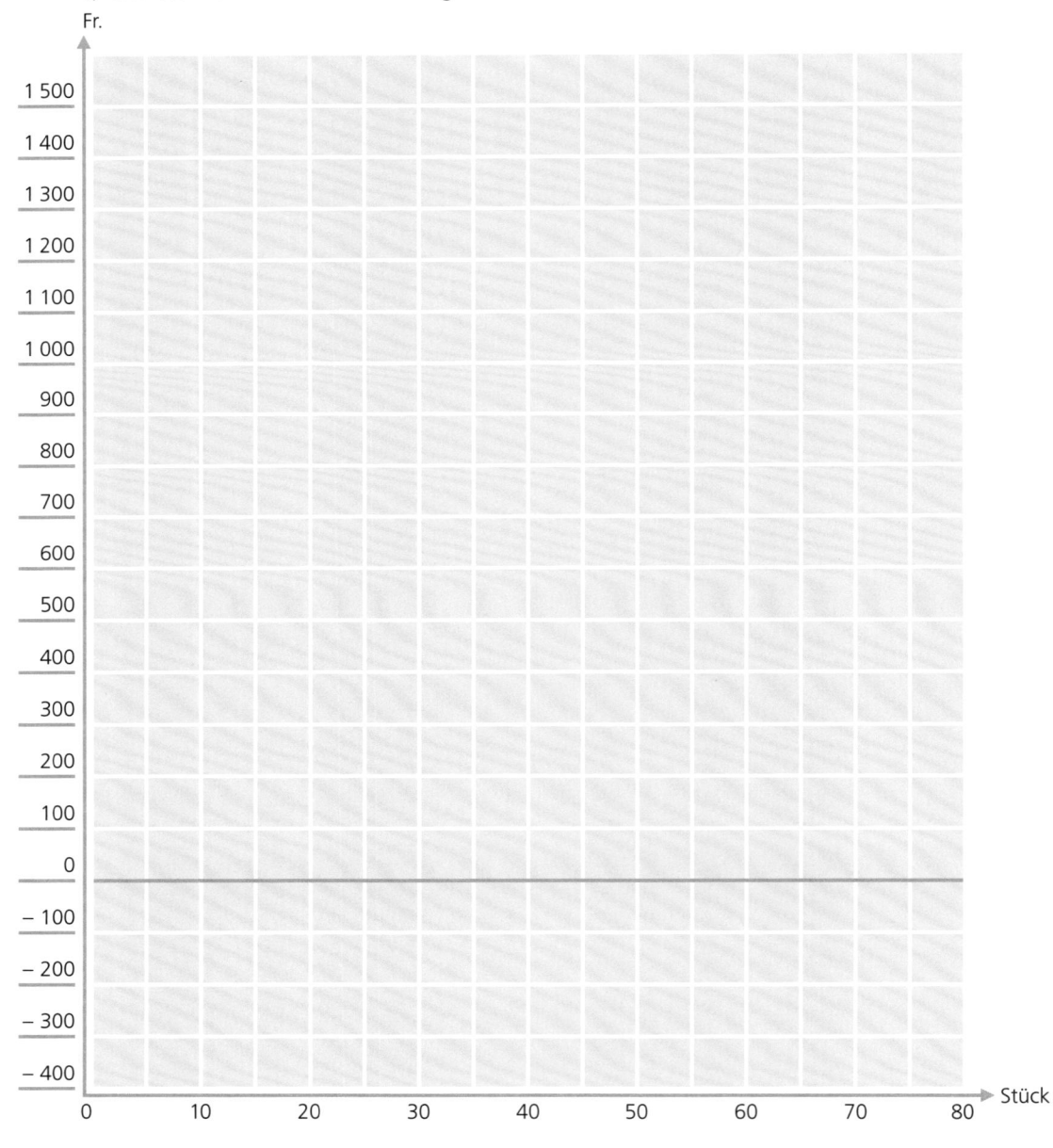

Nutzschwelle — Aufgabe 03

d) Wie viele CDs muss Frau Wiezel verkaufen, wenn sie einen Tagesgewinn von Fr. 200.– erzielen will?

e) Wie bei den meisten Gütern besteht auch bei den CDs ein Zusammenhang zwischen verkaufter Menge und Verkaufspreis: Je höher der Preis, desto kleiner die Menge, und je tiefer der Preis, desto höher die Menge.

Die Marktfahrerin überlegt sich anhand der folgenden Tabelle, wie viele CDs sie für einen bestimmten Preis verkaufen muss, sodass sie jeweils gerade den für die Erreichung der Nutzschwelle geforderten Deckungsbeitrag von Fr. 360.– erzielt. (Die erste Zeile ist als Lösungshinweis bereits ausgefüllt.)

Verkaufspreis je CD	Deckungsbeitrag je CD	Für Nutzschwelle erforderliche Menge
Fr. 30.–	30 – 12 = 18	360 : 18 = 20
Fr. 27.–		
Fr. 24.–		
Fr. 21.–		
Fr. 18.–		
Fr. 15.–		

Nutzschwelle — 35

35.04

Kreuzen Sie die Aussagen als richtig an, oder begründen Sie, weshalb diese falsch sind.

Nr.	Aussage	Richtig	Aussage ist falsch, weil...
1	Die Nutzschwelle wird auch Break-even-point genannt.	☐	
2	Bei der Nutzschwelle sind gerade alle fixen Kosten durch den Nettoerlös gedeckt.	☐	
3	Fixe Kosten sind unabhängig von der verkauften Menge.	☐	
4	Eine Reduktion des Verkaufspreises führt bei gleich bleibenden Kosten immer zu einer Erhöhung der Nutzschwelle.	☐	
5	Eine Erhöhung der Fixkosten hat bei gleich bleibenden variablen Stückkosten eine Erhöhung der Nutzschwelle zur Folge.	☐	
6	Der Deckungsbeitrag dient zur Deckung der Fixkosten und zur Erzielung eines angemessenen Reingewinns.	☐	
7	Ein negativer Erfolg bedeutet, dass die Fixkosten grösser sind als der Deckungsbeitrag.	☐	
8	Solange ein Verlust erzielt wird, sind die Selbstkosten kleiner als der Nettoerlös.	☐	
9	Proportionale Kosten sind immer variable Kosten.	☐	
10	Bei einer Verkaufsmenge von 0 Stück sind auch die Selbstkosten 0.	☐	
11	Bei einer Verkaufsmenge von 0 Stück sind Fixkosten und Selbstkosten gleich gross.	☐	
12	Der Nettoerlös wird auch als Verkaufsumsatz bezeichnet.	☐	

Nutzschwelle

35.05

Bestimmen Sie die Nutzschwelle mengen- und wertmässig.

a) Variable Kosten je Stück Fr. 7.50, Nettoerlös je Stück Fr. 9.–, Fixkosten Fr. 45 000.–.

b) Variable Kosten je Stück Fr. 6.–, Deckungsbeitrag 50% der variablen Kosten, Fixkosten Fr. 60 000.–.

c) Variable Kosten je Stück Fr. 12.–, Deckungsbeitrag je Stück Fr. 3.–, Fixkosten total Fr. 90 000.–.

35.06

Die folgenden Beispiele stammen aus verschiedenen Handelsbetrieben.

a) Variable Kosten je kg Fr. 5.–, Nettoerlös je kg Fr. 7.–, Fixkosten Fr. 40 000.–, verkaufte Menge 50 000 kg.
   Wie hoch ist der Gewinn?

b) Variable Kosten je Stück Fr. 10.–, Deckungsbeitrag (Bruttogewinnzuschlag) 60% der variablen Kosten (Einstand), Fixkosten Fr. 48 000.–, Reingewinn Fr. 12 000.–.
   Wie viele Stücke wurden verkauft?

c) Deckungsbeitrag (Bruttogewinnmarge) 30% vom Nettoerlös, Fixkosten Fr. 56 000.–, Reinverlust Fr. 5 000.–, variable Kosten je Stück Fr. 7.–.
   Wie viele Stücke wurden verkauft?

d) Deckungsbeitrag (Bruttogewinn) 50% der variablen Kosten (Einstand), Fixkosten Fr. 45 000.–, Reingewinn Fr. 15 000.–.
   Wie hoch ist der Nettoerlös?

e) Reingewinn Fr. 6 000.–, Fixkosten Fr. 42 000.–, Nettoerlös Fr. 96 000.–.
   Wie hoch ist der Deckungsbeitrag (Bruttogewinn) in Prozenten der variablen Kosten (Warenaufwand)?

f) Zahlen wie e).
   Wie hoch ist der Reingewinn bei einer Umsatzsteigerung von Fr. 96 000.– auf Fr. 100 000.–, wenn der Deckungsbeitrag in Prozenten der variablen Kosten (Bruttogewinnzuschlag) gleich bleibt?

g) Fixkosten Fr. 60 000.–, Reingewinn Fr. 10 000.–, variable Kosten (Warenaufwand) 65% des Nettoerlöses.
   Wie hoch ist der Reingewinn bei einer Umsatzsteigerung von 10%, wenn der Deckungsbeitrag in Prozenten des Nettoerlöses (Bruttogewinnmarge) gleich bleibt?

Nutzschwelle

35.07

Die variablen Kosten (Einstandspreis) eines Artikels betragen Fr. 4.–, der Verkaufspreis Fr. 6.–. Die Fixkosten machen Fr. 60 000.– aus.

Bei welcher Stückzahl bzw. bei welchem Nettoerlös wird

a) die Nutzschwelle erreicht?

b) ein Reingewinn von Fr. 20 000.– erzielt?

c) der Reingewinn auf Fr. 40 000.– verdoppelt?

d) die Nutzschwelle erreicht, wenn sich der Einstandspreis und der Verkaufspreis je um einen Franken erhöhen?

e) die Nutzschwelle erreicht, wenn der Einstandspreis um einen Franken ansteigt und der Verkaufspreis unverändert bleibt?

f) die Nutzschwelle erreicht, wenn der Einstandspreis unverändert bleibt und der Verkaufspreis um einen Franken erhöht wird?

g) die Nutzschwelle erreicht, wenn der Einstandspreis um einen Franken steigt und der Deckungsbeitrag (Bruttogewinnzuschlag) in Prozenten des Einstandes unverändert bleibt?

h) die Nutzschwelle erreicht, wenn sowohl Verkaufspreis als auch Einstandspreis um 20% zurückgehen?

35.08

Die Konzertagentur MusicaClassica plant einen Soloabend mit dem Starviolinisten Gianfranco Paganini. Als Planungsgrundlage dienen folgende Daten:

Sitzplatzkapazität		
300 Sitzplätze Kategorie A	zum Preis von Fr.	80.–
150 Sitzplätze Kategorie B	zum Preis von Fr.	60.–
50 Sitzplätze Kategorie C	zum Preis von Fr.	40.–
Kosten		
Saalmiete	Fr.	8 000.–
Personalkosten (Garderobe, Reinigung)	Fr.	2 500.–
Werbeauslagen	Fr.	5 200.–
Honorar Gianfranco Paganini	Fr.	10 700.–
Abgaben pro verkauftes Billett	15% vom Verkaufspreis	

a) Mit welchem Erfolg kann die Konzertagentur rechnen, wenn davon ausgegangen wird, dass alle Billette verkauft werden können?

b) Bei welcher durchschnittlichen prozentualen Belegung würde gerade die Nutzschwelle erreicht (alle Preiskategorien werden im Verhältnis zur Sitzplatzkapazität gleich stark belegt)?

c) Welche Auswirkungen auf den Erfolg hätte eine generelle Erhöhung der Billettpreise von Fr. 5.– in jeder Kategorie, unter der Annahme, dass trotz dieser Preiserhöhung alle Billette verkauft würden?

Nutzschwelle

35.09

Die Zahlen aus dem Vorjahr betragen: Variable Kosten (Einstand) je Stück Fr. 40.–, Nettoerlös je Stück Fr. 50.–, Fixkosten Fr. 48 000.–, Umsatz 6 000 Stück.

Im neuen Jahr wird der Deckungsbeitrag (Bruttogewinnzuschlag) auf 20% des Einstandes gesenkt.

a) Bei welcher Stückzahl lag die Nutzschwelle im alten Jahr?
b) Welcher Gewinn wurde im alten Jahr erzielt?
c) Welchen Zweck verfolgt der Geschäftsinhaber mit der Senkung der Bruttogewinnmarge?
d) Bei welcher Stückzahl liegt die Nutzschwelle im neuen Jahr?
e) Wie viele Stücke müssen im neuen Jahr verkauft werden, damit der gleiche Verkaufsumsatz in Franken wie im alten Jahr erzielt wird?
f) Wie viele Stücke müssen im neuen Jahr verkauft werden, damit der gleiche Gewinn wie im alten Jahr erzielt wird?

35.10

Von einem Handelsbetrieb sind folgende Zahlen bekannt:

Der durchschnittliche Deckungsbeitrag beträgt 30% der variablen Kosten. Die Fixkosten belaufen sich auf Fr. 75 000.–.

a) Bei welchem Verkaufsumsatz wird die Nutzschwelle erreicht?
b) Warum kann die Nutzschwelle bei dieser Unternehmung nicht mengenmässig ermittelt werden?
c) Bei welchem Umsatz wird ein Gewinn von Fr. 15 000.– erzielt?

Nutzschwelle

35.11

H. Rüegger überlegt sich, den Handyanbieter zu wechseln. Die Tariflisten der wichtigsten Anbieter ergeben folgendes Bild:

	Handy-IT	Handy-Mobile	Handy-Orange
Abonnementskosten pro Monat	20.–	40.–	60.–
Normaltarif CH	8.– für 10 Minuten	6.– für 10 Minuten	4.– für 10 Minuten
Niedertarif CH	5.– für 10 Minuten	4.– für 10 Minuten	2.– für 10 Minuten
Internationaler Tarif	8.– für 10 Minuten	10.– für 10 Minuten	9.– für 10 Minuten

H. Rüegger geht davon aus, dass er künftig ungefähr 100 Minuten zum Normaltarif und 50 Minuten zum Niedertarif telefonieren wird. Da er beruflich viel im Ausland weilt, rechnet er mit monatlich 60 Minuten internationalen Gesprächen.

a) Welchem Anbieter ist aus rein wirtschaftlichen Überlegungen der Vorzug zu geben? Setzen Sie die entsprechenden Prioritäten mithilfe der folgenden Tabelle:

	Handy-IT	Handy-Mobile	Handy-Orange
Abonnementskosten pro Monat			
Normaltarif CH			
Niedertarif CH			
Internationaler Tarif			
Totalkosten pro Monat			
Priorität			

b) Aufgrund der Geschäftsentwicklung ist damit zu rechnen, dass die Auslandaufenthalte von H. Rüegger stark zunehmen werden. Eine vorsichtige Schätzung rechnet mit künftig 200 Minuten Auslandgesprächen pro Monat.

Welcher Variante wäre dann der Vorzug zu geben?

	Handy-IT	Handy-Mobile	Handy-Orange
Abonnementskosten pro Monat			
Normaltarif CH			
Niedertarif CH			
Internationaler Tarif			
Totalkosten pro Monat			
Priorität			

c) Handy-Mobile startet eine Tarifoffensive, um internationale Kundschaft zu gewinnen. Der Auslandtarif wird auf Fr. 7.– pro 10 Minuten reduziert.

Ab welcher Anzahl internationaler Gesprächsminuten pro Monat wird Handy-Mobile am günstigsten (es wird davon ausgegangen, dass die nationalen Gespräche im Umfang etwa gleich bleiben wie bisher)?

Nutzschwelle

35.12

Eine Unternehmerin könnte die Alleinvertretung für ein koreanisches Ginsengprodukt in der Schweiz übernehmen. Zur Beurteilung der Wirtschaftlichkeit stellt ihr der Buchhalter die wichtigsten Grössen grafisch dar.

a) Beschriften Sie alle Kurven.

b) Bezeichnen Sie die mit Klammern angegebenen Grössen.

c) Bei welchem Umsatz (mengen- und wertmässig) wird die Nutzschwelle erreicht?

d) Berechnen Sie, bei welchem Umsatz (mengen- und wertmässig) ein Gewinn von Fr. 60 000.– entsteht.

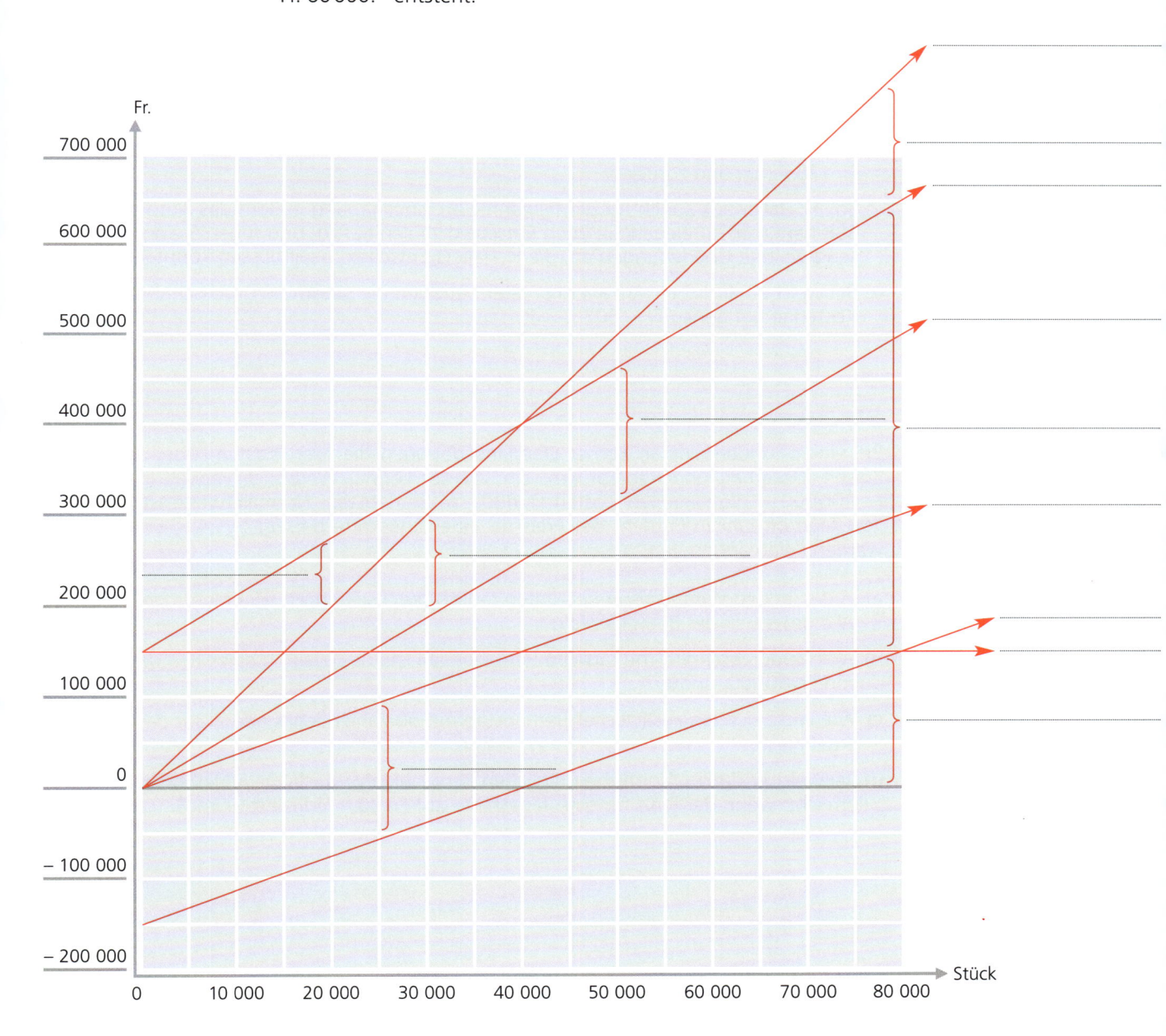

Nutzschwelle — 35

35.13

H. Haller kauft ein Auto für Fr. 20 000.–. Er rechnet mit folgenden Kosten:

▷ Jährliche Abschreibungen	20% vom Anschaffungswert
▷ Übrige Fixkosten (wie Verkehrssteuer und Haftpflichtversicherung)	Fr. 1000.–
▷ Treibstoffverbrauch	10 Liter/100 km (1 Liter Benzin kostet Fr. 1.40.)
▷ Ölverbrauch	1 Deziliter/100 km (1 Liter Öl kostet Fr. 10.–.)
▷ Reifenverbrauch	Fr. 2.–/100 km
▷ Unterhalt und Reparaturen	Fr. 8.–/100 km

a) Wie hoch sind die fixen Kosten im Jahr?

b) Wie hoch sind die variablen Kosten je 100 km?

c) Wie hoch sind die durchschnittlichen Gesamtkosten je Kilometer, wenn H. Haller jährlich 20 000 km fährt?

d) Die Distanz Zürich–Bern–Zürich beträgt 250 km. Ein Erstklassbillett der SBB kostet Fr. 128.– (hin und zurück).

Soll H. Haller aus Zürich für die Teilnahme an einer Tagung in Bern das Auto oder die SBB benützen? (Belegen Sie Ihren Entscheid zahlenmässig, und fügen Sie anschliessend weitere Überlegungen an, die H. Hallers Entscheid beeinflussen könnten.)

e) Bei welcher jährlichen Anzahl Kilometer betragen die gesamten durchschnittlichen Kosten je km genau Fr. –.60?

35.14

Bei einem Kinderskilift im Berner Oberland betragen die fixen Kosten (Abschreibungen, Zinsen, Unterhalt und Reparaturen, ein Teil der Löhne, Werbung, Verwaltung) jährlich Fr. 200 000.–, die variablen Kosten Fr. 400.– je Betriebstag. Normalerweise ist der Skilift 100 Tage im Jahr in Betrieb. Der Preis für eine Tageskarte beträgt Fr. 24.–; Einzelfahrten werden keine angeboten.

a) In der letzten Wintersaison benutzten täglich durchschnittlich 95 Kinder den Skilift. Wie gross war der Betriebserfolg?

b) Welche durchschnittliche tägliche Benützerzahl ist zur Erzielung eines Reingewinnes von Fr. 60 000.– nötig?

c) Wie wirkt sich ein zusätzlicher Betriebstag mit 50 zahlenden Kindern auf das Betriebsergebnis aus?

d) Bei welcher durchschnittlichen täglichen Benützerzahl würde die Nutzschwelle erreicht, wenn der Preis für eine Tageskarte auf Fr. 20.– reduziert würde?

Nutzschwelle

35.15

Ein Artikel mit einem Einstandspreis von Fr. 6.– wird zu Fr. 10.– verkauft. Die anteilsmässigen fixen Gemeinkosten betragen Fr. 48 000.–.

a) Wie hoch ist die Deckungsbeitragsmarge in Prozenten des Verkaufserlöses?

b) Bei welchem Verkaufsumsatz in Franken wird die Nutzschwelle erreicht?

Um den Umsatz zu steigern, senkt der Händler den Verkaufspreis auf Fr. 9.– je Stück. Der Einstandspreis bleibt unverändert. Zusätzlich erhöht er den Werbeaufwand um Fr. 2 000.– jährlich.

c) Um wie viel Prozent muss der Verkaufsumsatz gesteigert werden, damit die Nutzschwelle erreicht wird?

d) Wie viel Stück müssen abgesetzt werden, damit durchschnittlich ein Gewinn von Fr. 1.– je Stück erzielt wird?

35.16

Aus der Jahresrechnung eines Handelsbetriebes können folgende Zahlen entnommen werden:

▷ Variable Kosten   Fr. 1 600 000.–
▷ Fixkosten   Fr.   500 000.–
▷ Verlust   Fr.   100 000.–

a) Um wie viel Prozent müssten die Verkaufspreise erhöht werden, damit bei gleich bleibendem mengenmässigem Umsatz die Nutzschwelle erreicht wird?

b) Um wie viel Prozent müsste der mengenmässige Umsatz gesteigert werden, damit bei gleich bleibenden Verkaufspreisen die Nutzschwelle erreicht wird?

35.50

35.51

35.52

Unter den Nummern 35.50 bis 35.52 finden Sie auf der mit Band 1 gelieferten CD Aufgaben zur Nutzschwelle, die mit MS-Excel gelöst werden können.

Mehrstufige Erfolgsrechnung

36.01

Im Handelsregister ist als Geschäftszweck der Konsum AG der Handel mit Gütern des täglichen Bedarfs eingetragen. Die einstufige Erfolgsrechnung zeigt folgendes Bild:

Erfolgsrechnung 20_1

	Warenertrag	200
+	Liegenschaftenertrag	45
+	Ausserordentlicher Ertrag	30
./.	Warenaufwand	− 140
./.	Personalaufwand	− 40
./.	Mietaufwand	− 10
./.	Übriger Betriebsaufwand	− 25
./.	Liegenschaftenaufwand	− 20
=	**Unternehmungsgewinn**	**40**

Der Gewinn der gesamten Unternehmung ist zwar sehr hoch. Aber wie steht es mit der Wirtschaftlichkeit des Handelsbetriebs, der Kerntätigkeit dieser Unternehmung?

Um diese Frage zu beantworten, werden Sie beauftragt, eine mehrstufige Erfolgsrechnung aufzustellen, die den Erfolg in drei Stufen zeigt:

▷ 1. Stufe: Bruttogewinn

▷ 2. Stufe: Betriebserfolg (je nach Vorzeichen als Betriebsgewinn oder Betriebsverlust zu bezeichnen)

▷ 3. Stufe: Unternehmungsgewinn

Zur Lösung dieser Aufgabe stehen zusätzlich folgende Informationen zur Verfügung:

▷ Der Liegenschaftenertrag und der Liegenschaftenaufwand betreffen mehrere Wohnblöcke, die zwar der Konsum AG gehören, aber nichts mit dem eigentlichen Handelsbetrieb zu tun haben (so genannte betriebsfremde Tätigkeit).

▷ Durch den Verkauf einer nicht mehr benötigten Landreserve mit einem Buchwert von 80 zu einem Verkaufspreis von 110 entstand ein Gewinn von 30. Dieses einmalige Ereignis in der Firmengeschichte ist als ausserordentlicher Ertrag zu betrachten.

Mehrstufige Erfolgsrechnung

36 Aufgabe 01

Erfolgsrechnung 20_1

```
_____

= Bruttogewinn

_____

= Betriebsverlust

_____

= Unternehmungsgewinn
```

36.02

Wie verändern sich der Brutto-, Betriebs- und Unternehmensgewinn durch folgende Buchungen?[1]

Nr.	Buchung	Brutto-gewinn	Betriebs-gewinn	Unterneh-mensgewinn
1	Debitoren/Warenertrag			
2	Personalaufwand/Bank			
3	Ausserordentlicher Aufwand/Post			
4	Warenaufwand/Kreditoren			
5	Privat/Fahrzeugaufwand			
6	Debitor Vorsteuer/Kreditoren			
7	Wertberichtigung Maschinen/Abschreibungen			
8	Delkredere/Debitorenverluste[2]			

[1] Für die Antworten sind folgende Zeichen zu verwenden:

+	bedeutet Zunahme
–	bedeutet Abnahme
0	bedeutet keine Veränderung

[2] Debitorenverluste sind als Erlösminderung zu betrachten (Konto 3900 im KMU-Kontenrahmen).

Mehrstufige Erfolgsrechnung

36.03

a) Am linken Seitenrand finden Sie in alphabetischer Reihenfolge die Positionen der Erfolgsrechnung für die Intersport AG.

Erstellen Sie eine **mehrstufige Erfolgsrechnung**.

Position	Betrag
▷ Abschreibungen	17
▷ Aufwand Nebenbetrieb	13
▷ Energie- und Entsorgungsaufwand	3
▷ Ertrag Nebenbetrieb	22
▷ Neutraler Aufwand	9
▷ Neutraler Ertrag	28
▷ Raumaufwand	20
▷ Personalaufwand	70
▷ Steueraufwand (direkte Steuern)	6
▷ Übriger Betriebsaufwand	24
▷ Unterhalt, Reparaturen und Ersatz	2
▷ Warenaufwand	130
▷ Warenertrag	300
▷ Werbeaufwand	25
▷ Zinsaufwand (betrieblich)	14

Erfolgsrechnung

```
   ............................................
./. ............................................

= Bruttogewinn

./. ............................................
./. ............................................
./. ............................................
./. ............................................
./. ............................................
./. ............................................

= Betriebsergebnis vor Zinsen, Steuern und Abschreibungen (EBITD)①

./. ............................................
./. ............................................

= Verlust Hauptbetrieb

 +  ............................................
./. ............................................

= Betriebsgewinn

 +  ............................................
./. ............................................

= Unternehmensgewinn vor Steuern

./. ............................................

= Unternehmensgewinn nach Steuern
```

b) Wozu dient ein solcher mehrstufiger Erfolgsausweis?

---

① Die international gebräuchliche Abkürzung **EBITD** bedeutet: Earnings (Ergebnis, Erfolg) before (vor) Interest (Zinsen), Tax (Steuern) and Depreciation (Abschreibung).

Mehrstufige Erfolgsrechnung

36

36.04

Der Hauptgeschäftszweck der Alimenta AG ist der Grosshandel mit Lebensmitteln. Die betriebseigene Liegenschaft wird als Nebenbetrieb im Sinne eines Profit Centers geführt.

a) Erstellen Sie für die Alimenta AG mithilfe der am Seitenrand aufgeführten Erfolgspositionen eine **mehrstufige Erfolgsrechnung.** Rechts neben der Erfolgsrechnung sind ausserdem für alle Aufwände und Erträge die ersten zwei Stellen der Kontennummern gemäss Kontenrahmen KMU anzugeben.

Position	Betrag
▷ Abschreibungen	25
▷ Aufwand aus Nebenbetrieb (Betriebsliegenschaft)	28
▷ Ausserordentlicher Aufwand	7
▷ Ausserordentlicher Ertrag	1
▷ Betriebsfremder Aufwand	8
▷ Betriebsfremder Ertrag	21
▷ Energie- und Entsorgungsaufwand	5
▷ Ertrag aus Nebenbetrieb (Betriebsliegenschaft)	40
▷ Mietaufwand	40
▷ Fahrzeugaufwand	22
▷ Personalaufwand	90
▷ Steueraufwand (direkte Steuern)	4
▷ Übriger Betriebsaufwand	36
▷ Unterhalt, Reparaturen und Ersatz	6
▷ Warenaufwand	330
▷ Warenertrag	600
▷ Werbeaufwand	32
▷ Zinsaufwand (betrieblich)	20

Erfolgsrechnung — **KMU**

./. _____
= _____
./. _____
./. _____
./. _____
./. _____
./. _____
./. _____
./. _____

= **Betriebsergebnis vor Zinsen, Steuern und Abschreibungen (EBITD)**

./. _____
./. _____

= **Verlust Hauptbetrieb**

+ _____
./. _____

= **Betriebsgewinn**

+ _____
./. _____
+ _____
./. _____

= **Unternehmensgewinn vor Steuern**

./. _____

= **Unternehmensgewinn nach Steuern**

b) Wie ist das Nummernsystem des **KMU-Kontenrahmens** im Hinblick auf die Erfolgsrechnung aufgebaut?

36

Lohnabrechnung

37.01

Heute erhält nicht nur der Arbeitende seinen Lohn, auch die verschiedenen Sozialversicherungen beanspruchen namhafte Beiträge von den Arbeitnehmern und Arbeitgebern. Diese Beiträge sind ausser bei den Pensionskassenbeiträgen in Prozenten der Bruttolohnsumme ausgedrückt.

Vervollständigen Sie das folgende Schema zu den in der Lohnabrechnung berücksichtigten Sozialversicherungen:

Bezeichnung der Sozialversicherung	Abkürzung	Zweck	Beiträge in % des Bruttolohnes		
			Arbeitnehmer	Arbeitgeber	Total
	AHV	Schutz gegen die wirtschaftlichen Folgen von Alter und Tod in Form von Alters-, Witwen- und Waisenrenten.			8,4%
		Schutz gegen die Folgen von Erwerbsunfähigkeit durch körperlichen oder geistigen Gesundheitsschaden.			1,4%
	EO	Anspruch von Dienstpflichtigen auf Erwerbsausfallentschädigung während des Militär- oder Zivilschutzdienstes und von erwerbstätigen Frauen während 14 Wochen nach der Niederkunft.			0,5%
Verwaltungskostenbeitrag	VK	Verwaltungskostenbeitrag der Arbeitgeber auf den gesamten AHV/IV/EO-Abgaben an die Ausgleichskassen.	–	0,309%	0,309%
Arbeitslosenversicherung und Insolvenzentschädigung		Absicherung gegen Arbeitslosigkeit und Zahlungsunfähigkeit des Arbeitgebers.	1,1%		
	BU	Versicherungsschutz gegen Folgen von Unfällen während der Arbeitszeit und auf dem Arbeitsweg.	–	0,1–1%	0,1–1%
Nichtberufsunfallversicherung			0,5–1%	–	0,5–1%
	PK	Berufliche Vorsorge (2. Säule, BVG) als Ergänzung zur staatlichen Vorsorge. Umfasst Alters-, Witwen- und Waisen- sowie Invalidenrente.	5–7%	5–10% vom Bruttolohn minus Koordinationsabzug	10–17%
Familienausgleichskasse		Sozialer Ausgleich durch Auszahlung von Kinder- und Ausbildungszulagen bis zum vollendeten 25. Altersjahr an Arbeitnehmer und Selbstständigerwerbende.	–	je nach Kanton 1,5–3%	1,5–3%

Lohnabrechnung 37

37.02

Rita Dreifuss ist Vizedirektorin bei der Bank Trust AG in Zürich und verdient monatlich Fr. 8 000.– brutto. Sie ist ledig und hat keine Kinder.

a) Erstellen Sie die Lohnabrechnung für R. Dreifuss auf dem folgenden Formular (Die Prozentsätze beziehen sich ausser bei der PK auf den Bruttolohn, die Zahlen sind auf ganze Franken zu runden.):

Bank Trust AG, Zürich

Lohnabrechnung
Valuta   25. 11. 20_1
Periode 11. 20_1

Frau
R. Dreifuss
Hölderliweg 9
8000 Zürich

Bruttolohn

Kinderzulagen

Abzüge

AHV, IV, EO 5,15% von   8 000.–

ALV   1,1%   von

PK   6,0%   von   5 970.–

NBU   0,8%   von

Nettolohn   Überweisung auf Konto X 3271-0128.693

Lohnabrechnung — Aufgabe 02

b) Wie werden die Arbeitnehmer- und die Arbeitgeberbeiträge an die Sozialversicherungen und der Nettolohn verbucht (die Zahlen sind auf ganze Franken zu runden)?

	Betrag	Lohnaufwand		Sozialaufwand		Kreditoren AHV, IV, EO, ALV, PK, UV	
Bruttolohn							
AHV-Beitrag 5,15%							
ALV-Beitrag 1,1%							
Pensionskassenbeitrag 6% von 5970.–							
NBU-Beitrag 0,8%							
Nettolohn							
AHV-Beitrag 5,15%							
Verwaltungskosten 0,309%							
ALV-Beitrag 1,1%							
Pensionskassenbeitrag 8% von 5970.–							
BU-Beitrag 0,6%							
Salden							

(Arbeitnehmerbeiträge: AHV-Beitrag 5,15% bis NBU-Beitrag 0,8%)
(Arbeitgeberbeiträge: AHV-Beitrag 5,15% bis BU-Beitrag 0,6%)

c) Wie gross sind die gesamten Arbeitnehmerbeiträge in Franken und in Prozenten des Bruttolohns?

d) Wie gross sind die gesamten Arbeitgeberbeiträge in Franken und in Prozenten des Bruttolohns?

e) Wie gross sind die gesamten Sozialversicherungsbeiträge in Franken und in Prozenten des Bruttolohns?

f) Wie gross ist der monatliche Personalaufwand der Bank Trust AG für R. Dreifuss?

Lohnabrechnung 37

37.03

Wie lauten die fehlenden Geschäftsfälle bzw. Buchungen und Beträge im Journal?

Journal

Nr.	Geschäftsfall	Buchung Soll	Haben	Betrag
1		Lohnaufwand	Post	52 770.–
2	Die Sozialversicherungsbeiträge der Arbeitnehmer für AHV, IV, EO und ALV werden verbucht.			3 750.–
3	Die NBU-Prämien von 0,8% der Bruttolohnsumme von Fr. 60 000.– werden abgerechnet und den Arbeitnehmern belastet.			
4		Lohnaufwand	Kreditor PK	3 000.–
5		Sozialaufwand	Kreditor PK	4 800.–
6	Die Prämien für die Berufsunfallversicherung werden der SUVA gutgeschrieben.			520.–
7	Einem Studenten werden für seine Mithilfe beim Austeilen von Werbeprospekten Fr. 1350.– bar ausbezahlt.①			
8	Die Arbeitgeberbeiträge für AHV, IV, EO und ALV werden der Ausgleichskasse inklusive des Verwaltungskostenbeitrages gutgeschrieben.			3 935.–
9	An die AHV-Ausgleichskasse werden die geschuldeten Beiträge für das letzte Quartal durch die Post überwiesen.			23 055.–
10		Kreditor PK	Bank	23 400.–
11	Ein Mitarbeiter hat Militärdienst geleistet. Von der EO erhalten wir eine Bankgutschrift für den Arbeitsausfall.			3 850.–
12	Einem Vertreter werden die Auto- und Hotelspesen auf sein Bankkonto gutgeschrieben (MWST vernachlässigen).			1 825.–
13	Die Prämien für die Unfallversicherung werden an die SUVA durch die Post überwiesen.			3 000.–

① Bei Nebeneinkommen bis Fr. 2 000.– p. a. werden auf Wunsch des Arbeitnehmers keine Sozialabzüge vorgenommen.

Lohnabrechnung 37

37.04

Als neuer Mitarbeiter/neue Mitarbeiterin der Lavoro SA sind Sie zuständig für die Lohnabrechnungen. Die prozentualen Beitragssätze beziehen sich auf die Bruttolohnsumme:

	Arbeitnehmer	Arbeitgeber
AHV, IV, EO	5,15%	5,15%
Verwaltungskostenbeitrag	–	0,25% (reduziert, da hohe Jahresbeiträge)
ALV	1,1%	1,1%
Pensionskasse	Fr. 1660.–	Fr. 2380.–
Unfallversicherung	0,60%	0,50%

a) Die Saläre für April und Mai sind bereits verbucht. Erstellen Sie in der Textkolonne die Gehaltsabrechnung für den Monat Juni, die Bruttolohnsumme beträgt Fr. 36 000.–. Die Beträge sind in den Konten zu verbuchen. Die Versicherungsbeiträge werden jeweils Ende Quartal durch die Post überwiesen. Die Konten sind abzuschliessen.

Text	Lohnaufwand		Sozialaufwand		Kreditoren Sozialversicherungen	
Übertrag (April und Mai)	60 000		9 210			17 100
Bruttolohnsumme (Juni) 36 000.–						

b) Wie gross ist der Personalaufwand einschliesslich Arbeitgeberbeiträge für den Monat Juni?

Lohnabrechnung 37

37.05

Für den Monat September beträgt der Bruttolohn für die Prokuristin Karin Moser Fr. 12 000.–, zuzüglich einer Kinderzulage von Fr. 250.–. Der Arbeitgeber von K. Moser ist bei der Familienausgleichskasse (FAK) angeschlossen. Es kommen folgende Sätze zur Anwendung:

	Arbeitnehmer	Arbeitgeber	Massgeblicher Lohn
AHV, IV, EO	5,15%	5,15%	12 000
Verwaltungskostenbeitrag		0,309%	12 000
ALV	1,1%	1,1%	10 500
	0,5%	0,5%	1 500
Unfallversicherung	1,0%	0,8%	12 000
FAK		1,5%	12 000
Pensionskasse	7,0%	9,0%	9 970

a) Erstellen Sie die Lohnabrechnung für K. Moser.

Bruttolohn

Kinderzulagen

Abzüge

AHV, IV, EO 5,15% von _____

ALV 1,1% von _____

 0,5% von _____

PK 7,0% von _____

NBU 1,0% von _____

Nettolohn

Lohnabrechnung — Aufgabe 05

b) Verbuchen Sie die Lohnabrechnung im folgenden Journal. Die AHV- und ALV-Beiträge werden auf einem gemeinsamen Kreditorenkonto (AHV, IV, EO, ALV) verbucht. Die übrigen Beiträge sind auf separaten Kreditorenkonten für UV, PK und FAK zu verbuchen.

Journal

Text	Buchung		Betrag
	Soll	Haben	

c) Verbuchen Sie die Beiträge des Arbeitgebers für die Lohnauszahlung an K. Moser. Die AHV- und ALV-Beiträge werden auf einem gemeinsamen Kreditorenkonto (AHV, IV, EO, ALV) verbucht. Die übrigen Beiträge sind auf separaten Kreditorenkonten für UV, PK und FAK zu verbuchen.

Journal

Text	Buchung		Betrag
	Soll	Haben	

Lohnabrechnung

37.06

Auf der Lohnliste der Ceramica GmbH stehen nebst dem Gesellschafter A. Romeo zwei weitere Mitarbeiter. Die Lohnabrechnung für den Monat Januar 20_5 ist wegen Krankheit des Treuhänders noch nicht gemacht. A. Romeo bittet Sie, in die Bresche zu springen.

In den Buchhaltungsunterlagen der Ceramica GmbH finden Sie folgende Daten:

	Name	Vorname	Bruttolohn	Anzahl Kinder	Geburtsdatum
1	Romeo	Alfeo	6 000.–	2	3. 4. 20_1 und 16. 9. 20_4
2	Meier	Daniel	5 000.–	1	26. 7. 20_3
3	Märki	Thomas	4 500.–	keine	–

a) Vervollständigen Sie die folgende Lohnabrechnung für Januar 20_5.

	Beitrag in %	Romeo Alfeo	Meier Daniel	Märki Thomas	Total
Bruttolohn	–	6 000.00	5 000.00	4 500.00	15 500.00
Kinderzulagen (Fr. 250.–/Kind)	–	500.00	250.00	–	750.00
Arbeitnehmerbeiträge					
AHV, IV, EO	5,15%	309.00	257.50	231.75	798.25
ALV	1,1%	66.00	55.00	49.50	170.50
PK	6% vom versicherten Lohn	238.20	178.20	148.20	564.60
NBU	0,8%	48.00	40.00	36.00	124.00
Nettolohn	–	5 838.80	4 719.30	4 034.55	14 592.65
Arbeitgeberbeiträge					
AHV, IV, EO	5,15%	309.00	257.50	231.75	798.25
Verwaltungskostenbeitrag	0,309%	18.54	15.45	13.91	47.90
ALV	1,1%	66.00	55.00	49.50	170.50
PK	8% vom versicherten Lohn	317.60	237.60	197.60	752.80
BU	1,0%	60.00	50.00	45.00	155.00
FAK	1,5%	90.00	75.00	67.50	232.50
Total Sozialleistungen	–	861.14	690.55	605.26	2 156.95

Lohnabrechnung — **37** Aufgabe 06

b) Verbuchen Sie die Löhne und die Versicherungsbeiträge in den Konten (es sind nur die Totale zu verbuchen). Ermitteln Sie die Saldi, und schliessen Sie die Konten ab.

Buchung	Lohnaufwand		Sozialaufwand		Kreditoren AHV, IV, EO, ALV, FAK, UV, PK	
Saldi						

Lohnabrechnung

37.07

Auf der nächsten Seite finden Sie einen perforierten Bogen mit 24 Antworten zu den hier gestellten Fragen. Trennen Sie die Antwortkarten voneinander, und legen Sie die richtige Antwort mit der Schrift nach unten auf die passende Frage. Bei richtiger Lösung erhalten Sie ein Feedback in Form eines Cartoons.

Wie lautet die Buchung für einen Wareneinkauf auf Kredit im Einstandswert von 400? MWST vernachlässigen.	Welchem Jahreszinsfuss entspricht der Skonto in folgender Zahlungsbedingung? ▷ 10 Tage 2% ▷ 30 Tage netto	Wie hoch ist der Mehrwertsteuersatz für ein neues Auto?	Eine Lieferantenrechnung von 1000 wird unter Abzug von 2% Skonto durch die Bank bezahlt. Wie lauten die Buchungen? MWST vernachlässigen.
Rücksendung mangelhafter Ware im Einstandswert von 400 an einen Lieferanten. MWST vernachlässigen.	Wie lautet der Begriff für die Differenz aus Nettoerlös minus Einstandswert?	Wie wird der Kreditkauf einer Maschine für 1000 (ohne MWST) nach der Nettomethode gebucht?	Welche Grösse ist bei Erreichen der Nutzschwelle gerade 0?
Wie hoch ist der Mehrwertsteuersatz auf Nahrungsmitteln?	Auf welchen Umsätzen ist kein Vorsteuerabzug möglich?	Wie wird ein Warenverkauf auf Kredit von 1000 ins Ausland gebucht?	Welche Kurve beginnt im Nutzschwellendiagramm auf der Höhe der Fixkosten?
Wie lautet der Begriff für die Differenz aus Nettoerlös minus variable Kosten?	Wie lautet die Buchung für die Arbeitgeberbeiträge bei der Lohnabrechnung?	Was kann bei der MWST-Abrechnung mittels Saldosteuersatz nicht geltend gemacht werden?	Rücknahme mangelhafter Ware im Wert von 400. MWST vernachlässigen.
Welche Kosten sind bei Erreichen der Nutzschwelle gerade durch den Deckungsbeitrag gedeckt?	Wie lautet die Buchung für die Verrechnung der Vorsteuer mit der Umsatzsteuer?	Wie lautet die Differenz aus Selbstkosten minus Gemeinkosten?	Wie hoch ist die Bruttogewinnmarge bei einem Einstandswert von 82 und einem Nettoerlös von 100?
Wie lautet die Differenz aus Bruttogewinn minus Reingewinn?	Wie hoch ist der Mehrwertsteuersatz auf der Wohnungsmiete?	Wie viel Uhr ist es?	Wie wird der Kreditkauf einer Maschine für 1000 (ohne MWST) nach der Bruttomethode gebucht?

Lohnabrechnung — Aufgabe 07

Sozialversicherungs-aufwand/ Kreditor Sozialversicherungen	Fixkosten	Reingewinn	Warenertrag/ Debitoren 400
36%	Bruttogewinn	Gemeinkosten	Kreditoren/Bank 980 Kreditoren/ Warenaufwand 20
Selbstkosten (Totalkosten)	Schauen Sie auf eine Uhr, oder fragen Sie eine Fachperson!	18%	8,0%
2,5%	0%	Maschinen/Kreditoren 1080	Warenaufwand/ Kreditoren 400
Kreditor Umsatzsteuer/ Debitor Vorsteuer	Debitoren/ Warenertrag 1000	Deckungsbeitrag	Vorsteuerabzug
Warenkosten (Einstandswert)	Maschinen/ Kreditoren 1000 Debitor Vorsteuer/ Kreditoren 80	Kreditoren/ Warenaufwand 400	Auf von der Steuer ausgenommenen Umsätzen

Lohnabrechnung **37** Aufgabe 07

192

Lohnabrechnung

37.08

Trennen Sie die Lernkarten entlang der Perforation, und üben Sie anschliessend die verschiedenen Begriffe und Fragen. Die weissen Vorderseiten enthalten als Aufgabenstellung die Fragen, die roten Rückseiten die Lösung.

Bankbelastung für die Salärauszahlung 901.

Wie lautet die Buchung?

Arbeitnehmerbeiträge gemäss Salärabrechnung 99.

Wie lautet die Buchung?

Arbeitgeberbeiträge gemäss Salärabrechnung 110.

Wie lautet die Buchung?

Welches sind die wichtigsten Abzüge (Arbeitnehmerbeiträge) auf einer Gehaltsabrechnung?

Welches sind die wichtigsten Arbeitgeberbeiträge?

Banküberweisung der geschuldeten Sozialversicherungsbeiträge 209.

Welche drei Bedingungen sind bei der Nutzschwelle erfüllt?

Wie errechnet sich der Deckungsbeitrag pro Stück?

Welche der folgenden Kosten sind für einen Taxibetrieb variabel? Ankreuzen.

❏ Benzinverbrauch
❏ Versicherungsprämien
❏ Garagenmiete
❏ Motorfahrzeugsteuer
❏ Pneuverbrauch

Welche der folgenden Kosten sind in einer Drogerie eher fix? Ankreuzen.

❏ Mietkosten
❏ Warenkosten
❏ Personalkosten
❏ Reinigungskosten
❏ Abschr. Ladeneinrichtung

Bei welcher Stückzahl wird die Nutzschwelle erreicht?

▷ Verkaufspreis pro Stück 10
▷ Einstandspreis pro Stück 6
▷ Fixkosten 1000

Bei welcher Stückzahl wird ein Reingewinn von 200 erreicht?

▷ Verkaufspreis pro Stück 10
▷ Einstandspreis pro Stück 6
▷ Fixkosten 1000

Welche Grössen steigen in der Regel, wenn der Verkaufsumsatz um 5% zunimmt? Ankreuzen.

❏ Variable Kosten
❏ Fixkosten
❏ Selbstkosten
❏ Deckungsbeitrag
❏ Reingewinn

Wozu dient der Deckungsbeitrag?

Welche der folgenden Einflüsse führen zu einer Senkung der mengenmässigen Nutzschwelle? Ankreuzen.

❏ Senkung der variablen Kosten
❏ Senkung der Fixkosten
❏ Senkung der Verkaufspreise

Lohnabrechnung — Aufgabe 08

Sozialversicherungsaufwand/
Kreditor Sozialversicherungen 110

Lohnaufwand/
Kreditor Sozialversicherungen 99

Lohnaufwand/Bank 901

Kreditor Sozialversicherungen/
Bank 209

▷ AHV/IV/EO
▷ ALV
▷ Pensionskasse (BVG)
▷ Berufsunfallversicherung (BU)
▷ Familienausgleichskasse (FAK)
▷ Verwaltungskostenbeitrag

▷ AHV/IV/EO
▷ ALV
▷ Pensionskasse (BVG)
▷ Nichtberufsunfallversicherung (NBU)

---

[x] Benzinverbrauch
[ ] Versicherungsprämien
[ ] Garagenmiete
[ ] Motorfahrzeugsteuer
[x] Pneuverbrauch

Verkaufspreis pro Stück
./. Variable Kosten pro Stück

▷ Gewinn bzw. Verlust = 0
▷ Nettoerlös = Selbstkosten
▷ Deckungsbeitrag = Fixkosten

$$\frac{\text{Fixkosten} + \text{Reingewinn}}{\text{Deckungsbeitrag je Stück}}$$

$$= \frac{1\,200}{4} = \mathbf{300\ Stück}$$

$$\frac{\text{Fixkosten}}{\text{Deckungsbeitrag je Stück}}$$

$$= \frac{1\,000}{4} = \mathbf{250\ Stück}$$

---

[x] Mietkosten
[ ] Warenkosten
[x] Personalkosten
[x] Reinigungskosten
[x] Abschreibung Ladeneinrichtung

---

[x] Senkung der variablen Kosten
[x] Senkung der Fixkosten
[ ] Senkung der Verkaufspreise

Mit dem Deckungsbeitrag werden zuerst die Fixkosten gedeckt.

Übersteigt der Deckungsbeitrag die Fixkosten, entsteht ein Gewinn.

---

[x] Variable Kosten
[ ] Fixkosten
[x] Selbstkosten
[x] Deckungsbeitrag
[x] Reingewinn

37

38 Wertschriften

38.01

Die Huber AG beauftragt die RegioBank am 18. Oktober mit dem Kauf von 200 Namenaktien der Phoenix AG.

a) Erstellen Sie die Kaufabrechnung der Bank, wenn der Kaufkurs Fr. 350.– beträgt und die Spesen Fr. 680.– ausmachen.

b) Wie ist dieser Kauf zu verbuchen?

Kaufabrechnung

	CHF
	CHF
	CHF

Journal und Hauptbuch

Datum	Geschäftsfall
18. 10.	
	Aktienkauf, Kurswert
	Aktienkauf, Spesen

38.02

Die Schmitt AG beauftragt ihre Bank am 14. November mit dem Verkauf von 800 Inhaberaktien der Chemie AG.

a) Wie lautet die Verkaufsabrechnung, wenn der Verkauf zu einem Kurs von Fr. 40.– abgewickelt wurde und mit Spesen von 1% des Kurswerts zu rechnen ist?

c) Wie ist dieser Verkauf zu verbuchen?

Verkaufsabrechnung

	CHF
	CHF
	CHF

Journal und Hauptbuch

Datum	Geschäftsfall
14. 11.	
	Aktienverkauf, Kurswert
	Aktienverkauf, Spesen

b) Wann sind die Spesen zu addieren bzw. zu subtrahieren?

d) Welches sind die beiden wichtigsten Beweggründe für den Kauf von Aktien?

Wertschriften — Aufgabe 01

chung	Wertschriften-bestand		Wertschriften-aufwand		Wertschriften-ertrag	

chung	Wertschriften-bestand		Wertschriften-aufwand		Wertschriften-ertrag	

Wertschriften

38.03

Am 30. April 20_4 kauft die Bank für ihren Kunden A. Honauer Fr. 60 000.–
5% Obligationen der Elektrizitätswerke AG 20_1 bis 20_9 zum Kurs 103%.
Zinstermin 30. Juni.

Marchzinsberechnung

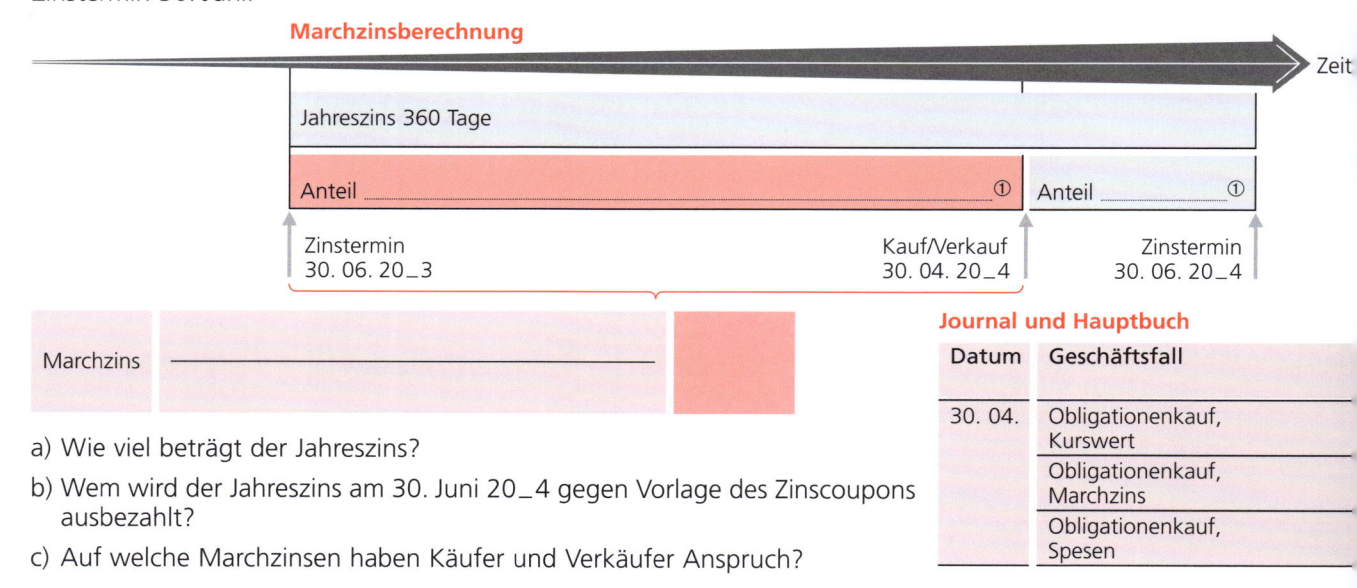

Jahreszins 360 Tage

Anteil _____ ①   Anteil _____ ①

↑ Zinstermin 30. 06. 20_3   ↑ Kauf/Verkauf 30. 04. 20_4   ↑ Zinstermin 30. 06. 20_4

Marchzins _____

Journal und Hauptbuch

Datum	Geschäftsfall
30. 04.	Obligationenkauf, Kurswert
	Obligationenkauf, Marchzins
	Obligationenkauf, Spesen

a) Wie viel beträgt der Jahreszins?

b) Wem wird der Jahreszins am 30. Juni 20_4 gegen Vorlage des Zinscoupons ausbezahlt?

c) Auf welche Marchzinsen haben Käufer und Verkäufer Anspruch?

38.04

Die Meier GmbH beauftragt ihre Bank, an der Börse Obligationen der Schweizerischen Eidgenossenschaft zu verkaufen: Nominalwert Fr. 100 000.–, Zinsfuss 4%, Zinstermin 31. Juli, Laufzeit 20_1 bis 20_9.

Marchzinsberechnung

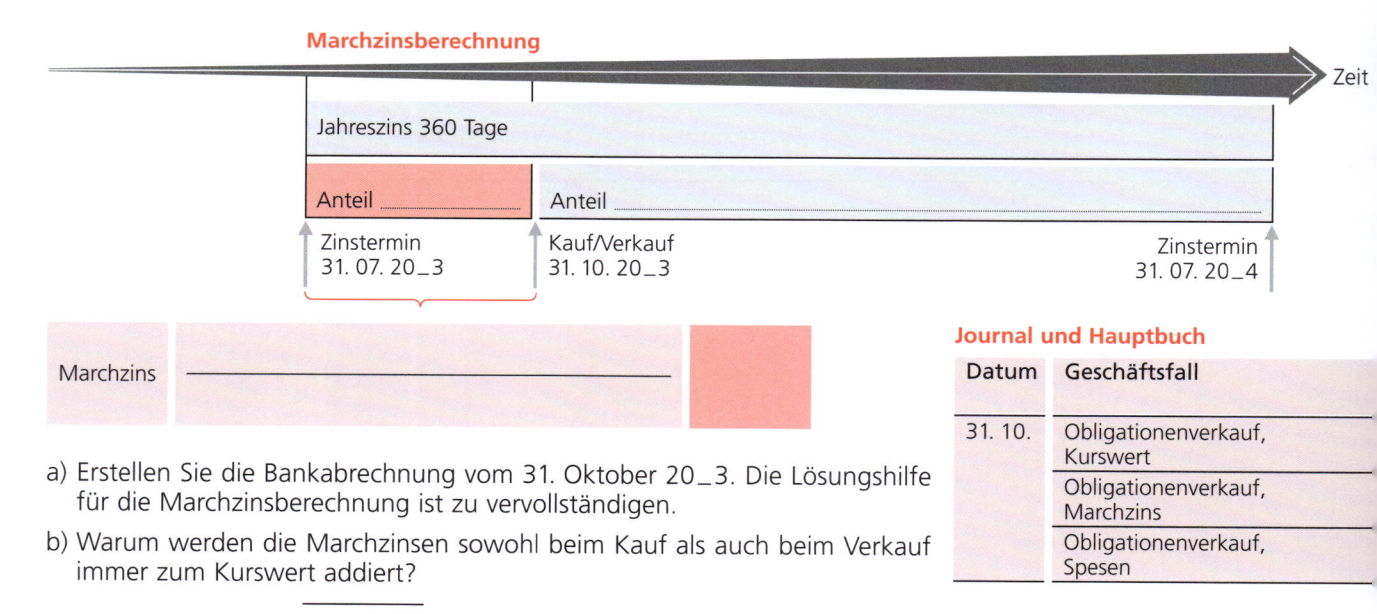

Jahreszins 360 Tage

Anteil _____   Anteil _____

↑ Zinstermin 31. 07. 20_3   ↑ Kauf/Verkauf 31. 10. 20_3   ↑ Zinstermin 31. 07. 20_4

Marchzins _____

Journal und Hauptbuch

Datum	Geschäftsfall
31. 10.	Obligationenverkauf, Kurswert
	Obligationenverkauf, Marchzins
	Obligationenverkauf, Spesen

a) Erstellen Sie die Bankabrechnung vom 31. Oktober 20_3. Die Lösungshilfe für die Marchzinsberechnung ist zu vervollständigen.

b) Warum werden die Marchzinsen sowohl beim Kauf als auch beim Verkauf immer zum Kurswert addiert?

① «Käufer» oder «Verkäufer» einsetzen.

Wertschriften — Aufgabe 03

d) Wie lautet die unten stehende Bankabrechnung?

e) Wie ist der Kauf im Journal und Hauptbuch zu buchen?

f) Warum ist der Marchzins beim Kauf eine Ertragsminderung?

Kaufabrechnung

Fr. 60 000.– 5% Elektrizitätswerke AG 20_1 bis 20_9 zum Kurs 103%	CHF	
Marchzins vom _____ bis _____ = _____ Tage	CHF	
= Zwischentotal	CHF	
Spesen	CHF	540.–
= Endbetrag der Bankabrechnung, Valuta 30. 04. 20_4	CHF	

...chung	Wertschriften-bestand	Wertschriften-aufwand	Wertschriften-ertrag

c) Wie ist dieser Verkauf im Journal und Hauptbuch zu verbuchen?

d) Warum gibt es beim Kauf und Verkauf von Aktien keine «Marchdividenden»?

Verkaufsabrechnung

Fr. 100 000.– 4% Schweizerische Eidgenossenschaft 20_1 bis 20_9 zum Kurs 105%	CHF	
Marchzins vom _____ bis _____ = _____ Tage	CHF	
= Zwischentotal	CHF	
Spesen	CHF	980.–
= Endbetrag der Bankabrechnung, Valuta 31. 10. 20_3	CHF	

...chung	Wertschriften-bestand	Wertschriften-aufwand	Wertschriften-ertrag

Wertschriften

38.05

Auf welchen Endbetrag lauten folgende Bankabrechnungen, und wie werden die Transaktionen in den drei Wertschriftenkonten verbucht?

a) Kauf von 400 Aktien zum Kurs 200.–, Valuta 23. 04. 20_2, Spesen 1% des Kurswerts.

Kaufabrechnung

_____	CHF _____
_____	CHF _____
_____	CHF _____

Journal und Hauptbuch

Datum	Geschäftsfall
23. 04.	

b) Verkauf von Fr. 200 000.– Obligationen 20_1 bis 20_9, Zinsfuss 3%, Zinstermin 31. Mai, Valuta 31. März 20_4, zum Kurs 96%, Spesen Fr. 1700.–.

Verkaufsabrechnung

_____	CHF _____
_____	CHF _____
_____	CHF _____
_____	CHF _____
_____	CHF _____

Journal und Hauptbuch

Datum	Geschäftsfall
31. 03.	

38.06

Am 13. März 20_1 legt die Weber AG erstmals überschüssige Liquidität in Form von Wertschriften an. Die Bankabrechnung lautet:

Kauf von Wertschriften

200 Namenaktien Zementwerke AG zum Kurs 600.–	120 000.–
+ Spesen	1 200.–
= Endbetrag der Bankabrechnung, Valuta 13. März 20_1	121 200.–

Nach der Generalversammlung der Zementwerke AG vom 24. April 20_1 wird eine Dividende ausgeschüttet:

Gutschriftsanzeige der Bank

Dividendenauszahlung Zementwerke AG	
Bruttodividende für 200 Namenaktien zu 15.–/Aktie	3 000.–
./. Verrechnungssteuer 35%	– 1 050.–
= Nettodividende, Valuta 24. April 20_1	1 950.–

Für die Führung des Wertschriftendepots verlangt die Bank eine Depotgebühr von etwa 1‰ des Depotwerts:

Bankbelastungsanzeige

Depotspesen, Valuta 7. Dezember 20_1	130.–

Journal und Hauptbuch

Datum	Geschäftsfall
13. 03.	
	Aktienkauf, Kurswert
	Aktienkauf, Spesen
24. 04.	Bankgutschrift Dividende
	Verrechnungssteuer
07. 12.	Depotgebühren
31. 12.	Kursgewinn Aktien
	Abschluss

Wertschriften — Aufgabe 05

Ende Jahr erstellt die Weber AG ein Wertschrifteninventar:

Führen Sie für das Jahr 20_1 das Journal sowie die Wertschriftenkonten der Weber AG.

Wertschrifteninventar am 31. 12. 20_1

Anzahl	Titelbezeichnung	Kurs	Kurswert
200	Namenaktien Zementwerke AG	630.–	126 000.–

Wertschriften

38.07

Von der Romano AG sind die Wertschriftenbestände gemäss Inventar sowie einige Geschäftsfälle gemäss Journal bekannt:

Wertschrifteninventar am 01. 01. 20_2

Anzahl	Titelbezeichnung	Kurs	Kurswert
1 000	Aktien Fabrik AG	400.–	400 000.–
5 000	Aktien Strom AG	100.–	500 000.–
			900 000.–

Wertschrifteninventar am 31. 12. 20_2

Anzahl	Titelbezeichnung	Kurs	Kurswert
1 000	Aktien Fabrik AG	420.–	420 000.–

Journal und Wertschriftenkonten

Datum	Geschäftsfall
01. 01.	Anfangsbestand
17. 03.	Bankgutschrift Dividenden der Strom AG, Fr. 6 500.–
28. 04.	Verkauf von 5 000 Aktien Strom AG zum Kurs 110.–
	Spesen 1% des Kurswerts
	Kursgewinn
17. 06.	Bankgutschrift Dividenden der Fabrik AG, Fr. 3 900.–
07. 12.	Depotgebühren 800.–
31. 12.	Kursgewinn
	Abschluss

a) Führen Sie für das Jahr 20_2 das nebenstehende Journal sowie die Wertschriftenkonten für die Romano AG.

b) Wodurch unterscheiden sich die Kursgewinne vom 28. April und 31. Dezember grundsätzlich?

Kursgewinne
- **Realisierter Kursgewinn**
- **Unrealisierter Kursgewinn**

c) Nennen Sie mögliche Gründe, warum der Aktienkurs der Fabrik AG gestiegen ist.

Wertschriften — Aufgabe 07

chung	Wertschriften-bestand		Wertschriften-aufwand		Wertschriften-ertrag	
erse						

Wertschriften

38.08

Über den Wertschriftenverkehr der Industrie AG im Jahr 20_2 liegen folgende Belege vor:

Wertschrifteninventar am 31. 12. 20_1 (= am 1. 1. 20_2 übernommene Bestände)

Anzahl bzw. Nominalwert	Titelbezeichnung	Kurs	Kurswert
2 000	Namenaktien Pharma AG	90.–	180 000.–
600 000.–	5% Obligationen Kanton Bern 20_1 bis 20_9 Zinstermin 30. Juni	105%	630 000.–
			810 000.–

Bankabrechnung über den Verkauf von Wertschriften

1000 Namenaktien Pharma AG zum Kurs 95.–	95 000.–
./. Spesen	– 950.–
= Endbetrag der Bankabrechnung, Valuta 20. Februar 20_2	94 050.–

Gutschriftsanzeige der Bank

Dividendenauszahlung Pharma AG

Bruttodividende für 1000 Namenaktien zu 2.–/Aktie	2 000.–
./. Verrechnungssteuer 35%	– 700.–
= Nettodividende, Valuta 10. April 20_2	1 300.–

Gutschriftsanzeige der Bank

5% Obligationen Kanton Bern 20_1 bis 20_9

Bruttozins	30 000.–
./. Verrechnungssteuer 35%	– 10 500.–
= Nettozins, Valuta 30. Juni 20_2	19 500.–

Bankabrechnung über den Verkauf von Wertschriften

CHF 200 000.– 5% Kanton Bern 20_1 bis 20_9 Zinstermin 30. Juni, zum Kurs 102%	204 000.–
+ Marchzins vom 30. 06. bis 30. 09. 20_2 (90 Tage)	2 500.–
= Zwischentotal	206 500.–
./. Spesen	– 2 200.–
= Endbetrag der Bankabrechnung, Valuta 30. September 20_2	204 300.–

Bankbelastungsanzeige

Depotspesen, Valuta 10. Dezember 20_2	600.–

Wertschrifteninventar am 31. 12. 20_2

Anzahl bzw. Nominalwert	Titelbezeichnung	Kurs	Kurswert
1 000	Namenaktien Pharma AG	105.–	105 000.–
400 000.–	5% Obligationen Kanton Bern 20_1 bis 20_9 Zinstermin 30. Juni	104%	416 000.–
			521 000.–

Journal und Wertschriftenkonten

Datum	Geschäftsfall
01. 01.	Anfangsbestand
	Rückbuchung aufgelaufener Zir
20. 02.	
10. 04.	
30. 06.	
30. 09.	
10. 12.	
31. 12.	Aufgelaufene Obligationenzinse
	Kursgewinn Aktien
	Kursverlust Obligationen
	Salden

Wertschriften — Aufgabe 08

a) Führen Sie das Journal sowie die Wertschriftenkonten.

b) Wie hoch sind die realisierten bzw. die unrealisierten Gewinne und Verluste dieser Periode?

...chung	Wertschriften-bestand		Wertschriften-aufwand		Wertschriften-ertrag	

...verse

Wertschriften 38

38.09

Eine Inhaberaktie der Kommerzbank AG kann an der Börse zum Kurs von Fr. 800.– erworben werden. Die Dividende beträgt Fr. 4.–.

a) Wie gross ist die Dividendenrendite, d.h. die Rendite ohne Berücksichtigung von Kursdifferenzen?

b) Wie beurteilen Sie die Höhe der Rendite?

38.10

B. Zwick hat für die Anlage seiner gesparten Fr. 100 000.– zwei Möglichkeiten ins Auge gefasst:

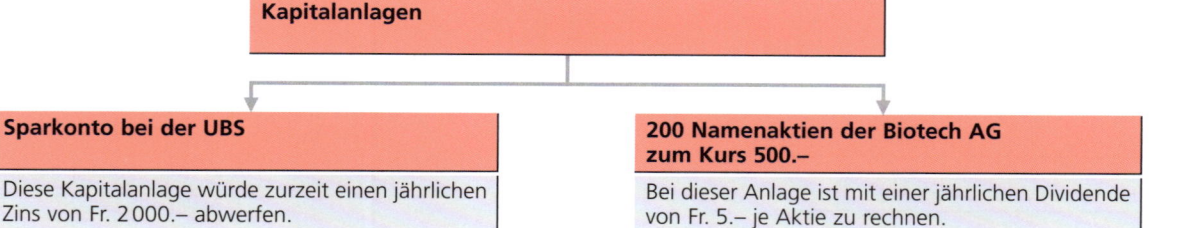

Kapitalanlagen

- **Sparkonto bei der UBS**
  Diese Kapitalanlage würde zurzeit einen jährlichen Zins von Fr. 2 000.– abwerfen.

- **200 Namenaktien der Biotech AG zum Kurs 500.–**
  Bei dieser Anlage ist mit einer jährlichen Dividende von Fr. 5.– je Aktie zu rechnen.

a) Welche Anlage rentiert besser? Belegen Sie Ihre Aussage rechnerisch.

b) Welche anderen Gesichtspunkte sind beim Anlageentscheid zu berücksichtigen?

38.11

Eine Aktie wurde zum Kurs von Fr. 200.– erworben.

Wie hoch war die Rendite, wenn eine Dividende von Fr. 6.– ausgeschüttet und das Wertpapier nach einem Jahr zu folgendem Kurs wieder verkauft wurde:

a) Fr. 200.–

b) Fr. 250.–

c) Fr. 180.–

38.12

D. Lagler verkaufte 200 zum Kurs von Fr. 400.– erworbene Aktien der Bergbahnen AG nach 3½ Jahren Besitzdauer zum Kurs Fr. 470.–. Während der Besitzdauer wurden Dividenden von Fr. 12.–, Fr. 10.– und Fr. 13.– ausgeschüttet.

a) Berechnen Sie die Rendite für die gesamte Kapitalanlage von 200 Aktien.

b) Berechnen Sie die Rendite für 1 Aktie.

Wertschriften

38.13

In einem Boulevardblatt stand als Headline: «Schweizer Bluechip[1] mit 40% Dividende». Weiter unten im Zeitungsartikel war dann zu lesen, dass der Nominalwert dieser Aktie Fr. 10.– beträgt und der aktuelle Börsenkurs Fr. 200.–.

In einer Biertischrunde wird diese Dividendenausschüttung als Abzockerei und übelster Auswuchs des Kapitalismus bezeichnet.

Was ist Ihre Meinung als Fachperson?

38.14

Berechnen Sie die Renditen für folgende Aktienanlagen (die Spesen können vernachlässigt werden):

Aufgabe	Titel	Dividenden	Kaufkurs	Verkaufskurs	Besitzdauer	Jahresertrag	Rendite
a)	Bank AG	20 + 25 + 25 = 70	800	850	3 Jahre		
b)	Holding AG	40	1 000	1 080	16 Monate		
c)	Fabrik AG	6 + 6 + 8 = 20	600	640	3 Jahre 4 Monate		
d)	Handel AG	3 + 2 = 5	300	235	4 Jahre		

38.15

E. Furrer kaufte Fr. 100 000.– 3% Schweizerische Eidgenossenschaft 20_1 bis 20_9 zum Kurs 95% und verkaufte diese zweieinhalb Jahre später zum Kurs 97,5%.

Berechnen Sie die Jahresrendite.

38.16

K. Ghodsi kaufte bei der Emission (das ist die Ausgabe) Fr. 20 000.– 4% Kanton Aargau 20_1 bis 20_9 zum Kurs 98%.

Berechnen Sie die Rendite auf Verfall, wenn die Anleihe

a) am Ende der Laufzeit zu pari (zum Nominalwert) zurückbezahlt wird.

b) zwei Jahre vor Ende der Laufzeit vorzeitig zum Kurs 102% zurückbezahlt wird.

---

[1] Als Bluechips werden in der Börsensprache die Aktien erstklassiger Gesellschaften mit starker Ertragskraft, günstigen Wachstumsaussichten und entsprechend hohem Rating (Bonitäts-Bewertung) bezeichnet.

Wertschriften

38.17

Berechnen Sie die Renditen folgender Obligationen:

Aufgabe	Titel	Zinsfuss	Kaufkurs	Verkaufskurs	Besitzdauer	Jahresertrag	Rendite
a)	Schweizerische Eidgenossenschaft	4%	101%	102%	2 Jahre		
b)	Kanton Basel	5%	105%	101%	4 Jahre		
c)	Zürcher Kantonalbank	2½%	90%	100%	5 Jahre		
d)	Kraftwerk Eglisau AG	7%	110%	106%	40 Monate		

38.18

Die H. Koch AG erwarb am 6. Juli 20_2 börsenkotierte Obligationen des Kantons St. Gallen 20_1 bis 20_9, Zinstermin 12. August, mit einem Nominalwert von Fr. 50 000.– zum Kurs 97%. Die Obligationen wurden anschliessend ins Wertschriftendepot bei der RegioBank AG gelegt.

a) Wie hoch ist der Zinsfuss der Obligation, wenn aus dieser Kapitalanlage jährlich ein Verrechnungssteuer-Anspruch von Fr. 700.– entsteht?

b) Wie werden Nettozins und Verrechnungssteuer verbucht?

c) Berechnen und verbuchen Sie die Depotgebühr des Jahres 20_4, wenn die RegioBank AG 1,25‰ des Kurswerts sowie Fr. 20.– pro Titelgattung belastet? (Der Kurs der Obligationen beträgt im Zeitpunkt der Gebührenberechnung 104%.)

d) Zu welchem Wert dürfen diese Wertschriften Ende 20_4 gemäss Obligationenrecht höchstens in die Bilanz der H. Koch AG eingesetzt werden? (Die Kurse betrugen im Dezember durchschnittlich 104%, Ende Dezember 105%.)

e) Wie gross ist die Rendite (ohne Berücksichtigung von Spesen), wenn diese Obligationen am 24. Oktober 20_6 zum Kurs 101,3% verkauft wurden?

f) Erstellen Sie die Bankabrechnung für den Verkauf gemäss Teilaufgabe e), wenn die Verkaufsspesen 1% des Kurswerts samt Marchzinsen betragen?

g) Wie verbucht die H. Koch AG den Verkauf gemäss Teilaufgabe f)? Anfang 20_6 betrug der Kurs der Obligationen 102%.

h) Warum schwankt der Kurs dieser Obligationen zwischen 97% (bei Erwerb) und 105% (Ende 20_4)?

Wertschriften

38.19

Die Leimi AG erhielt von der RegioBank AG folgende Abrechnung, die von den Buchautoren leicht manipuliert wurde:

```
                                    BOERSENPLATZ: FRANKFURT
┌──────────────────┬─────────────────────────────────────────┬──────────────────┐
│ NOMINAL          │ VALOR 291.199.000 V                     │ KURS             │
├──────────────────┼─────────────────────────────────────────┼──────────────────┤
│ EUR   40 000.00  │ 6 3/8% ARGENTINIEN 20_1 - 20.1.20_8     │         98.45%   │
│                  │                                         │                  │
│                  │                     CPS. 20.01.         │                  │
└──────────────────┴─────────────────────────────────────────┴──────────────────┘
                    KURSWERT                                   EUR    39 380.00
                    6.375 % ZINS AB ...?... BIS ...?...
                    (= ? TAGE)                                 EUR        63.75
                    AUSLAENDISCHE COURTAGE                                NETTO
                    AUSLAENDISCHE SPESEN                       EUR        10.00
                                                               EUR    39 453.75
                                     EUR ZU ...?...            CHF    63 126.00
                    UNSERE COURTAGE                            CHF       473.45
                    EIDGENOESSISCHE STEMPELABGABE              CHF        94.70
                    BOERSENGEBUEHR/EBK-ABGABE                  CHF         6.40
                                     VALUTA 29.01.20_3         CHF    63 700.55
```

a) Handelt es sich um eine Kauf- oder Verkaufsabrechnung?

b) Zu welchem Kurs rechnete die Bank die EUR um?

c) Wie verbuchte die Leimi AG diese Belastung?

d) Wie wurde der Marchzins errechnet?

e) Wie hoch ist die Rendite dieser Obligationen auf Verfall ohne Berücksichtigung von Spesen und Währungsdifferenzen, wenn die Anleihe zu pari zurückbezahlt wird?

Wertschriften

38.20

Berechnen Sie die fehlenden Grössen.

Aufgabe	Titel	Dividenden bzw. Zinsfuss	Kaufkurs	Verkaufskurs	Besitzdauer	Rendite
a)	Hotel AG		400	420	1 Jahr	8%
b)	Transport AG	10 + 10 = 20	500		2 Jahre	6%
c)	Pharma AG	4 + 5 +	200	230	2 Jahre 108 Tage	10%
d)[1]	Industrie AG	7 + 4 + 3 + 6 = 20		340	4 Jahre	5%
e)	Stadt Rafz		100%	97%	18 Monate	4%
f)	Eidgenossenschaft	3%	100%	103%		4%
g)	RegioBank AG	5%	100%		2 Jahre 144 Jahre	7%
h)[1]	Airline AG	4%		86%	3 Jahre	7,50%

[1] Die beiden Teilaufgaben d) und h) sind schwierig; sie lassen sich am besten mit linearen Gleichungen lösen.

Wertschriften

38.21

P. Meier könnte von einer Investmentgesellschaft in Panama zum Kurs von USD 2.– nicht börsenkotierte Aktien der Rio Negro Ltd. kaufen, die Schürfrechte für Gold im peruanisch-brasilianischen Grenzgebiet besitzt. Von der Gesellschaft wird eine Dividende von USD 0.40 in Aussicht gestellt. Ausserdem ist mit einem starken Kursanstieg der Wertpapiere zu rechnen, wenn sich die Goldfunde als so reichlich erweisen, wie erste geologische Gutachten erwarten lassen.

Beurteilen Sie diese Investitionsmöglichkeit aus dem Blickwinkel des magischen Dreiecks der Kapitalanlage.

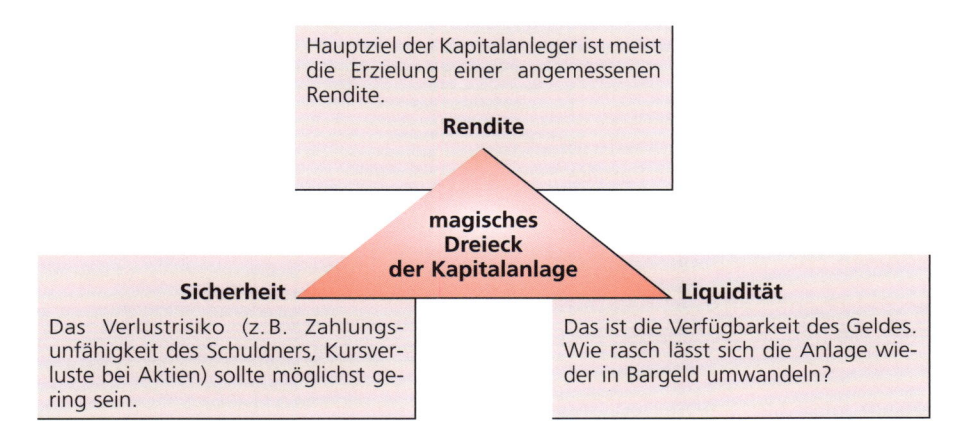

Rendite

Hauptziel der Kapitalanleger ist meist die Erzielung einer angemessenen Rendite.

magisches Dreieck der Kapitalanlage

Sicherheit

Das Verlustrisiko (z. B. Zahlungsunfähigkeit des Schuldners, Kursverluste bei Aktien) sollte möglichst gering sein.

Liquidität

Das ist die Verfügbarkeit des Geldes. Wie rasch lässt sich die Anlage wieder in Bargeld umwandeln?

Immobilien

39.01

Automechaniker O. Henry ist Einzelunternehmer mit eigener Autowerkstatt. Er kauft auf den 1. Januar 20_3 ein Mehrfamilienhaus für Fr. 1 500 000.–. An eigenen Mitteln bringt er Fr. 500 000.– auf, den Rest finanziert er mit einem Hypothekardarlehen, das zu 3,5% verzinslich ist.

O. Henry nutzt das ganze Erdgeschoss als Autowerkstatt. Die 5-Zimmer-Maisonette im Dach bewohnt er selber mit seiner Familie. Die mittleren Geschosse mit zwei Wohnungen sind an Familien weiter vermietet. Alle Zahlungen erfolgen über die Bank.

a) Führen Sie die Liegenschaftsbuchhaltung, und ermitteln Sie den Liegenschaftserfolg für das Jahr 20_3.

b) Wofür werden Gebühren, Abgaben und Versicherungen von Fr. 2 500.– erhoben?

c) Weshalb wird für das Geschäft von O. Henry und für die mit seiner Familie bewohnte Wohnung ein Mietwert verrechnet?

Liegenschaftsbuchhaltung

Geschäftsfall	Buchung
Kauf	
Anzahlung mit eigenen Mitteln	
Restfinanzierung durch Hypothekardarlehen zu 3,5%	
Handänderungssteuer und Grundbuchgebühren (16 000)	
Aufwände	
Unterhalt und Reparaturen (2 000)	
Gebühren, Abgaben und Versicherungen (2 500)	
Heizung, Strom allgemein (1 400)	
Hypothekarzinsen (?)	
Verwaltungsaufwand (3 300)	
Reinigung und Hauswartung (4 800)	
Abschreibungen (8 000)	
Erträge	
Mieteinnahmen (36 000)	
Mietwert Geschäft (24 000)	
Mietwert Privatwohnung (20 000)	
Abschluss	
Salden	Diverse Buchungen

Immobilien — 39 — Aufgabe 01

Bestandskonten

Immobilien		Hypotheken	

Erfolgskonten

Immobilienaufwand		Immobilienertrag	

Bilanz 31. 12. 20_3 (Auszug)

Immobilien	Hypotheken

Erfolgsrechnung für 20_3 (Auszug)

Immobilienaufw.	Immobilienertrag

Immobilien

39.02

F. Linder betreibt ein Optiker-Fachgeschäft in Wädenswil. Der Geschäftsinhaber bewohnt privat mit seiner Familie eine Wohnung in dieser Liegenschaft. Wie lauten die Buchungssätze?

a) F. Linder kauft eine Liegenschaft von der Sager & Co. in Wädenswil:

Nr.	Geschäftsfall	Betrag	Buchung Aus Sicht des Käufers
1	Kauf bzw. Verkauf der Liegenschaft in Wädenswil	900 000	
2	Übernahme der 1. Hypothek vom Verkäufer	500 000	
3	Gewährung einer 2. Hypothek durch den Verkäufer	100 000	
4	Der Käufer übernimmt den Heizölvorrat.	2 000	
5	Die Handänderungs- und Notariatskosten betragen für Käufer und Verkäufer je 9 350.– und werden durch die Bank beglichen.	9 350	
6	Übergabe von Aktien aus dem Depot des Käufers zum Kurswert	50 000	
7	Die Restschuld wird durch Bankcheck beglichen.		

b) Nach dem Kauf der Liegenschaft wird das Haus renoviert:

Nr.	Geschäftsfall	Betrag	Buchung
1	Rechnung der Wärmetechnik GmbH für den Einbau einer neuen Heizung. Die Hälfte des Betrages ist als Wertsteigerung, die andere Hälfte als Unterhalt zu verbuchen.	100 000	
2	Für Ausbesserungsarbeiten, die nach der Liegenschaftsübernahme durch den Maler vorgenommen wurden, trifft eine Rechnung ein. Der Betrag ist nicht zu aktivieren.	8 000	

c) Die Stromrechnungen treffen ein:

Nr.	Geschäftsfall	Betrag	Buchung
1	Stromrechnung für die F. Linder (Geschäft)	100	
2	Stromrechnung für die Privatwohnung Linder (wird später übers Geschäft bezahlt)	120	
3	Stromrechnung Treppenhaus, Vorplatz und Kellerräumlichkeiten	30	

... Sicht des Verkäufers

d) Verbuchungen Ende Jahr:

Nr.	Geschäftsfall	Betrag	Buchung
1	Mietwert des Geschäftslokals	12 000	
2	Mietwert der Privatwohnung Familie Linder	10 000	
3	Ausstehende Zinsen von Mieter X	2 000	
4	Von Mieter Y vorausbezahlte Mietzinsen	1 000	
5	Bankzahlung des Halbjahreszinses für die zu 3,5% verzinsliche 1. Hypothek (Zinstermine 30. 6. und 31. 12.)		
6	Aufgelaufener Hypothekarzins für die zu 4% verzinsliche Hypothek (Zinstermine 31. 3. und 30. 9.)		
7	Indirekte Abschreibung des Geschäftsmobiliars	1 500	
8	Direkte Abschreibung der Liegenschaft	5 000	

Immobilien

39.03

Frau C. Wüscher betreibt mitten in Schaffhausen eine gut gehende Kosmetikfachschule. Die Schule ist Eigentümerin eines 3-geschossigen Geschäfts- und Wohnhauses und ist mit den Schulungsräumen im Parterre der Liegenschaft untergebracht. Neben den Schulräumen befinden sich im Haus noch die Privatwohnung der Familie Wüscher und weitere an Dritte vermietete Wohnungen.

Die Liegenschaftsrechnung wird in der Buchhaltung der Kosmetikfachschule getrennt vom Geschäft als Nebenbetrieb (Profit Center) geführt. Für die Fachschule und die Privatwohnung werden monatlich Mieten belastet.

a) Führen Sie das Journal für den Monat Dezember, und bestimmen Sie den Erfolg für die Liegenschaft.

b) Berechnen Sie die Bruttorendite für die Liegenschaft. Der Kapitaleinsatz entspricht dem Buchwert der Liegenschaft Anfang Jahr.

Bruttorendite

$$\frac{\text{Bruttoertrag} \cdot 100\%}{\text{Kapitaleinsatz}}$$

c) Berechnen Sie die Nettorendite (= Eigenkapitalrendite) für die Liegenschaft. Massgeblich ist das investierte Eigenkapital Anfang Jahr.

Eigenkapitalrendite

$$\frac{\text{Liegenschaftserfolg} \cdot 100\%}{\text{Eigenkapital}}$$

d) Wird im Immobilienbereich von Rendite gesprochen, ist praktisch immer die Bruttorendite gemeint. Warum ist diese aussagekräftiger als die Nettorendite?

Lösungsblatt zu 39.03 a)

Journal

Datum	Geschäftsfall
Div.	Übertrag
01.12.	Bankbelastung der Hypothekarzinsen 4% vom 31.5. bis 30.1 (Hypothek Fr. 1 200 000.–)
03.12.	Rechnung für Unterhaltsarbeiten von Fr. 2 300.–
05.12.	Bankgutschrift Monatsmietzins Fr. 6 775.–
07.12.	Rechnung für Heizöl, Fr. 3 470.–
15.12.	Mietzinsbelastung
	▷ Kosmetikschule Fr. 36 000.–
	▷ Privat Wüscher Fr. 19 200.–
17.12.	Rechnung der Pulito AG für Hauswart- und Reinigungsarbeiten Fr. 700.–
18.12.	Rechnung für Fr. 48 800.– der Bau GmbH für die Erneuerung der Nasszellen und Toiletten. 50 des Betrages sind zu aktivieren.
19.12.	Bankbelastung für Abgaben, Versicherungen und Gebühren für das 4. Quartal, Fr. 720.–
27.12.	Bankbelastung für Stromverbrauch (Treppenhausbeleuchtung, Waschmaschine usw.), Fr. 180.–
28.12.	Bankzahlung an Kreditoren Fr. 16 370.–
31.12.	Die Heizkosten werden weiterverrechnet an:
	▷ Mieter Fr. 1 650.–
	▷ Geschäft Fr. 940.–
	▷ Privat Fr. 710.–
31.12.	Die geschuldeten Hypothekarzinsen sind abzugrenzen.
31.12.	Der Heizölvorrat beträgt am Jahresende Fr. 3 000.–
31.12.	Die Hypothek wird um Fr. 50 000 amortisiert.
31.12.	Auf dem Buchwert der Liegenschaft wird 1% abgeschrieben.
31.12.	Salden

Immobilien — Aufgabe 03

chung	Immobilien		Immobilienaufwand		Immobilienertrag	
erse Buchungen	2 100 000		32 200			
erse Buchungen						

Immobilien

39.04

Die Kollektivgesellschaft A. Hug & Co. betreibt in einer eigenen Liegenschaft einen Klavier- und Flügelverkauf mit eigener Reparaturwerkstatt. Zwei kleinere Wohnungen sind an Dritte vermietet, eine Wohnung wird durch den Gesellschafter A. Hug mit seiner Familie bewohnt.

Die provisorische Erfolgsrechnung zeigt am Jahresende 20_3 diese Zahlen:

	Provisorische Erfolgsrechnung		Nachträge		Definitive Erfolgsrechnung	
	Aufwand	Ertrag	Soll	Haben	Aufwand	Ertrag
Verkaufsertrag		880 000				
Reparaturertrag		220 000				
Mietzinsertrag		34 800				
Warenaufwand	640 000					
Personalaufwand	280 000					
Mietaufwand	15 000					
Unterhalt und Reparatur	9 100					
Versicherungen	9 400					
Energieaufwand	14 250					
Übriger Aufwand	7 500					
Zinsaufwand	29 340					
Abschreibungen	32 000					
Gewinn	**98 210**					
	1 134 800	1 134 800	–	–		

a) Die folgenden Nachträge sind in obiger Aufstellung zu berücksichtigen, und es ist die definitive Erfolgsrechnung zu erstellen:

1. Für die Wohnung von Gesellschafter A. Hug ist ein Mietwert von Fr. 19 200.– zu berücksichtigen.

2. Der Mietwert für die genutzten Geschäftsräume für die 2. Jahreshälfte ist noch zu verrechnen.

3. Der aufgelaufene Hypothekarzins (4% Hypothek, Fr. 600 000.–) für November und Dezember ist noch zu berücksichtigen.

4. Ein Mieter hat eine Vorauszahlung für 20_4 von Fr. 1 200.– geleistet.

5. In den Versicherungsaufwendungen ist eine Prämienvorauszahlung für 20_4 von Fr. 1 000.– enthalten.

6. Der Heizölvorrat beträgt Ende Jahr Fr. 2 100.–. Die Heizöleinkäufe werden jeweils über Energieaufwand gebucht.

7. Das Dezembergehalt von A. Hug von Fr. 8 000.– ist noch nicht gutgeschrieben worden.

8. Eine Dachreparatur an der Liegenschaft wurde auf Jahresende gerade abgeschlossen. Der Kostenvoranschlag lautete auf Fr. 15 310.–.

Immobilien — **39** Aufgabe 04

b) A. Hug möchte künftig den Erfolg für das Musikgeschäft getrennt vom Liegenschaftserfolg nachweisen. Er bittet Sie, die definitive Erfolgsrechnung so aufzuteilen, dass für den Abschluss per 31. Dezember 20_3 ein getrennter Erfolgsnachweis für den Instrumenten-Hauptbetrieb mit Werkstatt und den Liegenschaftsnebenbetrieb möglich wird. Gemäss Buchhaltung enthält die Gesamtrechnung folgende Aufwands- und Ertragsanteile für die Liegenschaft:

1.	Personalaufwand	Für Reinigungs- und Hauswartdienste sind hier Fr. 9600.– enthalten.
2.	Unterhalt und Reparaturen	Bis auf Fr. 2400.– für Wartungsabonnemente an Maschinen sind diese Aufwände durch Unterhalts- und Reparaturarbeiten an der Liegenschaft verursacht worden.
3.	Versicherungen	Davon entfallen auf die Liegenschaft Fr. 2800.–.
4.	Energieaufwand	Für Treppenhaus, allgemeine Kellerräume und Aussenbeleuchtung belaufen sich die Heiz- und Stromkosten auf Fr. 1700.–.
5.	Übriger Aufwand	An Gebühren und Abgaben entfallen auf die Liegenschaft Fr. 1300.–.
6.	Zinsaufwand	Darin sind die Hypothekarzinsen enthalten.
7.	Abschreibungen	Auf dem Gebäudewert von Fr. 850 000.– wurde 1% abgeschrieben.

	Definitive Erfolgsrechnung		Musik (Hauptbetrieb)		Liegenschaft (Nebenbetrieb)	
	Aufwand	Ertrag	Aufwand	Ertrag	Aufwand	Ertrag
Verkaufsertrag		880 000				
Reparaturertrag		220 000				
Mietzinsertrag		67 800				
Warenaufwand	640 000					
Personalaufwand	288 000					
Mietaufwand	30 000					
Unterhalt und Reparatur	24 410					
Versicherungen	8 400					
Energieaufwand	12 150					
Übriger Aufwand	7 500					
Zinsaufwand	33 340					
Abschreibungen	32 000					
Erfolg	**92 000**					
	1 167 800	1 167 800				

Immobilien — Aufgabe 04 — 39

c) Erstellen Sie für die A. Hug & Co. eine **mehrstufige Erfolgsrechnung** nach folgendem Schema:

Erfolgsrechnung für 20_3

	_____	_____
+	_____	_____
=	**Gesamtertrag**	_____
./.	_____	_____
./.	_____	_____
./.	_____	_____
./.	_____	_____
./.	_____	_____
./.	_____	_____
./.	_____	_____
=	**Betriebsergebnis vor Zinsen und Abschreibungen (EBITD)**	_____
./.	_____	_____
./.	_____	_____
=	**Betriebsgewinn ohne Nebenbetriebe**	_____
+	_____	_____
./.	_____	_____
=	**Unternehmungsgewinn**	_____

220

Immobilien

39.05

Von einer Liegenschaft sind folgende Daten bekannt:

▷ Erste Hypothek	600 000.–	3,5%
▷ Zweite Hypothek	300 000.–	4%
▷ Bruttorendite		7%
▷ Kaufpreis Liegenschaft	1 300 000.–	
▷ Übriger Liegenschaftsaufwand (exklusive Hypothekarzinsen)	36 000.–	

a) Wie gross ist das investierte Eigenkapital?

b) Wie gross ist der jährliche Mietertrag (Bruttoertrag)?

c) Wie gross ist der mit der Liegenschaft erzielte Erfolg?

d) Wie gross ist die Eigenkapital-Rendite?

e) Wie wirkt sich eine Hypothekarzinssatz-Erhöhung von je 0,5% auf die Bruttorendite aus?

f) Wie wirkt sich eine Hypothekarzinssatz-Erhöhung von je 0,5% auf die Eigenkapital-Rendite aus?

g) Der Hauseigentümer möchte eine Eigenkapital-Rendite von 6% erzielen.

Um wie viel Prozent muss er die gesamten Mietzinsen von Aufgabe b) erhöhen?

39

Anhang 1 Fallbeispiel

F. Lang arbeitete während 15 Jahren als Angestellte einer grossen Treuhandgesellschaft. Auf 1. November 20_1 macht sie sich selbstständig und gründet in Bülach unter dem Namen Kleeblatt Treuhand GmbH eine eigene Unternehmung. Die vier Blätter des Kleeblattes stehen für die vier Dienstleistungen, welche die GmbH für ihre Kunden erbringt:

▷ Führung von Buchhaltungen
▷ Beratung in Steuerfragen und Erstellung von Steuererklärungen
▷ Revision (Buchprüfung)
▷ Verwaltung von Liegenschaften

F. Lang kann aus ihrer früheren Tätigkeit einige grössere Kunden übernehmen und ist deshalb von Anfang an mit Aufträgen gut ausgelastet.

Führen Sie die Buchhaltung der Kleeblatt Treuhand GmbH mit **EasyAccounting:**

▷ Der Kontenplan ist bereits erfasst und auf der CD unter **Fall zu Band 3** hinterlegt.
▷ Die Geschäftsfälle sind nachfolgend aufgeführt. Für die rot geschriebenen Geschäftsfälle sind vor der Verbuchung zuerst die auf den nächsten Seiten abgebildeten Originalbelege zu kontieren.
▷ Die GmbH wird die MWST mit einem Saldosteuersatz von 6,7% abrechnen.

Anhang 1

Geschäftsjahr 20_1

Datum	Geschäftsfall	Beleg Nr.	Betrag
1. 11.	Einzahlung des Stammkapitals	1	
2. 11.	Rechnung des Notariats für die öffentliche Beurkundung①	2	800.–
3. 11.	Rechnung für den Kauf von EDV-Hardware und Software	3	
3. 11.	Rechnung für den Kauf von Büromobiliar bei der Mobilia AG	4	23 760.–
4. 11.	Bankbelastung für den Mietzins des Geschäftslokals im November	5	1 500.–
7. 11.	Barbezug am Bankomaten	6	4 000.–
7. 11.	Rechnung des Handelsregisteramtes①	7	
7. 11.	Barkauf von Büromaterial bei Officeland	8	972.–
8. 11.	Rechnung für den Kauf eines Geschäftsautos bei der Garage Lindau AG	9	27 460.–
9. 11.	Barkauf von Fachliteratur	10	315.40
10. 11.	Barkauf von Briefmarken	11	250.–
15. 11.	Kauf von Getränken, Snacks, Blumenschmuck und Kehrichtsäcken	12	322.80
25. 11.	Bankbelastung für Gehaltsauszahlung November	13	
25. 11.	Arbeitnehmer- und Arbeitgeberbeiträge gemäss Gehaltsabrechnung November②	14	
30. 11.	Bankgutschrift für erhaltenes Darlehen (Zinsfuss 6% p. a., Zinstermine 30. 11. und 31. 05.)	15	60 000.–
30. 11.	Rechnung für geleistete Arbeiten	16	
1. 12.	Rechnung des örtlichen Gewerbeverbandes für die Mitgliedschaft	17	200.–
1. 12.	Bankbelastung für den Mietzins des Geschäftslokals im Dezember	18	1 500.–
2. 12.	Rechnung des Strassenverkehrsamtes für die Motorfahrzeugsteuer im November und Dezember sowie diverse Gebühren	19	109.50
3. 12.	Bankbelastung für Zahlung an diverse Kreditoren	20	33 915.–
5. 12.	Rechnung der Winterthur Versicherungen für die Motorfahrzeughaftpflicht sowie die Teilkaskoversicherung im November und Dezember	21	217.20
5. 12.	Rechnung für geleistete Arbeiten an die Kundin Meier AG	22	9 882.–
6. 12.	Rechnung für Werbegeschenke	23	
8. 12.	Rechnung der Swisscom für den November	24	216.75
9. 12.	Monatsrechnung der Tankstelle Breitenloo für Benzinbezüge	25	106.50
10. 12.	Rechnung der Winterthur Versicherungen für die Berufshaftpflichtversicherung im November und Dezember	26	337.20
14. 12.	Bankbelastung für Zahlungen an diverse Kreditoren	27	28 895.20
20. 12.	Rechnung für geleistete Arbeiten an die Kundin Hinz & Kunz GmbH	28	6 480.–
21. 12.	Bankgutschrift für die Zahlung der Plantissimo AG	29	5 400.–
22. 12.	Bankbelastung für Gehaltsauszahlung Dezember	30	6 992.25
22. 12.	Arbeitnehmerbeiträge gemäss Gehaltsabrechnung Dezember	31	1 007.75
22. 12.	Arbeitgeberbeiträge gemäss Gehaltsabrechnung Dezember	31	1 070.–
29. 12.	Rechnung der Elektrovolt AG für Strombezüge im November und Dezember	32	93.70
31. 12.	Monatsrechnung der Tankstelle Breitenloo für Benzinbezüge im Dezember	33	82.20
31. 12.	Rechnung der Swisscom für den Dezember	34	187.35
31. 12.	Lineare Abschreibungen	35	
31. 12.	Aufgelaufene Darlehenszinsen	36	
31. 12.	Zinsgutschrift für das Kontokorrent bei der RegioBank	37	8.–
31. 12.	Belastung für Bankspesen	38	17.80
31. 12.	Im November und Dezember geleistete, noch nicht fakturierte Arbeit	39	12 100.–
31. 12.	Bildung eines Delkrederes	40	
31. 12.	Mehrwertsteuerabrechnung	41	
31. 12.	Rückstellung für noch nicht veranlagte Steuern auf dem Geschäftsjahr 20_1	42	600.–
31. 12.	Gewinnverbuchung	43	

① Der Gründungsaufwand ist als übriger Betriebsaufwand zu verbuchen.

② Der Einfachheit halber wird in dieser Aufgabe auf die Verbuchung von Akonto-Zahlungen an die AHV-Ausgleichskasse, die Pensionskasse sowie die Unfallversicherungsgesellschaft verzichtet.

Anhang 1

Geschäftsjahr 20_2

Datum	Geschäftsfall	Beleg Nr.	Betrag
1. 1.	Eröffnung	–	–
1. 1.	Rückbuchung der aufgelaufenen Zinsen	36	
1. 1.	Rückbuchung der angefangenen Arbeiten (wie die Rückbuchung eines transitorischen Postens zu behandeln)	39	
9. 1.	Bankgutschrift für die Zahlung von Hinz und Kunz GmbH	44	6 480.–
15. 1.	Banküberweisung der geschuldeten Sozialversicherungsbeiträge	45	
18. 1.	Banküberweisung für die geschuldete Mehrwertsteuer	46	
19. 1.	Gewinnverwendung gemäss Beschluss der Gesellschafterversammlung	47	
21. 1.	Banküberweisung des Gewinnes unter Abzug der Verrechnungssteuer	48	

RegioBank

Filiale Bülach
Am Bahnhof 4
8180 Bülach

Bülach, 1. 11. 20_1

Kleeblatt Treuhand GmbH in Gründung
Bergstrasse 27
8180 Bülach

Sehr geehrte Damen

Wir bestätigen Ihnen hiermit, dass uns zugunsten der in Gründung begriffenen

Kleeblatt Treuhand GmbH

auf ein auf deren Namen neu eröffnetes Stammkapital-Einlagekonto zugekommen sind:

Fr. 20 000.– (Franken zwanzigtausend)

Der hinterlegte Betrag wird nach Eintragung der Gesellschaft im Handelsregister und erfolgter Publikation im Schweizerischen Handelsamtsblatt zur freien Verfügung Ihrer zeichnungsberechtigten Organe stehen.

Mit freundlichen Grüssen

RegioBank

Wolfgang Müller

ppa. W. Müller

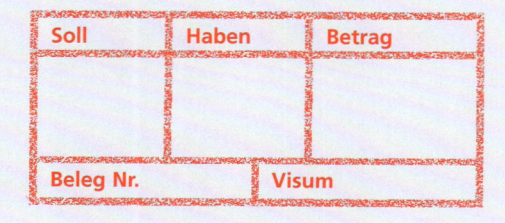

Soll	Haben	Betrag
Beleg Nr.	Visum	

Anhang 1

Wallisellen, 3. 11. 20_1

IT-Shop AG

Kleeblatt Treuhand GmbH
Bergstrasse 27
8180 Bülach

Rechnung

Sie haben heute bei uns abgeholt:

1 PC Think Tank 990AT inkl. DVD und Modem	Fr. 3 800.–
1 Bildschirm Aventura Superplasma XXI 17"	Fr. 2 800.–
1 HP 22G Drucker, Kopierer, Fax, Scanner	Fr. 1 400.–
4 Ersatzpatronen für Drucker	gratis
Total exkl. MWST	Fr. 8 000.–
+ MWST 8,0%	Fr. 640.–
Total inkl. MWST	**Fr. 8 640.–**

Druckerkabel gratis.

Wir danken für Ihren geschätzten Auftrag und bitten um Überweisung des Betrags mittels beiliegenden Einzahlungsscheines innert 30 Tagen netto.

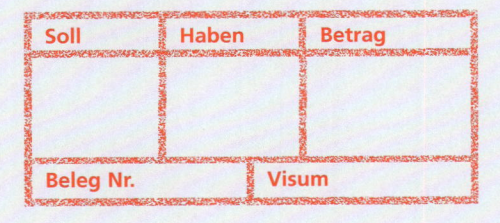

Soll	Haben	Betrag
Beleg Nr.	**Visum**	

IT-Shop AG, Winterthurerstrasse 420, 8304 Wallisellen, MWST-Nr. 402 833

Anhang 1

Handelsregisteramt des Kantons Zürich

8001 Zürich, Bleicherweg 5   Postfach, 8022 Zürich   Telefon 01 217 75 11

Frau/Herrn/Firma

Kleeblatt Treuhand GmbH
Bergstrasse 28
8180 Bülach

Rechnung

		Ref.	Datum	Registereintragung	Rechnungs-Nr.
		BH2	07.11.20_1	11,12,22,57 siehe Rückseite	201674/1
Code	Bezeichnung				Betrag Franken
1	Eintragungsgebühren		ohne MWST		700.00
2	Kanzleigebühren		ohne MWST		135.00
	Rechnungstotal, zahlbar innert 30 Tagen rein netto				835.00

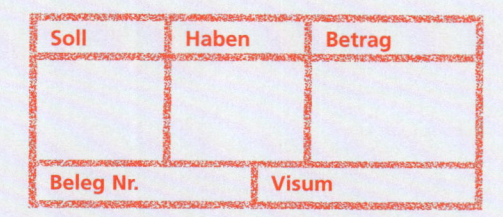

Soll	Haben	Betrag
Beleg Nr.	Visum	

Anhang 1

RegioBank

Filiale Bülach
Am Bahnhof 4
8180 Bülach

Kleeblatt Treuhand GmbH
Bergstrasse 27
8180 Bülach

Datum	25. 11. 20_1
Auftrags-Nr.	7826-0605-00196-0001
Konto	443.840
Währung	CHF
Valuta	25. 11. 20_1

Belastungsanzeige

Total	CHF 6 992.25
Mitteilungen:	
Salärzahlung zu Gunsten von:	
F. Lang Obergasse 27 8193 Eglisau	

Ohne manuelle Ergänzung gültig ohne Unterschrift

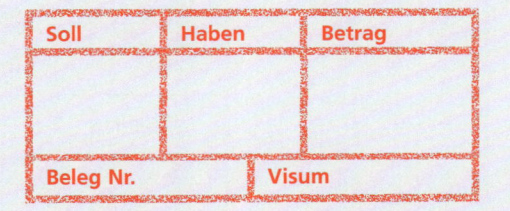

Soll	Haben	Betrag
Beleg Nr.		Visum

Kleeblatt Treuhand GmbH

Interner Beleg

Gehaltsabrechnung	Frau
Valuta 25. 11. 20_1	F. Lang
Periode 11. 20_1	Obergasse 27
	8193 Eglisau

Bruttolohn			8 000.00	
Kinderzulagen			0.00	8 000.–
	Abzüge			
	AHV, IV, EO 5,15%	von 8 000.–	412.00	
	ALV 1,1%	von 8 000.–	88.00	
	PK 7,5%	von 5 970.–	447.75	
	NBU 0,75%	von 8 000.–	60.00	1 007.75
Nettolohn	Überweisung auf Konto 4801-770.449 RegioBank Bülach			6 992.25

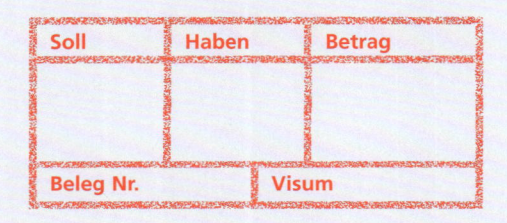

Soll	Haben	Betrag
Beleg Nr.	Visum	

Sozialversicherungsbeiträge Arbeitgeber			
AHV, IV, EO	5,15%	von 8 000.–	412.00
VK	3%	von 824.–	24.70
ALV	1,1%	von 8 000.–	88.00
PK	9%	von 5 970.–	537.30
BU	0,1%	von 8 000.–	8.00
Total			1 070.00

Kleeblatt Treuhand GmbH

Plantissimo AG
Seestrasse 210
8008 Zürich

Bülach, 30. November 20_1

Honorarrechnung

Wir gestatten uns, für die im November 20_1 ausgeführten Arbeiten wie folgt Rechnung zu stellen:

Honorar	Fr.	5 000.–
+ MWST 8,0%	Fr.	400.–
= Total	Fr.	5 400.–

Die Einzelheiten entnehmen Sie bitte der beiliegenden Stundenabrechnung.

Wir bitten Sie, diesen Betrag mittels beiliegendem Einzahlungsschein innert 30 Tagen auf unser Konto Nr. 443.840 bei der RegioBank in Bülach zu überweisen.

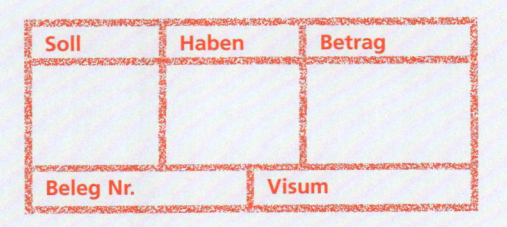

Soll	Haben	Betrag
Beleg Nr.	Visum	

Kleeblatt Treuhand GmbH
Bergstrasse 27
8180 Bülach
MWST-Nr. 500 020

Le Papillon

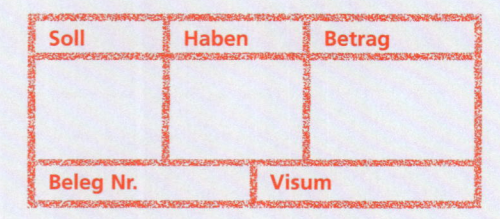

Kleeblatt Treuhand GmbH
Bergstrasse 27
8180 Bülach

Lausanne, le 6 décembre 20_1

Facture n° 33499-1

Nous vous remercions vivement de votre commande et nous permettons de vous facturer notre livraison comme suit:

25 stylos à bille LE PAPILLON de luxe gravés avec les noms de vos client(e)s	CHF 500.–
TVA 8,0%	CHF 40.–
Total (TVA incluse)	CHF 540.–

Conditions de paiement:	30 jours net
Mode de paiement:	Par virement à la Banque Cantonale Vaudoise, Lausanne, compte n° 66.999.002
N° de TVA:	377 401

Soll	Haben	Betrag
Beleg Nr.	Visum	

Anhang 1

Kleeblatt Treuhand GmbH

Interner Beleg

Abschreibungen

Die Abschreibungen per 31. 12. 20_1 erfolgen linear gemäss diesem Anlagenspiegel; die Beträge sind auf ganze Franken zu runden:

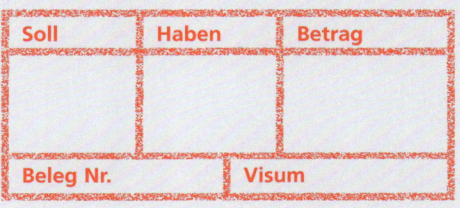

Anlagen	Anschaffungs-werte	Nutzungs-dauer	Abschreibungen für 20_1
Büromobiliar		8 Jahre	
EDV Hardware und Software		3 Jahre	
Geschäftsauto		5 Jahre	

Soll	Haben	Betrag
Beleg Nr.	Visum	

Kleeblatt Treuhand GmbH

Interner Beleg

Zeitliche Abgrenzung des Darlehenszinses per 31. 12. 20_1

Tageberechnung: vom _____ bis _____ = _____ Tage

Zins   Kapital · _____ _____ Fr. _____

Soll	Haben	Betrag
Beleg Nr.	Visum	

Anhang 1

Kleeblatt Treuhand GmbH **Interner Beleg**

Bildung eines Delkrederes per 31. 12. 20_1

Debitorenforderungen Fr. _____

./. Delkredere 5% Fr. _____

Das Delkredere ist auf ganze Franken zu runden.

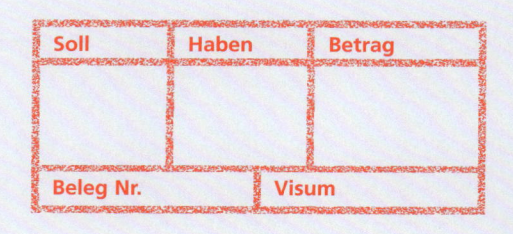

Soll	Haben	Betrag
Beleg Nr.		Visum

Kleeblatt Treuhand GmbH **Interner Beleg**

Verwendung des Gewinnes 20_1

An der Gesellschafterversammlung vom 19. Januar 20_2 wurde folgende Verwendung des Gewinnes aus dem Geschäftsjahr 20_1 beschlossen:

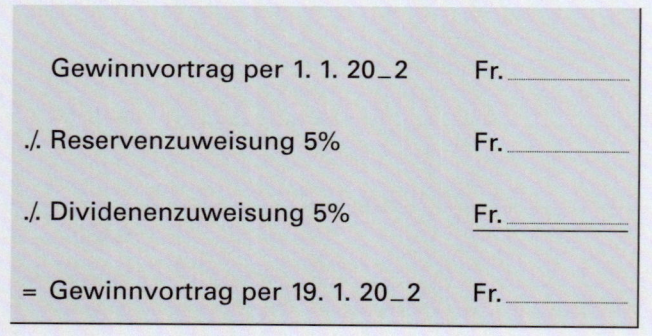

Gewinnvortrag per 1. 1. 20_2 Fr. _____

./. Reservenzuweisung 5% Fr. _____

./. Dividenzuweisung 5% Fr. _____

= Gewinnvortrag per 19. 1. 20_2 Fr. _____

Soll	Haben	Betrag
Beleg Nr.		Visum

Anhang 2 Fachwörterverzeichnis (Glossar)

Fachwort	Erklärung
Abbauende Kalkulation	Kalkulation vom grossen zum kleinen Betrag, z. B. vom Nettoerlös zum Einstand.
Abschreibung	Buchhalterische Erfassung von Wertverminderungen, v. a. auf Sachanlagen.
Abschreibung, degressive	Abschreibung mit festem Prozentsatz vom Buchwert. Jährliche Abschreibungsbeträge nehmen ab.
Abschreibung, direkte	Wertverminderung wird direkt auf dem Aktivkonto abgebucht.
Abschreibung, indirekte	Wertverminderung wird indirekt auf einem Wertberichtigungskonto (Minus-Aktivkonto) verbucht.
Abschreibung, lineare	Abschreibung mit festem Prozentsatz vom Anschaffungswert. Jährliche Abschreibungsbeträge bleiben gleich.
AHV	Alters- und Hinterlassenen-Versicherung.
Aktiengesellschaft	Rechtsform für eine Gesellschaft, bei welcher das Eigenkapital bei der Gründung durch einen oder mehrere Aktionäre aufgebracht wird und die Haftung auf das Gesellschaftsvermögen beschränkt ist.
Aktiven	Sollseite der Bilanz. Vermögen.
ALV	Arbeitslosenversicherung und Insolvenzentschädigung.
Anlagedeckungsgrad 2	Langfristiges Kapital (Eigenkapital und langfristiges Fremdkapital) in Prozenten des Anlagevermögens. Goldene Bilanzregel.
Anlageintensität	Anlagevermögen in Prozenten des Gesamtvermögens.
Anlagevermögen	Vermögensteile, die der Unternehmung für lange Zeit (länger als ein Jahr) zur Nutzung bereitstehen.
Anschaffungswert	Kaufpreis plus Bezugs- und Montagekosten.
Aufbauende Kalkulation	Kalkulation vom kleinen zum grossen Betrag, z. B. vom Einstand zu Nettoerlös.
Aufwand	Durch den Umsatzprozess (Leistungserstellung und -veräusserung) verursachte Vermögensabnahmen oder Schuldenzunahmen.
Ausserordentliche Aufwände und Erträge	Aufwände und Erträge aus ungewöhnlichen, seltenen, nicht wiederkehrenden Ereignissen.
Bank	Kurzfristiges Guthaben oder kurzfristige Schuld bei einer Bank, meist in Form eines Kontokorrents.
Bestandesrechnung	Bilanz.

Anhang 2

Fachwort	Erklärung
Betriebsfremde Aufwände und Erträge	Aufwände und Erträge, die aus nicht betriebstypischen Tätigkeiten entstehen.
Bezugskosten	Beim Kauf von Waren oder Anlagevermögen entstehende Kosten für Transport, Versicherung oder Zoll.
Bilanz	Gegenüberstellung von Aktiven und Passiven zu einem bestimmten Zeitpunkt.
Bilanzsumme	Total der Aktiven = Total der Passiven.
Bonität	Kreditwürdigkeit und Kreditfähigkeit eines Schuldners.
Break-even-point	Nutzschwelle. Umsatz, bei dem weder Gewinn noch Verlust erzielt wird.
Briefkurs	Verkaufskurs.
Bruttogewinn	Im Handel die Differenz zwischen Warenertrag (Nettoerlös) und Warenaufwand (Einstandswert).
Bruttogewinnmarge	Bruttogewinn in Prozenten des Warenertrages (Nettoerlöses).
Bruttogewinnzuschlag	Bruttogewinn in Prozenten des Warenaufwands (Einstand).
Bruttomethode (MWST)	Die laufenden Einkäufe und Verkäufe werden inkl. MWST verbucht. Die Umsatzkonten zeigen bis zur Quartalsabrechnung die Beträge inkl. MWST, d.h. brutto.
Bruttorendite (Liegenschaft)	Bruttoertrag in Prozenten des Kapitaleinsatzes.
BU/NBU	Berufsunfall-/Nichtberufsunfall-Versicherung
Buchungssatz	Kurzform zur Darstellung der Verbuchung eines Geschäftsfalls. Besteht aus Sollkonto, Habenkonto und Betrag.
Buchwert	Wert gemäss Buchhaltung.
Cashflow	Aus der Geschäftstätigkeit (Umsatzprozess) gewonnene Liquidität.
Darlehen	Meist Darlehensschuld. Fester, langfristiger Kredit.
Debitor VSt	Guthaben aus Verrechnungssteuer gegenüber den Steuerbehörden.
Debitoren	Forderungen gegenüber Kunden. Offene (noch nicht bezahlte) Kundenrechnungen.
Debitorenverluste	Aufwand (oder Erlösminderung), der durch die Zahlungsunwilligkeit bzw. Zahlungsunfähigkeit von Kunden entsteht.
Deckungsbeitrag (DB)	Nettoerlös ./. variable Kosten. Mit dem DB werden zuerst die Fixkosten gedeckt. Übersteigt der DB die Fixkosten, entsteht ein Gewinn.
Delkredere	Wertberichtigungskonto zu den Debitoren für mutmassliche Debitorenverluste. Minus-Aktivkonto.
Devisenkurs	Wechselkurs für Buchgeld (z.B. Konten in fremder Währung, Checks, Kreditkartenzahlungen).
Dividenden	Gewinnausschüttungen an die Teilhaber von Kapitalgesellschaften (z.B. an die Aktionäre).
EasyAccounting	Elektronisches Buchhaltungsprogramm auf CD.
Eigenfinanzierungsgrad	Eigenkapital in Prozenten des Gesamtkapitals.

Anhang 2

Fachwort	Erklärung
Eigenkapital	Reinvermögen. Überschuss des Vermögens (Aktiven) über die Schulden (Fremdkapital).
Eigenlohn	Gehalt für den Geschäftsinhaber/die Geschäftsinhaberin einer Einzelunternehmung.
Eigenzins	Zins auf dem Eigenkapital.
Einstandspreis	Ankaufspreis für Waren inkl. Bezugskosten.
Einzelkalkulation	Ermittlung der Kosten und des Verkaufspreises für einen Artikel bzw. eine Leistung.
Einzelunternehmung	Rechtsform für eine Unternehmung, bei der das Eigenkapital durch den unbeschränkt haftenden Inhaber aufgebracht wird.
EO	Erwerbsersatzordnung und Mutterschaftsversicherung.
Erfolg	Oberbegriff für Gewinn oder Verlust. Saldo der Erfolgsrechnung. Differenz zwischen Aufwand und Ertrag.
Erfolgsrechnung	Gegenüberstellung von Aufwand und Ertrag eines Zeitraums (z. B. ein Jahr).
Ertrag	Durch den Umsatzprozess (Leistungserstellung und -veräusserung) verursachte Vermögenserhöhungen oder Schuldenabnahmen.
FAK	Familienausgleichskasse. Kinder- und Ausbildungszulagen.
Fertigfabrikate	Von einem Fabrikationsbetrieb hergestellte und zum Verkauf bestimmte Erzeugnisse.
Fixkosten, Fixe Kosten	Feste Kosten. Die Fixkosten sind unabhängig vom Umsatz immer gleich hoch.
Fremdfinanzierungsgrad	Fremdkapital in Prozenten des Gesamtkapitals.
Fremdkapital	Schulden. Verbindlichkeiten gegenüber Dritten.
Geldkurs	Kaufkurs.
Gemeinaufwand, Gemeinkosten	Aufwand (Kosten), der nicht direkt einem einzelnen Produkt zugerechnet werden kann, sondern gemeinsam für mehrere Produkte entsteht. Beispiele: Raumaufwand, Verwaltungsaufwand, Zinsaufwand.
Gesamtkalkulation	Ermittlung der Kosten für alle Produkte oder Leistungen zusammen.
Gewinn	Positiver Erfolg. Ertrag ist grösser als Aufwand.
Gewinnmarge	(Rein-)Gewinn in Prozenten des Umsatzes (Nettoerlös).
Gewinnvortrag	Nicht ausgeschütteter Gewinnrest aus dem Vorjahr. Teil des Eigenkapitals, vor allem bei der Aktiengesellschaft.
GmbH	Gesellschaft mit beschränkter Haftung. Rechtsform für eine Gesellschaft, bei der das Eigenkapital (Stammkapital) bei der Gründung durch eine oder mehrere Personen aufgebracht wird und die Haftung auf das Gesellschaftsvermögen beschränkt ist.
Goldene Bilanzregel	Das Anlagevermögen muss mit langfristigem Kapital (Eigenkapital und langfristiges Fremdkapital) finanziert werden. Anlagedeckungsgrad 2.
Haben	Rechte Seite eines Kontos.
Hauptbuch	Gesamtheit aller Konten.
Hypothek	Grundpfandgesichertes Darlehen.
Immobilien	Liegenschaften (Land, Gebäude, Stockwerkeigentum).

Anhang 2

Fachwort	Erklärung
Intensität des Anlagevermögens	Anlagevermögen in Prozenten des Gesamtvermögens.
Inventar	Detailliertes Verzeichnis aller Vermögens- und Schuldenteile zu einem bestimmten Zeitpunkt.
Inventur	Inventaraufnahme (Tätigkeit).
Investition	Einkleidung von finanziellen Mitteln in andere Vermögenswerte, zum Beispiel Kauf einer Maschine.
IV	Invalidenversicherung.
Journal	Chronologische (zeitlich geordnete) Aufzeichnung aller Buchungen. Besteht aus Datum, Soll- und Habenbuchung, Text sowie Betrag.
Kalkulation	Berechnung von Kosten und Preisen bzw. Erösen.
Kapital	Passiven. Habenseite der Bilanz.
Kapital X	Kapitaleinlage von Gesellschafter/in X (bei einer Kollektivgesellschaft)
Kaufkurs (von Fremdwährungen)	Geldkurs. Preis für den Kauf von fremden Währungen aus der Sicht der Bank.
Kennzahlen	Zahlen mit konzentrierten Informationen zur finanziellen Lage der Unternehmung.
Kollektivgesellschaft	Rechtsform für eine Gesellschaft, bei der das Eigenkapital durch mindestens zwei unbeschränkt haftende Teilhaber aufgebracht wird.
Konto	Zweiseitige Rechnung für die Verbuchung von Geschäftsfällen. Linke Seite = Soll, rechte Seite = Haben.
Kontokorrent	Konto bei der Bank oder Post, bei dem sich der Saldo mit jedem Geschäftsfall laufend verändert.
Koordinationsabzug	⅞ der maximalen einfachen AHV-Rente von Fr. 26 520.– (Stand 2007). Wird für die Berechnung der PK-Beiträge vom Bruttolohn abgezogen.
Kreditor VSt	Schulden aus Verrechnungssteuern gegenüber der eidg. Steuerverwaltung.
Kreditoren	Offene (noch nicht bezahlte) Rechnungen, vor allem gegenüber Lieferanten. Kurzfristige Schulden.
Kurs (von Fremdwährungen)	Preis in Schweizer Franken für 1 oder 100 fremde Währungseinheiten.
Kurs (von Wertschriften)	Preis an der Börse für Wertpapiere (für Aktien gilt der Kurs pro Stück, bei Obligationen in Prozenten des Nominalwerts).
Liquidationswert	Restwert einer Anlage am Schluss der Nutzungsdauer.
Liquide Mittel	Zusammenfassung kurzfristig verfügbarer Zahlungsmittel wie Kasse, Post und Bank.
Liquidität	Fähigkeit, die Zahlungsverpflichtungen rechtzeitig erfüllen zu können.
Liquiditätsgrad 2	Liquide Mittel und Forderungen in Prozenten des kurzfristigen Fremdkapitals.
Liquiditätsunwirksamer Geschäftsfall	Geschäftsfall, der die Liquidität nicht beeinflusst.
Liquiditätswirksamer Geschäftsfall	Geschäftsfall, der die Liquidität verändert.
Listenpreis	Verkaufspreis gemäss Preisliste. Bruttoverkaufspreis.

Anhang 2

Fachwort	Erklärung
Marge	Differenz zwischen zwei Grössen, ausgedrückt in Prozenten des oberen Wertes.
Marchzins	Zins für einen Bruchteil des Jahres.
Mehrstufige Erfolgsrechnung	Erfolgsrechnung in mehreren Stufen zur differenzierten Analyse der unternehmerischen Tätigkeit.
Mehrwertsteuer, MWST	Indirekte Bundessteuer auf dem von den Unternehmungen geschaffenen Mehrwert.
Minus-Aktivkonto	Wertberichtigung zu einem Aktivkonto mit den Buchungsregeln eines Passivkontos, zum Beispiel Delkredere oder Wertberichtigung Anlagevermögen.
Minus-Passivkonto	Wertberichtigung zu einem Passivkonto mit den Buchungsregeln eines Aktivkontos, zum Beispiel Verlustvortrag.
Mobiliar	Büromöbel, Einrichtungen.
Mobilien	Oberbegriff für Mobiliar, EDV-Anlagen, Büromaschinen und manchmal Fahrzeuge.
Nettoerlös	Bruttoerlös ./. Erlösminderungen. Aus dem Verkauf von Produkten und Leistungen netto resultierender Betrag.
Nettomethode (MWST)	Die MWST auf den laufenden Einkäufen und Verkäufen wird sofort verbucht. Die Umsatzkonten zeigen die Beträge ohne MWST, d.h. netto.
Nettorendite (Liegenschaft)	Liegenschaftserfolg in Prozenten des Eigenkapitals.
Neutraler Aufwand und Ertrag	Oberbegriff für betriebsfremde und ausserordentliche Aufwände und Erträge.
Notenkurs	Wechselkurs für Noten und Münzen.
Nutzschwelle	Break-even-point. Umsatz, bei dem weder Gewinn noch Verlust erzielt wird.
Nutzungsdauer	Zeit, während der eine Anlage wirtschaftlich genutzt werden kann.
Offenposten-Buchhaltung	Methode zur Erfassung von Rechnungen ohne Führung einer Debitoren- oder Kreditorenbuchhaltung. Verbucht werden nur die Zahlungen.
Passiven	Habenseite der Bilanz. Kapital.
PK	Pensionskasse, 2. Säule, berufliche Vorsorge (BVG).
Privat(konto)	Konto zur Abwicklung des Verkehrs zwischen dem Geschäftsinhaber bzw. der Geschäftsinhaberin und der Unternehmung.
Rabatt	Preisermässigung.
Rechnungsabgrenzung	Zeitliche Anpassung der Aufwände und Erträge an die Rechnungsperiode. Transitorische Abgrenzung.
Reingewinn	Gewinn.
Reinvermögen	Eigenkapital. Aktiven abzüglich Schulden.
Rentabilität, Rendite	Prozentuales Verhältnis zwischen Ergebnis und Kapitaleinsatz.
Rentabilität des Eigenkapitals	Gewinn in Prozenten des Eigenkapitals.
Rentabilität des Gesamtkapitals	Gewinn und Zinsen in Prozenten des Gesamtkapitals.

Anhang 2

Fachwort	Erklärung
Rentabilität von Wertschriften	Jahresertrag im Verhältnis zum eingesetzten Kapital. Der Jahresertrag setzt sich aus Dividenden- oder Zinserträgen sowie Kursdifferenzen zusammen. Das eingesetzte Kapital entspricht dem Kaufpreis.
Reserven	Zurückbehaltener (nicht ausgeschütteter) Gewinn. Teil des Eigenkapitals, vor allem bei Aktiengesellschaften.
Rohmaterial	Ausgangsstoffe zur Herstellung von Produkten im Fabrikationsbetrieb.
Rückstellungen	Schulden, die bezüglich Höhe oder Zeitpunkt des Eintritts unbestimmt sind.
Saldo	Rest in einem Konto oder bei einer Abrechnung. Ausgleichsbetrag zwischen Soll und Haben.
Saldomethode, Saldosteuersatz (MWST)	Besteuerung des Verkaufsumsatzes mittels eines branchenabhängigen Saldosteuersatzes. Ein Vorsteuerabzug ist nicht möglich.
Saldovortrag	Der aus der Vorperiode übernommene Bestand (Saldo) eines Aktiv- oder Passivkontos. Der Anfangsbestand der laufenden Periode entspricht dem Schlussbestand der Vorperiode.
Schulden	Fremdkapital. Verbindlichkeiten gegenüber Dritten.
Skonto	Abzug für frühzeitige Zahlung.
Soll	Linke Seite eines Kontos.
Storno, Stornierung	Rückgängig machen einer falschen Buchung durch eine zusätzliche umgekehrte Buchung.
Transitorische Aktiven	Kurzfristige Geld- oder Leistungsguthaben, verursacht durch zeitliche Abgrenzungen beim Abschluss.
Transitorische Passiven	Kurzfristige Geld- oder Leistungsschulden, verursacht durch zeitliche Abgrenzungen beim Abschluss.
Umlaufvermögen	Flüssige Mittel und Vermögensteile, die innerhalb eines Jahres zur Umwandlung in flüssige Mittel bestimmt sind.
Umsatz	Nettoerlös, Warenertrag, Verkaufserlös.
Umsatzsteuer (MWST)	Auf den Verkäufen geschuldete MWST.
Usanz	Brauch, Gepflogenheit im Geschäftsverkehr. Vgl. Zinsusanz.
Valuta	Für die Zinsberechnung massgebliches Datum.
Variable Kosten	Veränderliche Kosten. Umstzabhängige Kosten wie Warenkosten.
Vereinbartes Entgelt (MWST)	Die MWST wird aufgrund der Rechnungen erhoben.
Vereinnahmtes Entgelt (MWST)	Die MWST wird aufgrund der Zahlungen erhoben.
Verkaufskurs (von Fremdwährungen)	Briefkurs. Preis für den Verkauf von fremden Währungen aus der Sicht der Bank.
Verlust	Negativer Erfolg. Aufwand ist grösser als Ertrag.
Verlustvortrag	Verlust, der auf die nächste Periode übertragen wird. Wertberichtigungskonto zum Eigenkapital.
Vermögen	Aktiven. Sollseite der Bilanz.

Anhang 2

Fachwort	Erklärung
Verrechnungssteuer	Steuer des Bundes von 35% auf dem Ertrag von beweglichem Kapitalvermögen (z.B. auf Zins- und Dividendenerträgen).
Vorsteuer (MWST)	Bei Käufen abzugsberechtigte MWST.
Warenaufwand, Warenkosten	Einstandswert der verkauften Waren. Verbrauch von Warenvorräten.
Wertberichtigung	Korrektur zu einem Aktiv- oder Passivkonto, z.B. Delkredere oder Verlustvortrag.
Wertschriften	Zur Kapitalanlage geeignete Wertpapiere wie Aktien oder Obligationen. Je nach ihrem Charakter als Umlauf- oder Anlagevermögen zu bilanzieren.
Zeitliche Abgrenzung	Rechnungsabgrenzung. Transitorische Abgrenzung.
Zins	Preis für die vorübergehende Kapitalüberlassung.
Zinsfuss	Jahreszins in Prozenten des Kapitals.
Zinsusanz	Bei Banken übliche Art, die Tage zu berechnen. Am bekanntesten sind die deutsche, englische und französische Zinsusanz.
Zuschlagssatz	Bei der (aufbauenden) Kalkulation verwendeter prozentualer Zuschlag.

Anhang 3   Kontenrahmen KMU

Schweizer Kontenrahmen für kleine und mittlere Unternehmen in Produktion, Handel und Dienstleistung (für Schulzwecke gekürzt)

1	Aktiven		2	Passiven
10	**Umlaufvermögen**		**20**	**Fremdkapital**
100	**Flüssige Mittel**		**200**	**Kurzfristiges Fremdkapital**
1000	Kasse		2000	Kreditoren (Verbindlichkeiten aus Lieferungen und Leistungen)
1010	Post			
1020	Bank		2100	Bank
1050	Kurzfristige Geldanlagen		2200	Kreditor Umsatzsteuer (MWST)
1060	Wertschriften		2206	Kreditor VSt
			2210	Kreditoren Sozialversicherungen
110	**Forderungen**		2230	Dividenden
1100	Debitoren (Forderungen aus Lieferungen und Leistungen)		2300	Transitorische Passiven (Passive Rechnungsabgrenzung)
1109	*Delkredere*[1]		2330	Kurzfristige Rückstellungen
1170	Debitor Vorsteuer (MWST)			
1176	Debitor VSt		**240**	**Langfristiges Fremdkapital**
1190	Transitorische Aktiven[2] (Aktive Rechnungsabgrenzung)		2400	Darlehen
			2440	Hypotheken
			2460	Obligationenanleihen
120	**Vorräte**		2600	Langfristige Rückstellungen
1200	(Handels-)Waren			
1210	Rohmaterial		**28**	**Eigenkapital**[3]
1260	Fertigfabrikate			
1280	Angefangene Arbeiten		**280**	**Grundkapital**
			2800	Aktienkapital
130	**Aktive Rechnungsabgrenzung**			
1300	Transitorische Aktiven[2]		**290**	**Zuwachskapital**
			2900	Gesetzliche Reserven
14	**Anlagevermögen**		2910	Andere Reserven
			2990	Gewinnvortrag/*Verlustvortrag*
140	**Finanzanlagen**			
1400	Beteiligungen			
1440	Aktivdarlehen			
150	**Mobile Sachanlagen**			
1500	Maschinen, Produktionsanlagen			
1509	*Wertberichtigung*[1]			
1510	Mobiliar, Einrichtungen			
1520	Büromaschinen, EDV			
1530	Fahrzeuge			
1540	Werkzeuge			
160	**Immobile Sachanlagen**			
1600	Immobilien (Liegenschaften)			
1609	*Wertberichtigung*[1]			
170	**Immaterielle Anlagen**			
1700	Patente, Lizenzen			

[1] Wertberichtigungsposten sind auch bei anderen Aktiven möglich. Für Wertberichtigungskonten wird an der vierten Stelle jeweils die Ziffer 9 verwendet.

[2] Im KMU-Kontenrahmen sind die transitorischen Aktiven als Rechnungsabgrenzung in einer separaten Kontengruppe 130 aufgeführt. Da es sich bei den transitorischen Aktiven immer um Forderungen handelt, können diese alternativ auch in der Kontengruppe 110 eingereiht werden.

[3] Das Eigenkapital wird je nach Rechtsform unterschiedlich gegliedert. Hier ist die Aktiengesellschaft dargestellt. Bei der Einzelunternehmung könnten zum Beispiel die Konten 2800 Eigenkapital und 2850 Privat verwendet werden. Oder bei der GmbH würde das Konto 2800 Stammkapital heissen.

Anhang 3

Betriebsertrag aus Lieferungen und Leistungen[4]	
	Ertrag aus dem Verkauf von Produkten (Fabrikaten)
	Bestandesänderungen angefangene und fertige Fabrikate
	Warenertrag
	Dienstleistungsertrag
	Zinsertrag[5]
	Debitorenverluste

Material- und Warenaufwand[4]	
	Materialaufwand
	Warenaufwand
	Aufwand für Drittleistungen

Personalaufwand[4]	
	Lohnaufwand
	Sozialversicherungsaufwand
	Übriger Personalaufwand

Sonstiger Betriebsaufwand	
	Raumaufwand/Mietaufwand
	Unterhalt und Reparaturen
	Fahrzeugaufwand
	Versicherungsaufwand
	Energie- und Entsorgungsaufwand
	Verwaltungsaufwand
	Werbeaufwand
	Übriger Betriebsaufwand
	Zinsaufwand[5]
	Abschreibungen

7	**Betriebliche Nebenerfolge**
740	**Finanzerfolg**
7400	Zinsertrag[5]
7410	Zinsaufwand[5]
7420	Wertschriftenertrag
7430	Wertschriftenaufwand
7440	Beteiligungsertrag
7450	Beteiligungsaufwand
750	**Liegenschaftserfolg**
7500	Liegenschaftsertrag
7510	Liegenschaftsaufwand
790	**Veräusserungserfolg**
7900	Gewinne aus Veräusserung von Anlagevermögen (Ertrag)

8	**Neutraler Erfolg**
8000	Ausserordentlicher Ertrag
8010	Ausserordentlicher Aufwand
8200	Betriebsfremder Ertrag
8210	Betriebsfremder Aufwand
8900	Steuern[6]

9	**Abschluss**
9000	Erfolgsrechnung
9100	Bilanz

[4] In diesen Kontenklassen besteht für die einzelne Unternehmung die Möglichkeit, je nach Branche und Grösse die Anzahl der Konten zu variieren und eine zweckmässige Gliederung vorzunehmen.

[5] Nach OR müssen der Finanzaufwand (Zinsaufwand) und der Finanzertrag (Zinsertrag) separat ausgewiesen werden. In den meisten Fällen überwiegt bei den KMUs der Zinsaufwand, der im Konto 6800 verbucht wird. Und eine allfällige Zinsgutschrift auf dem Kontokorrentkonto könnte im Konto 3800 als Zinsertrag erfasst werden. Wenn die Finanzanlagen hingegen ein Ausmass erreichen, welches den Rahmen der üblichen betrieblichen Tätigkeit sprengt, sollten sowohl die Finanzerträge als auch die Finanzaufwände in der Klasse 7 ausgewiesen werden.

[6] Bei der Aktiengesellschaft als juristischer Person werden auf diesem Konto die direkten Steuern (Gewinn- und Kapitalsteuern) verbucht. Bei der Einzelunternehmung ist der Steueraufwand der natürlichen Person des Inhabers/der Inhaberin auf dem Privatkonto zu buchen.

Die **mehrstufige Erfolgsrechnung** wird bei den KMU normalerweise in Berichtsform nach dem Gesamtkostenverfahren dargestellt.

	Konten-hauptgruppen
Ertrag aus Lieferungen und Leistungen	30–39
– Aufwand für Material, Waren und Drittleistungen	40–49
= **Bruttoergebnis 1**	
– Personalaufwand Produktion	50–51
= **Bruttoergebnis 2**	
– Übriger Personalaufwand	52–59
= **Bruttoergebnis 3**	
– Sonstiger Betriebsaufwand	60–67
= **Betriebsergebnis 1** (vor Finanzerfolg und Abschreibungen)	
+/– Finanzerfolg	68
= **Betriebsergebnis 2** (vor Abschreibungen)	
– Abschreibungen	69
= **Betriebsergebnis 3** (vor Nebenerfolgen)	
+/– Betriebliche Nebenerfolge	70–79
= **Betriebsergebnis 4**	
+/– Ausserordentlicher und betriebsfremder Erfolg	80–88
= **Unternehmenserfolg** (vor Steuern)	
– Steueraufwand	89
= **Unternehmensgewinn/-verlust**	

Bei diesem Gliederungsschema für die Erfolgsrechnung handelt es sich um einen Vorschlag, der für möglichst viele Branchen und unterschiedlich grosse Unternehmen ein Maximum an Gliederungsmöglichkeiten aufzeigt. Je nach Art der Unternehmung und der Problemstellung müssen in der praktischen Anwendung die für eine zuverlässige und übersichtliche Information benötigten Stufen ausgewählt werden.

Zur besseren Information wird empfohlen, die einzelnen Stufenergebnisse jeweils mit «Gewinn» oder «Verlust» zu bezeichnen und nicht mit dem Oberbegriff «Ergebnis». Ferner ist es zweckmässig, die Stufen nicht nur mit den Ziffern 1, 2, 3 oder 4 zu bezeichnen; Ausdrücke wie «Betriebsgewinn vor Abschreibungen» sind aussagekräftiger.

Dieses mehrbändige Werk vermittelt die Grundlagen des Rechnungswesens und befähigt den Lernenden nach abgeschlossenem Studium, das Rechnungswesen in der Praxis richtig anzuwenden.

Band 1: Wie der Hase läuft
▷ Das System der doppelten Buchhaltung
▷ Fremdwährungen
▷ Zinsrechnen

Band 2: Gut gebrüllt, Löwe
▷ Einzelunternehmung
▷ Kollektivgesellschaft
▷ Aktiengesellschaft
▷ Gesellschaft mit beschränkter Haftung
▷ Abschreibungen
▷ Debitorenverluste, Delkredere
▷ Transitorische Konten und Rückstellungen
▷ Analyse des Jahresabschlusses

Band 3: Wie der Fisch im Wasser
▷ Wareneinkauf und Warenverkauf
▷ Offenposten-Buchhaltung
▷ Mehrwertsteuer
▷ Kalkulation im Handel, Nutzschwelle
▷ Mehrstufige Erfolgsrechnungen
▷ Lohnabrechnung
▷ Wertschriften
▷ Immobilien

Band 4: Das beste Pferd im Stall
▷ Cashflow, Geldflussrechnung
▷ Bewertung und stille Reserven
▷ Kostenrechnung: Divisions- und Zuschlagskalkulation, Deckungsbeitragsrechnung
▷ Bilanz- und Erfolgsanalyse